Yvonne Willicks und Stefanie von Drathen

ACHTUNG MOGELPACKUNG!

Wissen für Verbraucher

Liebe Leserinnen und Leser!

Es ist schön, dass Sie sich dieses Buch gekauft haben, denn es wird Ihnen auf jeden Fall helfen, bei Ihrem täglichen Einkauf klarer zu sehen!

Ich habe mich schon immer dafür interessiert, was hinter den Labels, Siegeln und teilweise kryptischen Beschreibungen auf unseren Lebensmittelverpackungen steckt.

Wahrscheinlich bin ich einfach ein kritischer Geist, noch wahrscheinlicher: Ich lasse mich, genau wie die meisten von Ihnen, nicht gern über den Tisch ziehen.

Aus vielen Zuschriften und Gesprächen weiß ich, dass es Ihnen genauso geht wie mir und dass Sie sich ärgern über ständig schrumpfende Verpackungen, Luftnummern und versteckte Preiserhöhungen. Seit 7 Jahren decken wir in der WDR Servicezeit solche Mogelpackungen auf.

Tatsächlich haben sich durch unsere Berichterstattung und durch aufmerksame und kritische Verbraucher Hersteller und Handel in einigen Bereichen bewegt – und zwar auf uns zu. Davon berichten meine Kollegin Stefanie von Drathen und ich in diesem Buch.

Wir zeigen Ihnen aber auch, dass das Leben als Verbraucherjournalistin manchmal mit dem Märchen vom Hasen und vom Igel zu vergleichen ist. Gerade wenn ein Missstand ausgemerzt ist, taucht das nächste Ärgernis auf.

Aber: Wir müssen uns das nicht bieten lassen. Wir Verbraucher haben schließlich die Kaufmacht – und das ist Herstellern durchaus bewusst!

Damit Sie in Zukunft noch kritischer und (wie es immer so schön heißt) als mündiger Verbraucher entscheiden können, was in Ihrem Einkaufswagen landet und was Sie lieber stehen lassen, haben Stefanie von Drathen und ich dieses Buch geschrieben und unsere Erfahrungen für Sie zusammengetragen.

Alle Verpackungen und Links in diesem Buch sind zum Erscheinungstermin im Mai 2017 aktuell.

Blättern Sie einfach durch, lesen Sie sich an einer Stelle fest und vergleichen Sie unsere Berichterstattung mit Ihren Erlebnissen.

Gerne können Sie mir auf Facebook oder unter www.yvonnewillicks.de davon berichten.

Herzliche Grüße

Yvonne Willicks

PS: In unserem Buch finden sich aus urheber- und markenrechtlichen Gründen keine echten Produktabbildungen.

Über die Autorinnen

YVONNE WILLICKS (Jahrgang 1970) ist in Kamp-Lintfort am Niederrhein geboren und aufgewachsen. Mittlerweile pendelt sie zwischen ihrer Wahlheimat Hamburg und ihrem Arbeitsplatz in Köln. Yvonne Willicks ist verheiratet und hat drei inzwischen erwachsene Kinder zusammen mit ihrem Mann großgezogen. Seit 2005 präsentiert sie mit großer Freude und in ihrer unverstellten Art Verbraucherthemen im deutschen Fernsehen.

STEFANIE VON DRATHEN (Jahrgang 1972) arbeitet seit mehr als 15 Jahren als Fernsehjournalistin. Gemeinsam mit Yvonne Willicks hat sie viele Sendungen produziert. Stefanie von Drathen lebt mit ihrem Mann und zwei Kindern in Berlin.

Einfach geht anders! Lebensmittel-kennzeichnungen und Verpackungen

1. Einfach geht anders! Lebensmittelkennzeichnungen und Verpackungen

Lebensmittelverpackungen richtig zu entschlüsseln, kann ganz schön kompliziert sein. Wer sich nicht auskennt, lässt sich schnell täuschen durch blumige Produktnamen auf den ach so schön gestalteten Verpackungen. Oft muss auch ich ganz genau hinschauen, um überhaupt erst mal zu erkennen, um was für ein Produkt es sich handelt und welche Qualität es hat. Seit Dezember 2014 ist europaweit eine neue Lebensmittelinformationsverordnung (LMIV) in Kraft. Und natürlich wurden nicht alle von uns Verbrauchern bemängelten Kritikpunkte berücksichtigt. Noch immer können Hersteller tricksen, vertuschen und verwirren. Aber immerhin: Es hat sich einiges getan. Auf vielen Produktverpackungen stehen nun mehr Sach- und weniger Scheininformationen.

Was muss auf der Packung stehen?

Das wurde auch Zeit! Denn egal ob Profi vom Verbraucherverband oder Kunde im Supermarkt: Viele Slogans, Logos und Abbildungen verwirren und geben eben keine klare Information zur Kaufentscheidung. Die große Mehrzahl von uns Kunden hat das Gefühl, dass bei den Aussagen auf den Packungen viel getrickst wird.

Aber wer weiß, worauf es beim täglichen Einkauf ankommt, lässt sich nicht so leicht hinters Licht führen. Nur, worauf gilt es zu achten?

Pflichtangaben auf Lebensmittelverpackungen

Für alle Lebensmittelverpackungen gibt es verpflichtende Angaben, die uns Kunden helfen sollen, das Lebensmittel richtig einzuschätzen. Das Herzstück jedes Produkts ist die Zutatenliste, in der (bis auf wenige Ausnahmen) sämtliche Inhaltsstoffe in absteigender Reihenfolge aufgeführt sein müssen. Das heißt: Von der Zutat, die an erster Stelle steht, ist am meisten im Produkt enthalten. Von der Zutat, die an letzter Stelle steht, ist am wenigsten drin.

Der Name auf der Vorderseite der Verpackung wie „Yvonnes Traumkekse" ist ein Phantasiename. Den kann sich der Hersteller frei wählen. Der offizielle

Name des Lebensmittels ist nach der neuen LMIV die „Bezeichnung", in diesem Fall „Haferkekse".

Meistens steht sie über dem Zutatenverzeichnis, eine rechtliche Vorschrift dazu gibt es aber nicht. Sie soll die Ware eindeutig kennzeichnen. Das tut sie auch manchmal, aber leider nicht immer (mehr dazu: **1.1 Bezeichnungen** ab Seite 13).

Auf (fast) jedes Produkt gehört ein Mindesthaltbarkeitsdatum, ausgenommen sind einige wenige Lebensmittel wie frisches Obst und Gemüse, Wein oder Zucker. Das Mindesthaltbarkeitsdatum gibt an, bis zu welchem Tag das Lebensmittel Geschmack, Geruch, Farbe und Nährwert mindestens behält. Das heißt aber nicht, dass es danach schlecht ist. Das Produkt kann auch nach Ablauf noch sicher und gesund sein. Etwas anderes ist das „Verbrauchsdatum", das auf leicht verderblichen Lebensmitteln wie zum Beispiel Hackfleisch steht. Solche Lebensmittel sollten so schnell wie möglich verbraucht werden, denn nach Ablauf des Verbrauchsdatums ist das Lebensmittel nicht mehr zum Essen geeignet.

Rückverfolgbarkeit und Ansprechpartner

Außerdem muss auf einer Verpackung eine Los- und Chargennummer vorhanden sein, damit sie bis in die produzierende Fabrik zurückverfolgt werden kann. Name und Anschrift des Herstellers, Verpackers oder EU-Verkäufers darf auch nicht fehlen. Und: Die Netto-Füllmenge muss angegeben werden, also wie viel Gramm oder Milliliter in der Packung enthalten sind. Die vielen unterschiedlichen Verpackungsgrößen

VERBRAUCHER UND VERPACKUNGEN

Nach einer Studie im Auftrag des Verbraucherzentrale Bundesverbands (vzbv) sind rund 75 Prozent der Verbraucher der Ansicht, dass die Angaben auf der Verpackung Lebensmittel oft besser darstellen, als sie in Wirklichkeit sind. 72 Prozent haben das Gefühl, dass bei den Aussagen viel getrickst wird. Und knapp 77 Prozent meinen, dass man beim Lebensmitteleinkauf genau hinschauen muss, um die tatsächliche Qualität eines Produktes zu erkennen.

Quelle: Zühlsdorf, A., Nitzko, S., Spiller, A. (2013): Aufmachung und Kennzeichnung von Lebensmitteln aus Sicht der Verbraucher: Empirische Untersuchungsbefunde, Göttingen.

machen es Verbrauchern aber schwer, Mengen und somit die Preise richtig einzuschätzen. Nach der LMIV müssen auf allen Lebensmitteln potenzielle Allergene kenntlich gemacht werden. Zurzeit sind das 14 Lebensmittelzutaten. Sie lösen 90 % aller Lebensmittelunverträglichkeiten aus. Dazu zählen Eier, glutenhaltige Getreide, Schalenfrüchte (also Nüsse), Erdnüsse, Soja, Milch und Sellerie. In der Regel sind die Allergene in der Zutatenliste fett gedruckt. Bei unverpackter Ware muss der Kunde die Möglichkeit haben zu erfahren, welche Allergene enthalten sind, entweder durch eine Zutatenliste oder eine mündliche Auskunft (mehr dazu: **1.3 Verpackungsärger** ab Seite 38).

Nährwerttabellen gehören seit Dezember 2016 verpflichtend auf fast alle verpackten Lebensmittel. Sie zeigen an, wie viele Kalorien, wie viel Fett, Zucker usw. in einem Produkt – bezogen auf 100 Gramm oder 100 Milliliter – enthalten sind. Vorgeschrieben ist die Kennzeichnung der sieben wichtigsten Nährwerte: Energiegehalt, Fett, gesättigte Fettsäuren, Kohlenhydrate, Zucker, Eiweiß, Salz. Zusätzlich können noch angegeben werden: einfach und mehrfach ungesättigte Fettsäuren, Stärke, Ballaststoffe, mehrwertige Alkohole

Netto-Füllmenge

Bezeichnung

Los- und Chargennummer

Yvonnes Traumkekse

Haferkekse
250 g

Zutaten: Haferflocken 30 %, Weizenvollkornmehl, Zucker, Butter, **Vollei,** Zimt, Salz, natürliches Vanillearoma, Backtriebmittel: Natriumhydrogencarbonat.

Kann Spuren von Haselnüssen und Mandeln enthalten.

LABC123

Mindestens haltbar bis:
30.09.2017

YVONNE WILLICKS
WDR Fernsehen
50600 Köln

Energie/Nährstoffe je 100 g		pro Portion (50 g)
Brennwert	420 kj / 308 kcal	210 kj / 154 kcal
Eiweiß	6,8 g	3,4 g
Kohlenhydrate	64,2 g	32,1 g
davon Zucker	21,1 g	10,5 g
Fett 18 g	18 g	9 g
davon gesättigte Fettsäuren	8,4 g	4,2 g
Ballaststoffe	10,2 g	5,1 g
Natrium	0,21 g	0,10 g
Calcium	89 mg	45 mg
Anteil am Tagesbedarf pro Portion: 12 %		

Nährwerttabelle

Zutaten

Allergene

Mindesthaltbarkeitsdatum

Anschrift des Herstellers

und Vitamine und Mineralstoffe. Wirbt ein Produkt mit einem Nährstoff, wie etwa „reich an Ballaststoffen" oder „ mit Vitamin C", dann muss der Gehalt des angepriesenen Stoffs in der Nährwerttabelle angegeben werden.

Für einzelne Produktkategorien gibt es weitere Pflichtangaben, zum Beispiel zur Herkunft bei Fleisch oder Olivenöl, zum Einfrierdatum bei Fleisch und Fisch oder zur besonderen Aufbewahrung. Für alle Pflichtangaben gilt, sie müssen an einer gut sichtbaren Stelle angebracht werden und deutlich und gut lesbar sein. Die Schrift muss mindestens 1,2 Millimeter hoch sein, bei kleinen Verpackungen mindestens 0,9 Millimeter.

Dazu gibt es noch eine Reihe freiwilliger Zeichen, die auf spezielle Anbau- oder Haltungsformen hinweisen. Wie etwa das „Fairtrade"-Zeichen oder der Hinweis „ohne Gentechnik". Besonders gerne schmücken Hersteller ihre Produkte aber mit Aufdrucken wie diesen: „Mit Vitamin C, das zum Schutz der Zellen vor oxidativem Stress beiträgt."

Das sind nährwert- und gesundheitsbezogene Angaben, sogenannte „Health Claims". Sie dürfen nur nach wissenschaftlicher Prüfung und einer europäischen Zulassung verwendet werden – und trotzdem lässt sich auch mit ihnen eine Menge Schindluder treiben (mehr dazu: **1.2 Health Claims** ab Seite 26).

1.1 Bezeichnungen

Wenn es um die Namen von Produkten geht, ist die Lebensmittelindustrie kreativ darin, uns Verbraucher zu manipulieren. Was zum Beispiel ist eine „Himmelscreme" oder ein „Traumkeks"? Produktnamen dürfen Hersteller frei wählen, da sind der Phantasie keine Grenzen gesetzt. „Bauern-Rouladen", „Fruchtzwerge" oder „Texas-Topf". Diese kreativen Wortschöpfungen schmücken großflächig das Etikett auf der Vorderseite der Verpackungen. Aussagekräftig sind sie aber nicht. Der offizielle Produktname steht oft eher kleingedruckt auf der Rückseite. Er nennt sich im Bürokraten-Deutsch „Bezeichnung", bis Ende 2014 „Verkehrsbezeichnung", und gehört auf jede Verpackung. Laut Gesetz soll die Bezeichnung das Lebensmittel eindeutig benennen, sodass wir Verbraucher es erkennen und von anderen Lebensmitteln unterscheiden können.

Bezeichnungen im Deutschen Lebensmittelbuch

Eine Orientierungshilfe für Verbraucher, aber auch für Unternehmen, die Lebensmittelüberwachung und für Gerichte bietet das Deutsche Lebensmittelbuch (DLMB). Darin sind viele Bezeichnungen genau festgeschrieben, etwa „Pastete nach Wildschweinart" oder „Rinder-Roulade". In dem DLMB findet man dann, wie viel Wildschwein in der Pastete stecken muss und wie viel Rind in einer Rinder-Roulade. Aber längst nicht alle Produkte sind im Lebensmittelbuch beschrieben und auch Neu-Kreationen müssen nicht eingetragen werden.

Für einzelne Warengruppen, wie etwa Schokoladen, Konfitüren oder Butter, gibt es spezielle Vorschriften, sogenannte „Produktverordnungen", in denen genaue Vorgaben zur Herstellung und Rezeptur gemacht werden. Die Bezeichnungen sind hier gesetzlich festgeschrieben.

Liegt für ein Lebensmittel weder im Lebensmittelbuch noch in einer Produktverordnung eine eindeutige Bezeichnung vor, kann der Hersteller selbst eine Bezeichnung wählen. Diese muss – das schreibt das Lebensmittelrecht vor – so formuliert sein, dass unmissverständlich deutlich wird, um was es sich handelt.

Über die Bezeichnungen, die im Lebensmittelbuch festgelegt werden, entscheidet eine 32-köpfige Kommission in Berlin, die Deutsche Lebensmittelbuch-Kommission (DLMBK). Das Gremium besteht zu gleichen Teilen aus ehrenamtlichen Vertretern der Lebensmittelüberwachung, der Wirtschaft, der Wissenschaft sowie der Verbraucherschaft. Die DLMBK beschreibt in Leitsätzen genau, welche Anforderungen die verschiedenen Produkte erfüllen müssen, um die verkehrsübliche Bezeichnung auf den Verpackungen tragen zu dürfen. Die Leitsätze sind zwar keine Gesetze, haben in der Praxis und in Streitfällen aber einen hohen Stellenwert. Offiziell haben sie „den Charakter objektivierter Sachverständigengutachten (...), die den redlichen Hersteller- und Handelsbrauch sowie die berechtigte Verbrauchererwartung berücksichtigen".[1]

Ja, aber Phantasienamen dürfen trotzdem groß auf den Verpackungen stehen!

---

[1] BMEL (2015): Initiative „Klarheit und Wahrheit bei der Kennzeichnung und Aufmachung von Lebensmitteln". Handlungsbedarf, Ziele und Maßnahmen, Berlin.

Für den Verbraucher oft hilfreich

Manchmal ist anhand der Bezeichnung schnell erkannt, dass der Unterschied zwischen dem tatsächlichen Inhalt und dem vom Hersteller ausgedachten Phantasienamen sowie der Verpackungsaufmachung riesengroß ist.

Bei unseren Recherchen 2014 zum Thema fanden wir eine Reihe von Produkten, die sich durch ihre Bezeichnung selbst demaskierten.

Früchtetee

Ein Tee der Marke Teehaus warb bis 2016 auf der Schauseite groß mit dem Schriftzug „Johannisbeer-Kirsch" und Abbildungen von knackigen Früchten. Die Bezeichnung zeigte: Es handelt sich um einen aromatisierten Früchtetee – ohne eine einzelne Johannisbeere oder Kirsche![2]

Instant-Tee

Auf der Schauseite des Milchtee-Getränks „Chai Latte" aus dem Haus Krüger warben hübsche Vanilleblüten und eine Zimt-Gewürzstange für den würzigen Geschmack. Anhand der Bezeichnung war schnell klar, dass es sich bei dem Produkt um eine aromatisierte „Instant-Zubereitung für Teegetränke" handelt, Zimt oder Vanille waren nicht enthalten.

Wasabi-Paste

Eines unserer Lieblingsprodukte war die „Wasabi-Paste" der Firma Obenta. Statt „Wasabi-Paste", wie groß auf dem Etikett beworben, handelte es sich um eine grün gefärbte „Scharfe Paste aus Meerrettich nach Wasabi-Art" mit viel Meerrettich und einem minimalen Wasabi-Anteil von 1 Prozent. Der Name auf der Vorderseite also reine Phantasie!

Das ist kein Einzelfall! Die meisten „Wasabi"-Pasten enthalten nur sehr, sehr wenig Wasabi ...

---

2   Solche Verpackungen gehören mittlerweile der Vergangenheit an, denn sie sind irreführend. Das hat der Bundesgerichtshof im Dezember 2015 entschieden. Ein Früchtetee, der auf seiner Verpackung bestimmte Früchte verspricht, muss diese auch enthalten, urteilten die Richter. In dem Verfahren ging es um einen Kindertee von Teekanne, der mit Abbildungen von Himbeeren und Vanille warb, aber keine enthielt.

Wie viel Spinat gehört in ein Spinatgericht?

Der schnelle Blick auf die Bezeichnung kann sich also lohnen und manchmal die zeitaufwendige Entzifferung der klein geschriebenen Zutatenliste ersetzen. Aber nicht immer hilft der offizielle Name eines Lebensmittels, um dessen Qualität richtig einzuschätzen. Verbrauchererwartung und Realität klaffen auch hier manchmal ganz schön weit auseinander.

Einige Beispiele aus unseren Recherchen zum TV-Beitrag:

Brokkoli-Nudelgericht

Brokkoli-
Nudelgericht
2,5 %
Brokkoli

Ein Nudelgericht der Firma Knorr nennt der Hersteller „Penne mit Broccoli". Und auch der offizielle Name, die Bezeichnung lautet: „Nudeln mit Broccoli in einer cremigen Sauce". Allerdings enthält das Fertigmenü nur 2,5 Prozent Brokkoli. Dieser Hinweis versteckt sich im Zutatenverzeichnis.

2,5 Prozent sind bei einer Portionsgröße von 280 Gramm ganze 7 Gramm Brokkoli!!!

Spinat-Nudelgericht

Spinat-
Nudelgericht:
1,4 %
Spinat

Ähnlich ein Produkt des Konkurrenten Maggi. Der offizielle Name eines Fertigmenüs lautet „Pasta in Blattspinat-Käse-Sauce". Der Spinatanteil: 1,4 Prozent. *Spinatsauce mit 1,4 Prozent Spinat!? Hallo?*

Verbraucherstudie zu Bezeichnungen

„Verwirrend!", urteilt auch Silke Schwartau von der Verbraucherzentrale in Hamburg. Sie rät dazu, sich weder auf die Produktnamen noch auf die Bezeichnungen zu verlassen, sondern immer einen Blick auf die Zutatenliste zu werfen. Nur so können Kunden sicher sein, was und wie viel davon wirklich in einem Produkt enthalten ist.[3]

Die Ernährungswissenschaftlerin hat 2012 eine bundesweite Studie zu den „Bezeichnungen" (damals noch „Verkehrsbezeichnungen") durchgeführt. Rund 120 Produkte haben sie und ihre Kollegen untersucht und festgestellt, dass hier noch eine Menge Handlungsbedarf besteht.

---

3 Marktcheck der Verbraucherzentralen (2012): Der „Name" von Lebensmitteln: Bei vielen Verkehrsbe-zeichnungen muss nachgebessert werden, Hamburg.

Silke Schwartau, Verbraucherzentrale Hamburg: „Die Bezeichnungen sollen klar und eindeutig über wesentliche Zutaten und charakteristische Eigenschaften von Lebensmitteln informieren. Die meisten Bezeichnungen sind aber schwer zu finden, schlecht zu lesen und als solche oft gar nicht erkennbar."

Kritik von Foodwatch an der Kommission

Über die Diskussionen innerhalb der DLMBK, die über viele Bezeichnungen entscheidet, ist nur wenig bekannt. Alle Beteiligten unterliegen einer Schweigepflicht, auch Sitzungsprotokolle werden nicht veröffentlicht.[4] Interessierte können aber einige Informationen auf der Homepage des Bundesministeriums für Ernährung und Landwirtschaft (BMEL) finden. Denn dort sind die Sachstandsberichte der jeweiligen Fachausschüsse einsehbar. Darin erfährt man zumindest, welche Leitsätze gerade überarbeitet werden.

Die Arbeit in der Kommission ist nicht unkompliziert. Denn Verbraucherschützer müssen gemeinsam mit den Vertretern der Lebensmittelindustrie einen Konsens über die verschiedenen Bezeichnungen und die Anforderungen dazu finden – und zwar einstimmig. So lautet der Auftrag des BMEL. Nicht immer leicht für die beteiligten Gruppen. Obwohl wenig aus der Kommission an die Öffentlichkeit gelangt, spricht vieles dafür, dass mit allen Mitteln und harten Bandagen um Lösungen gerungen und gefeilscht wird – manchmal jahrelang.

Mit einigen der rund 2.200 im Lebensmittelbuch festgeschriebenen Bezeichnungen scheinen die Kommissionsmitglieder selbst nicht zufrieden zu sein, aber ein Kompromiss bleibt eben immer ein Kompromiss. In einem Beitrag in Behr's Jahrbuch von 2015 verteidigt Dr. Birgit Rehlender, die Vorsitzende der DLMBK, die Arbeit ihrer Kommission gegen Kritik. Rehlender sitzt für die Verbraucherseite in der Runde. Ihren Hauptjob hat sie bei der Stiftung Warentest. Dort ist sie Projektleiterin für Lebensmitteltests.

---

4   Die Geheimhaltungspflicht ist besonders der Verbraucherorganisation Foodwatch ein Dorn im Auge. Aus ihrer Sicht werde bei der Erstellung der Leitsätze die Verbrauchererwartung nicht adäquat berücksichtigt. Die Organisation vermutet, dass Lobbyisten verbraucherfreundliche Leitsätze blockieren. Deswegen klagte Foodwatch auf eine Offenlegung der Sitzungsprotokolle. Die Klage wurde 2010 zurückgewiesen.

Dr. Birgit Rehlender, Vorsitzende DLMBK: „Um aber die allgemeine Verkehrs-
auffassung beschreiben zu können, muss der redliche Herstellungs- und
Handelsbrauch ermittelt werden. Dies geht nicht, ohne die Produkte in
Augenschein zu nehmen, die wirtschaftlichen und technischen Möglichkeiten
für ihre Produktion zu kennen und sie an den rechtlichen Erfordernissen zu
spiegeln."

Erster Kritikpunkt: Definierte Begriffe

Die Bezeichnungen sind also hart erkämpfte Zugeständnisse, wohl oft die
Einigung auf den allerkleinsten gemeinsamen Nenner. Aber wo bleiben wir
Kunden da, wenn die Profis sich einigen? Denn wer von uns kennt sich schon
mit dem Fachvokabular aus dem Gremium aus? Geschweige denn mit den
Rezepturen der Lebensmittelindustrie? Für uns Verbraucher bleiben viele
Fragezeichen.

Kalbfleisch-Leberwurst

Beispielsweise bei der „Kalbfleisch-Leberwurst". Kalbfleisch-Leberwurst ist
ein im DLMB definierter und somit geschützter Begriff. Wie viel Kalbfleisch
erwarten wohl durchschnittliche Verbraucher in einer Kalbfleisch-Leberwurst? *Ja, wohl mindestens die Hälfte, sag ich mal so!*

In der „Kalbfleisch-Leberwurst" der Marke Du darfst, die wir in unserem Beitrag in der WDR Servicezeit 2014 thematisiert haben, waren es 17 Prozent.
17 Prozent? Ja, richtig gelesen! Der Rest war Schweinefleisch, Schweineleber
und Speck.

Hier prallt offenbar die Erwartung der Kunden auf die Realität der fach-
männischen Lebensmittelwirtschaft. Denn nach dem Deutschen Lebensmittelbuch musste „Kalbfleisch-Leberwurst" nur zu 15 Prozent aus Kalbfleisch
bestehen, um den Namen tragen zu dürfen. Die Bezeichnung verwirrte wohl
mehr, als dass sie aufklärte.[5]

Viele, viele Verbraucher beschwerten sich deswegen. Das hat Wirkung gezeigt.
Die betreffenden Leitsätze des DLMB wurden inzwischen überarbeitet, die

---

5   Sogar eine „Kalbsleberwurst" musste bis vor wenigen Jahren keine Kalbsleber und auch nur
    15 % Kalbfleisch enthalten.

Änderungen gelten seit Ende 2015. Danach soll eine „Kalbfleisch-Leber-wurst", in der auch Schweinefleisch steckt, künftig „Kalbfleisch-Leberwurst mit Schweinefleisch" heißen, wobei der Rindfleisch-Anteil überwiegen soll. Unser Du darfst-Produkt würde demnach wohl eher „Leberwurst mit Kalbfleisch" genannt werden müssen. Nach den neuen Richtlinien muss bei Produkten, bei denen „Kalb" in der Bezeichnung vorangestellt ist, der Fleischanteil zu mehr als 50 Prozent aus Rindfleisch bestehen, überwiegend von Kälbern und Jungrindern.

> *Verwirrend, diese Begriffe! Aber es bewegt sich was, wenn wir Verbraucher aktiv werden!*

Zweiter Kritikpunkt: Phantasievolle Namenskreationen

Bauern-Roulade

„Rinder-Roulade" ist in den Leitlinien des Lebensmittelbuchs festgeschrie-ben und muss nach einem speziellen Rezept mit einem speziellen Fleisch hergestellt werden. Wie sieht es aber mit einer uns bei der Recherche auf-gefallenen „Bauern-Roulade" aus? Bei dem Begriff „Roulade" erwarten wir – und wohl auch die Kunden – ein hochwertiges Fleischprodukt. Man könnte ja annehmen, dass der Namen geschützt sei. Dem ist aber nicht so. Erst die Bezeichnung des Produkts bringt Klarheit. Statt um eine „Roulade" handelt es sich bei den „Bauern-Rouladen" der Firma Dreistern um „Frikadellen-Rollen".

> *Das ist ja wohl nicht dasselbe!*

Nach der Ausstrahlung unseres Beitrags in der WDR Servicezeit erhielten wir Post von einem Zuschauer, der uns aufklärte, dass Bauern-Rouladen in Ostdeutschland ein gängiges Gericht waren. Wir kannten es nicht!

Dritter Kritikpunkt: Namensgebende Zutaten

Silke Schwartau und ihr Team von der Verbraucherzentrale Hamburg bewerteten in ihrer Studie zu den „Verkehrsbezeichnungen" 2012 fast die Hälfte als beschönigend. Die offiziellen Namen täuschten eine höhere Qualität vor, als tatsächlich vorhanden sei, so ihr Fazit. Viele Produkte werben im Namen oder der Aufmachung mit besonderen Zutaten wie Spinat, Brokkoli oder Früchten. Kunden erwarten in solchen Produkten eine angemessene Menge der angepriesenen Zutaten. Aus Sicht der Experten war die aber bei fast jedem zweiten Produkt nicht vorhanden. Meist wurden die Verbraucher mit Alibimengen abgespeist.

Erdbeermüsli

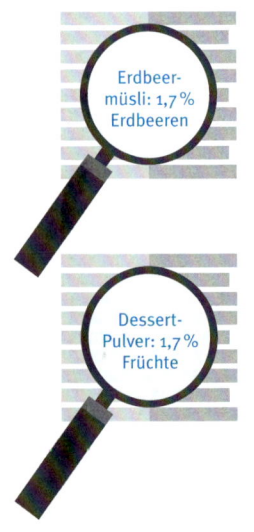

Erdbeer-
müsli: 1,7 %
Erdbeeren

Wie etwa bei dem „Crunchy Müsli Erdbeere" von Bio Zentrale. Auf der Vorderseite warb das Produkt mit knackigen frischen und getrockneten Erdbeeren. Laut Bezeichnung handelte es sich um ein „Crunchy Müsli mit getrockneten Erdbeeren". Enthalten waren genau 1,7 Prozent Früchte.

Das ist doch ein Witz, oder?

Dessert-Pulver

Dessert-
Pulver: 1,7 %
Früchte

Auf dem Fertignachtisch „Himmelscreme" aus dem Haus Dr. Oetker waren großflächig Pfirsiche und Maracuja-Früchte abgebildet. Offiziell handelte es sich um ein „Cremepulver für ein Joghurt-Pfirsich-Maracuja-Cremedessert". Das Fruchtdessert enthielt ganze 1,7 Prozent der namensgebenden Früchte.

Unglaublich!

Wirbt ein Produkt auf der Vorderseite der Packung mit einer besonderen Zutat (im Fachjargon „wertgebende" oder „namensgebende Zutat"), ist der Hersteller nach der QUID-Regelung verpflichtet, im Zutatenverzeichnis anzugeben, wie viel davon tatsächlich drinsteckt.[6] Also wie viele Erdbeeren ins „Erdbeermüsli" gemischt wurden oder wie viel Spinat in ein Spinatgericht.

---

6 QUID steht für Quantitative Ingredient Declaration.

Allerdings gibt es keine gesetzlichen Vorgaben über eine Mindestmenge – also darüber, wie viel Frucht oder Gemüse in den Produkten mindestens enthalten sein muss.

Und es gibt natürlich auch wieder Ausnahmen von der Pflicht ...

Servicetipp: Trockenprodukte vs. Frischware

Wichtig zu wissen ist, dass der Anteil von Früchten oder Gemüsen gerade bei Trockenprodukten durch Wasserentzug extrem schrumpft. Der auf der Zutatenliste ausgewiesene Anteil entspricht somit nicht unbedingt der Menge an Frischware, die tatsächlich für das Produkt verwendet wurde. Manchmal weisen die Hersteller darauf hin.

Schoko-Kirsch-Müsli

Etwa beim „Müsli Schoko Kirsch" der Firma Kölln. Laut Zutatenliste enthält die Getreidemischung 4,5 Prozent getrocknete Cranberrys und 3,5 Prozent getrocknete Sauerkirschen. Das entspricht einem Frischfruchtanteil von 12 Prozent für die Cranberrys und 20 Prozent für die Sauerkirschen.

3,5 % getr. Kirschen = 20 % frische Früchte

Das hört sich ja schon gleich anders an!

Vierter Kritikpunkt: Getränke

Besonders geärgert haben sich Silke Schwartau und ihre Kollegen über die Aufmachung und den wahren Inhalt von Getränken. Hier rät sie, ganz genau hinzuschauen!

Himbeer-Rhabarber-Schorle

2014 fiel uns ein Getränk der Eigenmarke „Active Fruits" des Discounters Netto auf. Auf der Flasche stand in großen Lettern: „Himbeer-Rhabarber". Zudem wurde auf der Flasche mit „30 % Saftgehalt aus Frucht- und Gemüsesaftkonzentraten" geworben. Miniklein darunter die Bezeichnung: „Mehrfrucht-Rhabarbergetränk mit Himbeer-Geschmack". Anhand der Zutatenliste erkannten wir, wie viel Himbeer- und Rhabarbersaft tatsächlich in der Flasche steckten, nämlich 0,1 Prozent Himbeersaft und 0,1 Prozent Rhabarbersaft. Dafür aber 28,5 Prozent Apfelsaft!

Himbeer- und Rhabarbersaft: je 0,1 %

Leute, echt! 0,1 Prozent???

Wir und auch viele Kunden fühlten uns getäuscht. Das Landgericht Amberg sah das ebenso. Im Sommer 2016 urteilte das Gericht, dass ein Getränk, das auf seiner Verpackung Himbeeren und Rhabarber verspricht, mehr enthalten muss als jeweils nur 0,1 Prozent.

Es befand, dass Verbraucher sogar davon ausgehen könnten, dass das Getränk einen Anteil von 30 Prozent Himbeer- und Rhabarbersaft enthalte. Das Urteil ist noch nicht rechtskräftig. Aber es ist Rückenwind für die Verbraucherschützer, die strengere rechtliche Regeln für die Verwendung der offiziellen Produktnamen fordern.

Silke Schwartau, Verbraucherzentrale Hamburg: „Die Bezeichnung gehört auch auf die Vorderseite der Verpackung. Sie sollte gut lesbar sein, keine falschen Erwartungen wecken, weder beschönigen noch verschleiern. Mit Aromen aufgepeppte Lebensmittel müssen auf den ersten Blick als solche erkennbar sein. Deswegen gehört ein Hinweis auf Aromen zwingend in die Verkehrsbezeichnung."

Was hat sich seit der Ausstrahlung getan?

Nach anhaltender Kritik an der Arbeit der rund fünfzig Jahre alten Lebensmittelbuch-Kommission hat sich das Bundesagrarministerium endlich bewegt. Bundesminister Christian Schmidt (CSU) hat die Arbeit der Kommission evaluieren lassen. Im März 2015 wurde das Gutachten vorgelegt. Danach soll sich die Kommission in Zukunft stärker am Verbraucherwillen orientieren, ganz so wie es der Koalitionsvertrag zwischen Union und SPD vorsieht. Die Organisationsstrukturen sollen angepasst und Abläufe beschleunigt werden. „Mehr Effizienz, mehr Akzeptanz, mehr Transparenz und mehr Kommunikation", so das Motto der Reform. An der Kommission selbst will der Minister aber festhalten. Die Verbraucherorganisation Foodwatch hatte die komplette Abschaffung der Institution gefordert.

Christian Schmidt, Bundesernährungsminister: „Die Leitsätze haben sich bewährt (...). Die Leitsätze können aber nur dann wirken, wenn sie auch bei der Verbraucherschaft Akzeptanz finden, aktuell und verständlich sind."

Das sieht auch die Vorsitzende der Kommission Birgit Rehlender so.

Dr. Birgit Rehlender, Vorsitzende DLMBK: „Ohne die wertvollen Beschreibungen gäbe es ein weitaus höheres Täuschungspotenzial und damit letztlich viel mehr gerichtliche Auseinandersetzungen."

Ernährungsminister Christian Schmidt will das Buch „mit deutlicher Feder kräftig überarbeiten". Auch die 32 ehrenamtlichen Kommissionsmitglieder aus Wirtschaft, Verbraucherschaft und Wissenschaft begreifen das Evaluierungsverfahren und die Reform als Chance. Denn, so die Vorsitzende: „Nichts ist so gut, als dass man es nicht noch besser machen könnte!"

Yvonnes Notiz

Gut ist ja schon mal, dass wir Verbraucher überhaupt in der Lebensmittelbuch-Kommission vertreten sind. Obwohl ich das 1. als eine Selbstverständlichkeit und 2. als Minimalanforderung verstehe. Aber es wäre ja auch durchaus vorstellbar, dass Industrie und Lebensmittelüberwachung die Taufnamen unserer Produkte unter sich aushandeln.[7]

Reformen finde ich immer gut. Vor allem, wenn sie mehr Verbrauchernähe versprechen. Besser aber noch ist es, nicht zu warten, bis sich die Politik oder etwa die Wirtschaft bewegt. Da setze ich doch lieber auf Aufklärung und Information, um Kunden vor falschen Versprechen zu schützen und ihnen zu ermöglichen, Qualität selber zu erkennen.

Was mir Sorge bereitet, ist, warum uns das von Seiten der Industrie so schwer gemacht wird. Wissenschaftler sprechen da bereits von einer „Misstrauensspirale", die besonders für die Qualitätsanbieter auf dem Lebensmittelmarkt gefährlich werden könnte. Nach einer Studie der industrienahen Deutschen Landwirtschafts-Gesellschaft (DLG) zur Verbraucherkompetenz glaubt knapp die Hälfte der Befragten, dass bei der Lebensmittelkennzeichnung „getäuscht" wird.[8] Das sollte der Lebensmittelwirtschaft doch wirklich zu denken geben. Mich ärgert, dass oft nur noch ein hoher Preis am Supermarktregal als Qualitätsmerkmal gilt. Das stimmt so einfach nicht. Aber andere Qualitätskriterien sind auf den ersten Blick häufig nicht zu erkennen!

---

7   Das gibt es tatsächlich als Sonderregelung bei Suppen und Soßen: Hühnersuppe, Ochsenschwanzsuppe, Klößchensuppe etc.

8   DLG-Studie (2015): Verbraucherkompetenz & Lebensmittelkennzeichnung: Was braucht der Mensch beim Lebensmittelkauf? Frankfurt.

Gerade bei Lebensmitteln heißt es deswegen immer wieder aufs Neue: Wer die Zutatenlisten liest, ist klar im Vorteil. Dann ist auch schnell eine Bauern-Roulade als gefüllte Frikadelle enttarnt und ein Fruchtdessert als aromatisierte Zuckercreme.

Zum Weiterlesen

Bundesministerium für Ernährung und Landwirtschaft: www.bmel.de
Auf der Internetseite des BMEL finden sich Informationen rund um die Kennzeichnung von Lebensmitteln, die Arbeit der Lebensmittelbuch-Kommission und die Sachstandsberichte der einzelnen Fachausschüsse.

Verbraucherzentrale Hamburg: www.vzhh.de
Die Untersuchung der Verbraucherzentrale Hamburg zu Bezeichnungen ist online abrufbar. Hier der Link: www.vzhh.de/ernaehrung/235745/mein-name-ist-hase.aspx

1.1.1 Kleine Aromen-Kunde

In den Bezeichnungen finden sich oft indirekte Hinweise auf Aromen. Sie gehören wie Salz und Zucker mittlerweile selbstverständlich in die Großküchen der Lebensmittelproduzenten. 15 Gramm zugesetzte Aromen nimmt jeder Bundesbürger im Schnitt jährlich zu sich. Sie müssen – wie alle Zutaten – in der Liste der Inhaltsstoffe auftauchen.

Aroma = Geschmack

Unterschiedliche Arten von Aromen

Die Kennzeichnung von Aromen ist in der EU-Aromen-Verordnung geregelt. Danach gibt es drei Kategorien:

1. Aroma
2. natürliches Aroma *Aber natürliches Aroma ist nicht unbedingt natürlich!*
3. natürliches xx-Aroma, also Aroma, das die namensgebende Zutat im Namen trägt, wie Himbeer- oder Vanille-Aroma.

Alle diese Aroma-Kategorien können mit dem Begriff „Aroma" in der Zutatenliste aufgeführt werden. Das macht es für uns Verbraucher kompliziert, denn es nicht immer zu erkennen, um welche Art Aroma es sich handelt. Allerdings ist davon auszugehen, dass, wenn in der Zutatenliste nur der Begriff „Aroma" zu finden ist, dieses in der Regel im Labor chemisch hergestellt wurde. Auch dann, wenn die Geschmacksrichtung vorangestellt ist, wie „Vanille-Aroma". Schlüsselbegriffe für synthetische Aromen sind „Geschmack" oder „Typ".

Allerdings haben wir bei unseren Recherchen auch eine Eiscreme gefunden, bei der „natürliches Bourbon-Vanille-Aroma" als „Aroma" deklariert wurde. Es ist also alles möglich!

Bei der Kennzeichnung „natürliches Aroma" muss der Stoff aus einer natürlichen Quelle stammen, aber nicht zwangsläufig aus einem Lebensmittel. Er kann aus pflanzlichen, tierischen oder mikrobiellen Rohstoffen gewonnen werden, kommt also meistens auch aus dem Labor.

Ach, ganz ehrlich: Wer hat sich das denn ausgedacht?

Dagegen muss „natürliches xx-Aroma" zu mindestens 95 Prozent aus der jeweiligen Frucht gewonnen werden, die es im Namen trägt. Es darf sich dann „natürliches Himbeer-Aroma" oder „natürliches Vanille-Aroma" nennen. Die Begriffe „künstliches" und „naturidentisches Aroma" gibt es nicht mehr.

Das ist schade, denn das war ja wohl echt eindeutiger!

1.2 Health Claims

„Calcium trägt zu einem normalen Energiestoffwechsel bei", „Vitamin C trägt zum Schutz der Zellen vor oxidativem Stress bei" oder „Proteine tragen zur Erhaltung normaler Knochen bei". Das sind sogenannte „Health Claims" – zu deutsch Gesundheitsversprechen. Bei Herstellern sind sie beliebt als freiwillige Angabe auf Verpackungen, denn so sehen die Waren gleich viel gesünder aus – und sind somit verlockender für den Kunden. Denn Lebensmittel, da sind sich die meisten Deutschen (89 Prozent) einig, sollen vor allem gesund sein.[9]

Seit Dezember 2012 dürfen gesundheitsbezogene Angaben nur noch dann auf eine Verpackung gedruckt werden, wenn sie von der EU geprüft und zugelassen worden sind.[10] Will ein Hersteller auf eine (bislang nicht zugelassene) gesundheitsfördernde Wirkung seines Produkts hinweisen, muss er der Europäischen Behörde für Lebensmittelsicherheit (EFSA) Studien vorlegen, die diese Wirkung bestätigen. Knapp 2.300 Gesundheitsversprechen hat die EFSA bereits überprüft. Zugelassen – und damit ausreichend wissenschaftlich belegt – wurden nur 259!

Hersteller müssen reagieren

Für die Industrie war die Health-Claims-Verordnung ein schwerer Schlag, denn viele – oft jahrelang verwendete – Werbeaussagen mussten schnell von den Produktverpackungen entfernt oder geändert werden.

Sprüche wie „Gesunde Vitamine naschen" oder „So wertvoll wie ein kleines Steak" gibt es darum nicht mehr!

Joghurt-Riese Danone zum Beispiel konnte nicht wissenschaftlich nachweisen, dass sein Produkt „Actimel" die Abwehrkräfte tatsächlich stärkt. Das Gesundheitsversprechen verschwand von der Verpackung. Nun ziert ein Claim für die Vitamine B6 und D den Joghurtdrink: „Diese tragen zur einer normalen Funktion des Immunsystems bei."

---

9   BMEL (Hrsg.) (2016): Ernährungsreport 2017, Deutschland, wie es isst, Berlin.
10   EU-Verordnung 1924/2006.

Auch dass „Activia" die Verdauung in Schwung bringt, ist passé. Die besondere „Actiregularis-Kultur" in dem Produkt von Danone sorgt nur noch „für einen charakteristisch milden Geschmack". Immerhin, der Joghurt ist noch immer ein „kleiner leckerer Beitrag für dein Wohlgefühl".

Das Milchgetränk „Yakult" darf nicht mehr behaupten, einen wertvollen Beitrag zur Erhaltung der Gesundheit zu leisten. Der Claim ist von der Packung verschwunden.

Früher waren Fruchtzwerge „So wertvoll wie ein kleines Steak". Heute sind sie nur noch „mit Calcium und Vitamin D". So ändern sich die Zeiten.

Health-Claims-Verordnung noch lückenhaft

259 gesundheitsbezogene Angaben konnten aber wissenschaftlich bewiesen werden und sind somit EU-weit erlaubt. Nicht viel, wenn man bedenkt, dass allein aus Deutschland 10.500 Claims zur Prüfung eingereicht wurden – aus ganz Europa sogar 44.000. Sophie Herr vom Bundesverband der Verbraucherzentralen (vzbv) ist dennoch nicht zufrieden mit der Health-Claims-Verordnung. Dabei haben Verbraucherverbände jahrelang für eine solche Regelung gekämpft.

Sophie Herr, vzbv: „Das eigentliche Ziel, nämlich Verbraucher vor nicht haltbaren Gesundheitsversprechen zu schützen, ist bislang nicht erreicht worden."

Denn noch immer kann praktisch jedes Lebensmittel mit einem Gesundheitsversprechen versehen werden. Hersteller müssen nur EINE gesundheitsfördernde Zutat, also beispielsweise ein Vitamin, hinzufügen und schon können sie ihre Produkte mit dem Vitamin-Claim versehen. So werten Produzenten auch fett- und zuckerreiche Produkte mit einem angeblich gesundheitlichen Nutzen auf. Ein Fehler im System! Denn die Health-Claims-Verordnung sieht eigentlich nicht vor, dass auf allen Produkten Gesundheitswerbung gemacht werden darf.

Mein Team hat einen
Health-Claims-Dschungel in Berlin
aufgebaut, 2014.

Nährwert-Anforderungen fehlen

In der ursprünglichen Fassung der Verordnung sollten (bis Januar 2009) Standards erarbeitet werden, die festlegen, welche Produkte überhaupt mit einer gesundheitsfördernden Wirkung Werbung machen dürfen. Also ab wann Lebensmittel zu fettig, zu salzig oder zu süß für Gesundheitsversprechen sind. Doch bis heute fehlen diese sogenannten Nährwertprofile – und es sieht auch nicht so aus, als ob sich im EU-Parlament dafür jemals eine Mehrheit finden ließe. Dabei hat die WHO 2015 konkrete Vorgaben für ernährungsphysiologisch ausgewogene (Kinder-)Produkte erarbeitet. Eine ideale Vorlage also für die europäische Regelung. Aber denkste! Ohne die Nährwertprofile kann die Health-Claims-Verordnung ihr eigentliches Ziel nicht erreichen.

8 Jahre später!

Die Verordnung ist quasi auf halber Strecke stehen geblieben!

Sophie Herr, vzbv: „Ohne Nährwertprofile hat die Verordnung bislang nicht zum gewünschten Ergebnis geführt, Verbraucher konsequent vor leeren Gesundheitsversprechen zu schützen. Das Problem ist, dass viele Industrieprodukte sich mit den Claims einen gesunden Anstrich geben wollen – und rechtlich auch immer noch können."

Gesunde Kinder-Salami?

Grund genug für uns, diesem Thema einen Beitrag in der Rubrik Mogelpackung in der WDR Servicezeit zu widmen. Das beste und gleichzeitig schlimmste Beispiel für Lücken in der Health-Claims-Verordnung, das wir bei unseren Recherchen in Supermärkten und bei Discountern gefunden haben, ist das Kinderprodukt „Ferdi Fuchs Mini Salami", das mit dem Spruch wirbt „Viel drin, gut drauf" – und mit „30 % weniger Fett". Die Würstchen enthalten aktuell auf 100 Gramm insgesamt 29 Gramm Fett (2014: 31,3 Gramm). Das entspricht 41 Prozent (2014: 45 Prozent) des Tagesbedarfs eines durchschnittlichen Erwachsenen (!). Bei den gesättigten Fettsäuren sind es mit 11,6 Gramm (2014: 16,3 Gramm) sogar 58 Prozent (2014: 82 Prozent) des Tagesbedarfs – eines Erwachsenen wohlgemerkt!

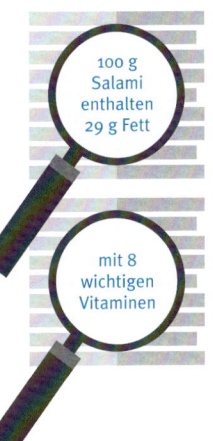

Dennoch warb und wirbt das Produkt mit seinem angeblich gesundheitlichen Nutzen – und das nicht zu knapp: „Thiamin, Niacin und Biotin – tragen zu einem normalen Energiestoffwechsel bei. Vitamin B6 – trägt zu einer normalen Funktion des Immunsystems bei. Folsäure – trägt zur Verringerung der Müdigkeit bei. Pantothensäure – trägt zu einer normalen geistigen Leistung bei. Vitamin E trägt dazu bei, die Zellen vor oxidativem Stress zu schützen."

Die Würste tragen trotz der Claims nicht zu einer gesunden Ernährung bei, denn sie sind immer noch viel zu fett. Eltern könnten aber denken, die Wurst sei gesund oder zumindest gesünder als das Produkt, das danebenliegt und auf dem keine gesundheitlichen Vorteile fett auf der Packung stehen.

Aus rechtlicher Sicht erfüllen die Werbeaussagen die geltenden Vorgaben der Verordnung. Sie führen uns Verbraucher aber auf eine falsche Fährte, weil bislang in der Verordnung nur die isolierten Effekte der einzelnen Zusätze berücksichtigt werden, also die Effekte des Vitamins B6 oder des Biotins in der Wurst. Ob ein Lebensmittel insgesamt empfehlenswert oder gesund ist, prüft die EU nicht. Denn das wäre mit der Kopplung der Claims an Nährwertprofile automatisch geschehen. Ein Produkt mit schlechtem Nährwertprofil – also mit zu viel Fett oder Zucker – hätte dann gar keinen Claim tragen dürfen. So aber darf eine kalorienreiche und fette Wurst mit zugesetzten Vitaminen fröhlich mit Gesundheit werben! *Ist doch verrückt, oder?*

Die Kinder-Wurst ist kein Einzelfall. Besonders süße und fette Kinderprodukte schmücken sich gerne und oft mit vermeintlich gesunden Vitaminzusätzen. Die Verbraucherorganisation Foodwatch wirft den Lebensmittelherstellern deswegen sogar „systematische Irreführung mit Gesundheitswerbung" vor. *Irreführung ist eine Straftat!*

Die Organisation hatte mehr als 200 Produkte in Deutschland untersucht, auf denen mit Vitaminen geworben wurde.[11] 90 (!) Prozent davon entsprachen nicht den Standards der WHO für ausgewogene Lebensmittel – sie waren zu fett, zu süß, zu salzig oder enthielten zu viele Kalorien![12]

---

11 Foodwatch (2016): Vitamine und Naschen? Wie die Lebensmittelindustrie Verbraucher mit Vitaminzusätzen in die Irre führt, Berlin.
12 WHO Regional Office for Europe (2015): Nutrient profile model, Copenhagen.

Problematische Vitaminzusätze

Generell sehen Verbraucherverbände die Anreicherung von Lebensmitteln mit Vitaminen kritisch. Immer wieder bestätigen Ernährungswissenschaftler, dass wir hier in Deutschland nicht unter Vitaminmangel leiden – Ausnahmen sind Vitamin D und Folsäure bei bestimmten Personenkreisen.[13]

Die Anreicherung mit den Wirkstoffen in Süßigkeiten, Joghurts oder Wurst ist daher völlig überflüssig, im schlimmsten Fall sogar gesundheitsgefährdend. Beispielsweise bei Folsäure, die bei Männern das Prostatakrebsrisiko erhöhen kann.

Viele Hersteller setzen aber auf Vitamine, um ihren Produkten mit einem Claim ein gesünderes Image und so einen Wettbewerbsvorteil zu verschaffen.

Keine Regelung für Pflanzenstoffe

Auch für sogenannte „Botanicals" wurden viele Claims beantragt, insgesamt etwa 2.000. Botanicals sind Pflanzenstoffe, die in Tees oder Nahrungsergänzungsmitteln zum Einsatz kommen, wie Ginkgo, Ginseng, Knoblauch oder Johanniskraut.

Hört sich besser an, wenn der Tee nicht nur schmeckt, sondern auch noch schlank macht ...

Die Prüfung dieser Gesundheitsversprechen wurde aber erst mal – ähnlich wie bei den Nährwertprofilen – zurückgestellt. Wie und ob sie jemals getestet werden, ist noch völlig unklar. Denn würde man die Botanicals nach den gleichen Vorgaben wie für Lebensmittel überprüfen, würden alle Aussagen durchfallen. So viel ist schon mal klar. Deswegen gilt zurzeit für die Pflanzenstoffe noch die alte Rechtslage vor Einführung der Health-Claims-Verordnung.

Blöd für die Industrie, ne?

Das ist ja praktisch!

Aufgeschoben ist nicht aufgehoben – könnte man meinen. Ende 2015 hat die EU-Kommission eine Evaluation der Verordnung begonnen. Besonders im Blick dabei: die Botanicals und die Nährwertprofile. Bis Mitte 2017 will die Kommission für die zwei Problemfälle eine Lösung finden. Das Europäische Parlament hat bereits eine Abstimmung zum Thema hinter sich. Im April

---

13 Nationale Verzehrstudie II (2008), Max-Rubner-Institut, Karlsruhe.

2016 haben die Abgeordneten mehrheitlich dafür gestimmt, die Nährwertprofile komplett aus der Verordnung zu streichen.

Das ist doch auch mal eine Art, Probleme aus der Welt zu schaffen. Da hat die Lebensmittel-Lobby wohl ganze Arbeit geleistet!

Verbraucherverbände sind alarmiert. Würde dies geschehen, dann wäre die ganze Verordnung hinfällig. Die Parlamentsabstimmung ist zwar nicht verbindlich für die Kommission, aber doch ein deutliches Signal. Ob die Nährwertprofile und Botanicals tatsächlich noch mal auf EU-Ebene entschieden werden? Keiner weiß es. Vermutlich wird es – wenn überhaupt jemals – noch Jahre dauern, hier klare Regeln zu schaffen. So können Hersteller weiter mit Artischocke, Soja oder anderen Pflanzen Gesundheitswerbung betreiben – ohne wissenschaftlichen Beleg – und zu fette, zu süße und zu salzige Lebensmittel mit zugesetzten Vitaminen aufhübschen.

Schokolade darf mit Health Claim werben

Ein Gesundheitsversprechen für Schokolade? Kein schöner Traum, sondern Realität. Ende 2013 genehmigte die EU-Kommission den ersten Health Claim für ein Kakao-Produkt. Der weltgrößte Schokoladenhersteller und Kakao-Verarbeiter Barry Callebaut aus der Schweiz darf offiziell damit werben, dass eine speziell hergestellte Schokolade die Blutgefäße fit hält. Der Grund: In der Süßigkeit steckt eine extrem hohe Konzentration von Kakao-Flavanolen.

Das wollten wir uns natürlich anschauen. In der Produktionsstätte von Barry Callebaut im belgischen Wieze haben wir Herwig Bernaert getroffen, den Leiter der Forschungs- und Entwicklungsabteilung des Schoko-Riesen. Er und seine Kollegen haben jahrelang an der gesunden Schokolade getüftelt. Seit 2005 hatten sie die unterschiedlichen Wirkungen von Kakao-Flavanolen auf den menschlichen Körper in mehr als 20 klinischen Humanstudien untersucht und herausgefunden, dass Flavanole helfen, die Elastizität der Blutgefäße aufrechtzuerhalten. Die EFSA bestätigte die Wirkung offiziell.

Flavanole befinden sich in allen Schokoladenprodukten, allerdings in geringer Menge. Denn bei der konventionellen Schokoladenherstellung geht ein Großteil der gesunden Stoffe verloren. Durch ein besonderes Verfahren haben

Bernaert und sein Team es geschafft, bis zu 80 Prozent der von Natur aus im Kakao enthaltenen Flavanole zu erhalten.

Herwig Bernaert, Barry Callebaut: „Genuss und Gesundheit gelten häufig als Gegensatz. Gesundheitsversprechen über Kakao-Flavanole bieten deshalb ein erhebliches Marktpotenzial, beispielsweise bei Schokoladengetränken, dunkler Schokolade und sogar für die pharmazeutische Industrie. Das Interesse an unserem Produkt ist groß. Das EU-Gesundheitsversprechen ist ein Vorteil gegenüber Wettbewerbern."

Forschungsleiter Herwig Bernaert von Barry Callebaut und ich mit der „gesunden Schokolade", 2014.

Ein entsprechend dosierter Riegel oder eine Tasse Kakao, das soll – laut Bernaert – für die gesundheitliche Wirkung der Flavonole ausreichen. Mehr wäre auch nicht zu empfehlen, denn zu viel Fett und zu viel Zucker können den Traum von gesunder Schokolade schnell zerplatzen lassen.

Das wär ja nun auch zu schön gewesen. Und ganz ehrlich:
Die Schokolade ist nur was für echte Zartbitterfans!

Lebensmittelindustrie sieht Verordnung kritisch

Obwohl Lebensmittelproduzenten sich bei den 259 zugelassenen Claims nahezu frei bedienen können, ist die Verordnung aus ihrer Sicht viel zu restriktiv und bürokratisch – und deshalb innovationsfeindlich.

Das war ja klar! Wir Verbraucher müssen jede kryptische Packung
kapieren – denen ist eine glasklare Verordnung zu kompliziert ...

Es gebe keine Produktgruppe, die so streng reglementiert werde wie Lebensmittel, so Peter Loosen, Geschäftsführer des Bundes für Lebensmittelrecht und Lebensmittelkunde e.V. (BLL), dem größten Lobbyverband der Branche.

Peter Loosen, BLL: „Wir halten nichts von dem Verbotsprinzip der Verordnung, nach dem alles verboten ist, was nicht erlaubt ist, und jede einzelne Aussage zu Gesundheitswirkungen von Lebensmitteln zugelassen werden muss. Bereits vor der Verordnung durfte – nach dem Irreführungsverbot – nur das behauptet werden, was stimmt. Die Gesundheitswirkung musste auch vor der Health-Claims-Verordnung auf wissenschaftlichen Studien beruhen und bewiesen werden."

Das hat dann aber niemand überprüft, und wir Konsumenten mussten glauben, dass sich mit einem Fruchtbonbon „Gesunde Vitamine naschen" ließen! Richtig ist: Es gibt hohe Hürden der EFSA an den Wirkungsnachweis. Das Problem, dass die Industrie jetzt hat: Jede Behauptung muss mit mehreren Humanstudien belegt werden, die die EFSA überprüfen kann. Für viele Lebensmittel und Zutaten gibt es aber keine validen Studien. Diese durchzuführen ist mit enormen Kosten verbunden. Gerade Mittelständler können sich das kaum leisten.

Peter Loosen, BLL: „Über die Wirkung vieler traditioneller Lebensmittel wurde nie geforscht. So haben beispielsweise getrocknete Pflaumen erst einen Claim erhalten, als eine neu in Auftrag gegebene Studie nachweisen konnte, dass sie die Verdauung fördern. Vorher war das nie wissenschaftlich überprüft, aber eben auch nie in Zweifel gezogen worden. Sauerkrautsaft hat die gleiche Wirkung, das weiß jeder – aber keinen Claim!"

Ja, weil sonst mit Selbstverständlichkeiten geworben würde. Die Industrie rührt ja keine Vitamine rein, um uns gesünder zu ernähren, sondern damit sie damit werben können!

Auch für beispielsweise Kümmel, der traditionell in fast allen Kohlgerichten gegen Blähungen zum Einsatz kommt, gibt es keinen Claim. Laut Loosen seien so eine Handvoll Lebensmittel durch das Raster gefallen. So gibt es etwa keine Gesundheitsaussage über Ballaststoffe im Allgemeinen. Es gibt zwar einen Claim für „Haferkorn-Ballaststoff", aber keinen für „Weizenkorn-Ballaststoff". Nicht, weil „Weizenkorn-Ballaststoff" nicht die gleiche Wirkung hätte, sondern weil nicht ausreichend Studien dafür vorlagen. Das findet der BLL problematisch. Bauchschmerzen bekommt die Industrie aber besonders

bei den geplanten (und noch nicht umgesetzten) Nährwertprofilen. Die Sorge ist groß, dass die Profile missbraucht würden, Lebensmittel in vermeintlich gute und schlechte, gesunde und ungesunde einzuteilen und dies gesetzlich festzuschreiben. Wenn schon jetzt bei der Verordnung so viel im Argen liege, machten weitere gesetzliche Regelungen keinen Sinn, so der Industrievertreter.

In der Schokoladenfabrik von Barry Callebaut im belgischen Wieze, 2014.

Was hat sich seit der Ausstrahlung getan?

Eine Studie im Auftrag des Verbraucherzentrale Bundesverbandes (vzbv) zur Wahrnehmung von Lebensmittelverpackungen belegt den großen Einfluss, den Health Claims auf das aktuelle Kaufverhalten von Verbrauchern ausüben.[14] Danach fällt die Entscheidung für oder gegen ein Produkt nach dem ersten Eindruck. Die Informationen auf der Rückseite (die gesetzlichen Pflichtangaben zu Zutaten und Nährwerten) haben kaum Einfluss auf die geweckten Erwartungen. Gesundheitsbezüge als Eyecatcher und schnelle Orientierungshilfe – das zieht bei uns Kunden! Und selbst wenn wir Informationen über die Zutaten und Nährwerte der Lebensmittel mit Gesundheitswerbung erhalten – so die Studie weiter – verändert das den ersten Eindruck nicht sehr stark. Offensichtlich fällt es uns schwer, richtig einzuordnen, wie gesund ein Lebensmittel tatsächlich ist.

Die Verbraucherzentralen haben in einem bundesweiten Marktcheck untersucht, ob sich die Gesundheitsversprechen auf Lebensmittelpackungen zwei Jahre nach der Einführung der EU-Verordnung an die Vorgaben halten. Das Ergebnis ist mal wieder ernüchternd. Von rund fünfzig Produkten lockten fast zwei Drittel (63 Prozent) mit potenziell irreführenden Aussagen. Bei deutlich mehr als einem Drittel (40 Prozent) verstießen die Claims nach Einschätzung der Verbraucherzentralen gegen die Verordnung, bei Kinder-Lebensmitteln waren es sogar drei Viertel (75 Prozent) aller Produkte.

Natürlich nicht, oder?

Wären die Nährwertprofile bereits in Kraft, dürfte etwa ein Drittel der untersuchten Lebensmittel nicht mit einem gesundheitlichen Zusatznutzen werben, weil sie nach Ansicht der Verbraucherzentralen zu viel Zucker oder Fett enthalten.

Sophie Herr, vzbv: „Die Tatsache, dass noch immer keine Nährwertprofile von der Kommission vorgelegt wurden, ist auf den massiven Druck der Lebensmittelindustrie zurückzuführen, die lukrative Marketingmöglichkeiten gefährdet sieht."

---

14 Zühlsdorf, A., Spiller, A. (2015): Verbraucherwahrnehmung von Lebensmittelverpackungen, Göttingen. Im Auftrag des vzbv und Lebensmittelklarheit.de

Auch wenn die Evaluation der Verordnung bereits in Gang ist und damit möglicherweise bald einiges in Bewegung kommt: Es gibt noch viel zu tun bei den Health Claims!

Yvonnes Notiz

Ein spannendes Thema, diese Health Claims. Zeigt sich daran doch klar und deutlich, wie schwer und kompliziert es ist, eine vom Prinzip her gute Sache – nämlich weniger Verbrauchertäuschung – durchzusetzen. Denn: Wie aussagekräftig ist eigentlich ein Claim wie „Alpha-Linolensäure trägt im Rahmen einer abwechslungsreichen, ausgewogenen Ernährung und gesunden Lebensweise zum Erhalt eines normalen Cholesterinspiegels bei"? Eines normalen Cholesterinspiegels wohlgemerkt, nicht eines besseren Cholesterinspiegels. Alpha-Linolensäure scheint nicht ungesund, aber auch nicht besonders gesundheitsförderlich zu sein, oder? Und sie trägt nur dann zu einem normalen Cholesterinspiegel bei, wenn ich mich auch sonst gesund ernähre. Das ist doch eigentlich eine Binsenweisheit! Dennoch sind wir Verbraucher angefixt von solchen Aussagen und Hersteller scharf darauf, sie auf ihre Produkte zu drucken. So ticken wir halt! Komisch, oder?

Immerhin gibt es nun Vorgaben, die rechtlich regeln, wie mit welchen Gesundheitsvorteilen geworben werden darf. Da hat sich immerhin etwas getan. Insofern ist die Health-Claims-Verordnung schon mal ein großer Erfolg für die Verbraucherschaft, die da ordentlich Druck gemacht hat. Aber noch immer kann jeder Hersteller seine Produkte mit positiven Wirkungen auf das Immunsystem, den Knochenbau oder die Zellen bewerben. Er muss nur die richtigen Vitamine und Mineralstoffe einsetzen. So war die Verordnung zur besseren Information der Verbraucher nicht gedacht. Die Nährwertprofile müssen schnellstmöglich festgelegt werden, um zu unterbinden, dass sich fettige und süße Lebensmittel weiter mit Gesundheitsversprechen schmücken dürfen. Was habt ihr gegen die Profile der WHO einzuwenden, liebe EU-Politiker? Und auch für die Botanicals muss endlich ein verbindlicher Rechtsrahmen geschaffen werden.

Ich werde immer dann ganz hellhörig, wenn Lebensmittelproduzenten uns Kunden etwas Besonderes versprechen. Denkt daran: Die wollen uns in erster Linie etwas verkaufen. Wenn ich etwas zum Thema Gesundheit für mich tun will, gehe ich zum Arzt oder Apotheker, eher nicht ans Supermarktregal!

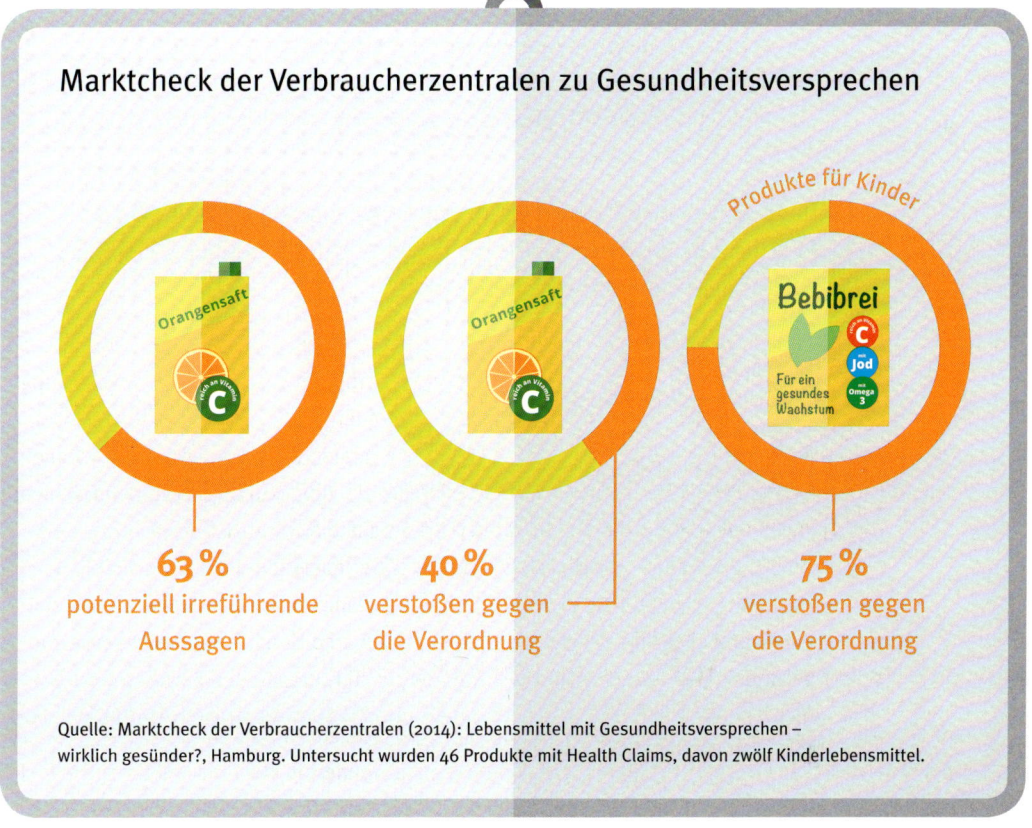

Marktcheck der Verbraucherzentralen zu Gesundheitsversprechen

63 %
potenziell irreführende
Aussagen

40 %
verstoßen gegen
die Verordnung

75 %
verstoßen gegen
die Verordnung

Quelle: Marktcheck der Verbraucherzentralen (2014): Lebensmittel mit Gesundheitsversprechen – wirklich gesünder?, Hamburg. Untersucht wurden 46 Produkte mit Health Claims, davon zwölf Kinderlebensmittel.

Manchmal reicht es aber schon, einfach mal den gesunden Menschenverstand einzuschalten. Gesunde Salami? Gesunde Schokolade? Hm! So richtig kann das doch nicht stimmen, oder? Leckere Salami und köstliche Schokolade – die gibt es! Die machen vielleicht nicht gesund, dafür aber glücklich – und das ist auch wichtig für die Gesundheit!

Zum Weiterlesen

Europäische Kommission: ec.europa.eu/nuhclaims/
Im EU-Register für gesundheits- und nährwertbezogene Angaben sind alle zugelassenen und abgelehnten Claims mit der jeweiligen Einschätzung der EFSA zu finden.

Verbraucherzentrale Bundesverband: www.vzbv.de
Auf der Seite des Bundesverbands der Verbraucherzentralen sind viele Informationen rund um die Health Claims, die vzbv-Studie und den Marktcheck der Verbraucherzentralen.

Bund für Lebensmittelwirtschaft und Lebensmittelsicherheit: www.bll.de/
Wie die Lebensmittelindustrie die Health-Claims-Verordnung einschätzt, lässt sich auf ihrer Webseite nachlesen.

1.3 Verpackungsärger

Seit es Herstellern freigestellt ist, in welcher Größe sie ihre Waren verpacken, herrscht in den Regalen der Supermärkte ein wahres Verpackungschaos: Single-, Mini-, Midi-, Maxi-, XXL- oder Familien-Pack – von einigen Produkten gibt es so viele verschiedene Ausführungen, dass man schnell den Überblick über das Preis-Leistungs-Verhältnis verliert.[15] Pralinen werden in Schmuckdosen oder schlichten Tütchen in zig verschieden Größen und Formen angeboten. Staubwedel, Windeln oder Waschpulver schrumpfen wie von Zauberhand in gleich aussehenden Verpackungen, vermeintliche Schnäppchen wie Vorrats- und Großpackungen entpuppen sich als Kostenfalle. Mengenrabatt, was war das noch einmal?

Unterschiedliche Grundpreise für verschiedene Verpackungen

Um die Verbraucher-Verwirrung komplett zu machen, bieten Hersteller ihre Produkte je nach Packungsgröße zu unterschiedlichen Grundpreisen an. Der Grundpreis ist der einzige Indikator für die wahren Kosten einer Ware. Er gibt Auskunft darüber, wie teuer 1 Kilogramm, 100 Gramm, 1 Liter oder 100 Milliliter sind. Nur der Grundpreis ermöglicht einen Kostenvergleich. Seit

---

15 Die gesetzlichen Vorgaben für Packungsgrößen und Füllmengen von Lebensmitteln wurden im April 2009 weitgehend aufgehoben. Bis dahin hatte die Verordnung über Fertigpackungen (FertigPackV) festgelegt, in welchen Größen und Mengen bestimmte Lebensmittel verkauft werden durften. Mit der Rechtsänderung wurde die EU-Richtlinie 2007/45/EG umgesetzt.

September 2000 ist der Handel verpflichtet, den Grundpreis an den Waren-
regalen neben dem Endpreis anzubringen, sodass jeder Kunde sich schlaumachen kann.[16]   *theoretisch!*

Vorteilspackungen, die nur den Herstellern Vorteile bringen

Schon lange ärgern sich Verbraucherschützer wie Armin Valet von der Verbraucherzentrale Hamburg über vermeintliche Vorteilspackungen, die keine
sind. So verlangt beispielsweise Schokoladenhersteller Storck seit Jahren für
den Inhalt der Großpackungen „Merci" mehr als für den Inhalt in den kleinen
Standardpackungen. 2012 kosteten die Schokoriegel in verschiedenen Supermärkten in der 400-Gramm-Schachtel im Verhältnis rund 30 Prozent mehr
als in der 250-Gramm-Standardpackung.

Bei einem Stichproben-Einkauf in einem großen Supermarkt 2015 lag der
100-Gramm-Preis einer Riesenschachtel (675 Gramm) 15 Prozent über dem
einer Standardschachtel. Bei einem anderen Einzelhändler fanden wir eine

---

16   Verordnung zur Änderung der Preisangaben- und der Fertigpackungsverordnung vom 28.07.2000. Im
     Bundesgesetzblatt Jahrgang 2000 Teil I Nr 37, Bonn.

400-Gramm-Packung, die im Verhältnis 18 Prozent teurer war. In einem dritten Lebensmittelgeschäft dagegen konnten Kunden mit den großen Packungen tatsächlich sparen: Die Schokoriegel der Standardpackung waren hier knapp 8 Prozent teurer als aus der 400-Gramm-Schachtel. Im Vergleich zur 675-Gramm-Riesenbox waren es 9 Prozent. Preisverwirrung total!

Handel legt die Preise fest

Für die Preisgestaltung ist der Handel verantwortlich, so Hersteller Storck. 2012 antwortet der Süßwarenproduzent aus Berlin auf unsere Anfrage:

Storck: „Die Preise legt der Handel fest und wir sind rechtlich gehalten, die Preishoheit des Handels nicht zu beeinträchtigen."

Tatsächlich ist im Kartellrecht geregelt, dass die Einzelhändler die Verkaufspreise bestimmen. Allerdings kalkuliert der Handel natürlich auch anhand der Einkaufspreise. Ganz unbeteiligt sind die Hersteller an den Preisen ihrer Produkte also nicht. So gibt auch die Firma Storck ihre großen Packungen wegen „deutlich höherer Produktionskosten" zu einem im Verhältnis höheren Preis in den Handel. 2015 haben wir erneut bei Storck nachgefragt.

11,⁹⁹
1000 g = 17,76 €
675-g-Packung

6,⁹⁹
1000 g = 17,48 €
400-g-Packung

4,⁷⁹
1000 g = 19,16 €
250-g-Packung

Storck, 2015: „Die Preissetzungshoheit des Handels führt tatsächlich zu sehr unterschiedlichen Preisen – sowohl bei der Standardpackung als auch bei den aufwendig und repräsentativ gestalteten größeren Einheiten. So gibt es bspw. auch Handelsunternehmen, die bezogen auf den Kilogrammpreis alle Packungsgrößen zum gleichen Preis anbieten.“

Die sind aber eine Seltenheit, weiß auch Verbraucherschützer Valet, der die Tricks von Herstellern und Händlern aus dem Effeff kennt.

Armin Valet, Verbraucherzentrale Hamburg: „Da wird die Schuld hin und her geschoben, so wie es gerade passt. Keiner will für die hohen Preise für Großpackungen verantwortlich sein. Wer sich den Gewinn letztlich in die Tasche steckt, ist unklar, aber der Verbraucher ärgert sich über diese Tricks.“

De facto zahlt die Kundschaft nämlich den höheren Preis für die Verpackung – und nicht für den Inhalt!

Weihnachten 2016 habe ich Lindor-Kugeln von Lindt in einer festlichen Verpackung zum dreifachen Preis gefunden ...

Verschiedene Größen, verschiedene Preise

Das Argument der kostspieligen Verpackungen für die großen Größen zieht nicht bei Marzipanhersteller Niederegger, der seine „Marzipan Schwarzbrote“ im Jahr 2012 in verschiedenen Größen (48 Gramm, 125 Gramm, 200 Gramm und 300 Gramm) zu ganz unterschiedlichen 100-Gramm-Preisen verkaufte. Alle Produkte stecken in den gleichen schlichten Folienverpackungen. Die verschiedenen Preise ergaben sich – nach Auskunft des Herstellers – aus den unterschiedlichen Produktionskosten.

Und dabei sind die großen Brote nicht die günstigsten.

Niederegger Marzipan: „Die Brote werden auf verschiedenen Anlagen produziert und verpackt. Der Automatisierungsgrad ist bei diesen Produktionsprozessen nicht identisch.“

Ein identisches Brot, bei dem die Produktionsprozesse nicht identisch sind? Die Kundschaft wundert's.

7,30 €
100 g = 2,43 €

MARZIPAN BROT — 300 g

5,- €
100 g = 2,50 €

MARZIPAN BROT — 200 g

3,10 €
100 g = 2,48 €

MARZIPAN BROT — 125 g

1,50 €
100 g = 3,13 €

MARZIPAN BROT — 48 g

Preisverwirrung bei Haribo

Manchmal ist diese Art der Preisgestaltung nicht nur ärgerlich, sondern völlig undurchschaubar. So wie bei dem vielfältigen Angebot vom Süßwaren-Hersteller Haribo. Für unseren Beitrag in der WDR Servicezeit 2012 haben wir die Preise für den Süßigkeiten-Mix „Colorado" in drei verschiedenen Supermärkten miteinander verglichen. Damals gab es neben der 1-Kilo-gramm-Rundbox und der 500-Gramm-Rundbox noch diverse Tütengrößen.

Das beste Preis-Leistungs-Verhältnis bot die große Rundbox. Die kleinere Variante war um bis zu 20 Prozent teurer als die 1-Kilo-Box und knapp 11 Prozent teurer als der 200-Gramm-Standardbeutel. War der Beutel im Angebot, waren es sogar 45 Prozent! Die mittlere Größe war also die teuerste. Warum? Keine Ahnung!

Ich bin total verwirrt! Was kostet das jetzt noch mal?

Günstige Sondergrößen für Discounter

Damit nicht genug. Das Bonner Unternehmen produzierte jahrelang speziell für Discountläden einen 300-Gramm-Beutel – zum gleichen Preis wie den 200-Gramm-Beutel für den restlichen Einzelhandel. Ein Preisunterschied von unglaublichen 50 Prozent! Auf die Frage, warum zwei unterschiedliche Größen zum gleichen Preis verkauft werden, verweist der Süßwarenhersteller 2012 auf die Preishoheit des Handels. Auf unsere Nachfrage 2015 erhalten wir eine fast wortgleiche Stellungnahme.

Haribo: „Haribo bietet den Handelspartnern verschiedenste Artikel in unterschiedlichen Abpackungsgrößen zu differenzierten Preisen an. (...) Auf die Handelsverkaufspreise hat Haribo jedoch keinerlei Einfluss. Die Verkaufspreisstellung ist ausschließlich Angelegenheit des Handels."

Mittlerweile bietet Haribo bei Lidl & Co 360-Gramm-Beutel an, die zwar teurer sind, aber auf den Grundpreis bezogen natürlich deutlich günstiger als die Standardgröße!

Der Bonner Süßwaren-Gigant ist nicht der Einzige, der Sonderchargen für Discounter produziert. Unter anderem haben auch Ritter Sport und der Süßigkeiten-Produzent Storck Discountgrößen im Portfolio.

Grundpreise vergleichen

Wer sich nicht über den Tisch ziehen lassen möchte, der sollte sich also nicht vom Produktpreis blenden lassen, sondern die Grundpreise miteinander vergleichen – am besten in verschiedenen Geschäften. Erst dann wird deutlich, welche Packung tatsächlich das beste Preis-Leistungs-Verhältnis bietet. Denn es steht schon mal eine Schachtel Frischkäse mit 175 Gramm Inhalt neben einer mit 200 Gramm – in der gleichen Verpackung. Wer dann nur auf den Produktpreis schielt, zieht schnell den Kürzeren.

Großer Produktpreis, kleiner Grundpreis

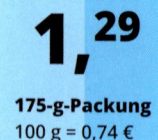

1,29
200-g-Packung
100 g = 0,65 €

1,29
175-g-Packung
100 g = 0,74 €

Um Grundpreise miteinander zu vergleichen, bedarf es aber manchmal etwas Engagement: Brille rausholen oder auf den Boden knien. Denn oft steht der Grundpreis nur winzig klein unter dem Verkaufspreis am Regalschild angeschrieben. Nicht besonders kundenfreundlich!

Die grafische Darstellung der Angabe, also Schriftgröße oder Kontrast, ist bislang nicht konkret rechtlich geregelt. Verbraucherschützer wollen das ändern. Die Verbraucherzentrale NRW hat 2011 einen Prozess gegen den Discounter Netto angestrengt, weil ihrer Ansicht nach die Grundpreise viel zu klein ausgewiesen waren. In erster Instanz gaben die Richter den Verbraucherschützern recht. Das Urteil wurde dann vor dem OLG Nürnberg aufgehoben, eine Revision vom Bundesgerichtshof zurückgewiesen. 2 Millimeter Schriftgröße sollen demnach ausreichend deutlich lesbar sein – auch wenn die Beschriftung am Bodenregal angebracht ist!

Das ist etwas kleiner als die Schriftgröße dieses Buches.

Bernhard Burdick, Verbraucherzentrale NRW: „Wir sind nach wie vor der Ansicht, dass die Grundpreise mindestens halb so groß angeschrieben werden müssen wie die Endpreise. Oft ist der Grundpreis so klein, dass man eine Lupe braucht."

Der Bundesverband des Deutschen Lebensmittelhandels (BVLH) sieht das naturgemäß anders. Bei der grafischen Gestaltung orientierten sich die Handelsunternehmen an der Preisangaben-Verordnung (PAngV). Darin ist geregelt, dass alle Angaben leicht erkennbar, deutlich lesbar oder sonst gut wahrnehmbar gemacht werden. Auf die Größe lasse sich eine korrekte Darstellung des Grundpreises somit nicht reduzieren, heißt es vom BVLH.

Bundesverband des Deutschen Lebensmittelhandels: „Neben der Schriftgröße zählen dazu unter anderem die Schriftfarbe und die Farbe des Untergrundes. (...) Auch muss man die Bedeutung des Grundpreises für die Kaufentscheidung der Verbraucher richtig einordnen. Für die Kunden sind der Endpreis, persönliche Präferenzen, die Aufmachung sowie Geschmack und Frische des Produkts ebenfalls wichtige Kaufkriterien."

Na, dann könnten sie die Grundpreise ja auch groß an die Regale schreiben, oder?

Der Lebensmittelhandelsverband schätzt den Grundpreis also als keine vorrangig kaufentscheidende Information ein. Interessant! Diese Ansicht teilen nicht alle Handelsunternehmen. Mit den Supermarktketten Kaiser's und Kaufland hat sich die Verbraucherzentrale NRW noch vor dem Verfahren gegen Netto außergerichtlich geeinigt. In allen Filialen vergrößerten die Unternehmen freiwillig die Schrift für die Grundpreise.

Auch die Politik fordert eine bessere Kennzeichnung. Das Bundeswirtschaftsministerium (BMWi) und die Preisbehörden der Länder haben sich bereits mehrfach mit der Lesbarkeit der Preisangaben befasst, allerdings ohne konkretes Ergebnis. Nach EU-Recht – so das BMWi – sei es nur begrenzt möglich, strengere Regelungen als die gegenwärtigen auf nationaler Ebene einzuführen.

BMWi: „Daher unterstützt das Wirtschaftsministerium einen Normungsantrag des DIN-Verbraucherrates von Mai 2013. Ziel des DIN-Normungsprojektes (...) ist die Verbesserung der Vergleichbarkeit des Produktangebots (...) Die inhaltliche Normungsarbeit hat im Frühjahr 2014 begonnen und dauert derzeit noch an."

Vielleicht gibt es dann – dank DIN-Norm – doch noch irgendwann eine einheitliche verbraucherfreundliche Schriftgröße.

Zuschauer ärgern sich über Verpackungen

Viele Zuschauer schreiben uns, weil sie sich über Verpackungen ärgern. Halb gefüllte Chips-Dosen, nicht restlos zu entleerende Verpackungen oder versteckte Preiserhöhungen. Eine Menge Produkte, über die wir in der Rubrik Mogelpackung in der WDR Servicezeit berichtet haben, gehen auf das Konto unseres Publikums. So zum Beispiel der luftige Knabberspaß von Familie Mühlbauer aus Lage im Kreis Lippe. Jens Mühlbauer schrieb uns in einer E-Mail, wie er zusammen mit seiner Frau gemütlich auf dem Sofa saß und eine Dose Stapelchips öffnete. Er staunte nicht schlecht. Knapp acht Zentimeter der etwa 22 Zentimeter hohen Packung waren leer. Er beschwerte sich beim Hersteller.

Jens Mühlbauer an Chips-Hersteller Funny Frisch: „Welcher Ihrer Mitarbeiter futtert denn rund ein Viertel daraus, bevor er die Packung verschließt und versandfertig macht? Oder wollen Sie uns allen Ernstes erzählen, aus versandtechnischen Gründen braucht die Packung Luft?"

Mein Team und ich mit
Jens Mühlbauer, Sohn
Jan und Sohn Hannes,
2014.

„Technologische Gründe" für Leerraum

Der Produzent der Chips, die Firma Intersnack, hält
sich auf unsere Nachfrage bedeckt, was die Gründe
für diese Art der Verpackung angeht:

Chips-Produzent Intersnack: „Selbstverständlich
versuchen wir, auch bei den Bistro-Chips den Leer-
raumanteil in der Packung so gering wie möglich zu
halten. Eine gewisse Toleranz lässt sich allerdings
nicht vermeiden, da wir aus technologischen Gründen
an das vorhandene Verpackungsformat gebunden sind.
Der auf der Packung angegebene Inhalt von 150 Gramm ist dabei natürlich
gewährleistet."

Warum der Hersteller an das Format gebunden ist, lässt er offen. Wir vermuten, dass das Knabbergebäck auch (für Discounter oder den Export) in
anderen Größen auf den gleichen Produktionsstraßen hergestellt wird. Denn
in die Packung, in der die Mühlbauers 150 Gramm Chips vorgefunden haben,
würden locker auch 175 Gramm und sogar 200 Gramm hineinpassen. Mittlerweile sind die Chips nicht mehr im Handel erhältlich.

Schrumpfpackung bei Waschpulver

Immer wieder schicken uns Zuschauer Fotos von Verpackungen, deren Inhalt
schrumpft, nicht aber deren Preis. So auch Henning Gremke aus Geestland.
Ihm fiel 2013 auf, dass er mit seinem Buntwaschmittel der Marke Ariel plötz-
lich zwei Waschladungen weniger sauber bekommt.

Henning Gremke per E-Mail an die WDR Servicezeit: „Bisher wurde es in der
Packungsgröße 1.350 Gramm mit 18 Waschladungen angeboten. Die neue
Packung wirbt positiv mit „Neue Größe", bietet aber nur 1.200 Gramm bei
16 Waschladungen. Der Preis liegt wie bisher bei 4,99 Euro. Eine getarnte
Preiserhöhung um über 11 Prozent!"

Es sind tatsächlich sogar 12,5 % gewesen!

Hersteller weist auf neue Größe hin

Der Waschmittelproduzent Procter & Gamble (P&G) bestätigt auf unsere Anfrage den gestiegenen Preis pro Waschladung. Versteckt sei die Kostensteigerung aber keineswegs.

P&G, 2013: „Bei der Preiserhöhung (…) handelt es sich nicht um eine ‚getarnte Preiserhöhung'. Dem Verbraucher wird die Anzahl der Waschladungen auf der Hauptschauseite der Verpackung mitgeteilt. Gleichzeitig weisen wir explizit auf die neue Größe hin."

2015 enthält die Packung dann statt 16 Waschladungen nur noch 15 Waschladungen. Die Reaktion des Herstellers:

P&G, 2015: „Auch wenn wir uns alle das anders wünschen, sind Preiserhöhungen leider in manchen Fällen unumgänglich. Wichtig ist, dass diese keineswegs ‚versteckt' geschehen. Die Anzahl der Waschladungen ist auf der Verpackung deutlich gekennzeichnet. Damit ist es für die Verbraucher möglich, eine bewusste Kaufentscheidung für oder gegen ein Produkt zu treffen."

Und 2016? Na klar! Schon wieder eine Wäsche weniger! Nun sind es nur noch 14 Waschladungen. Im Februar 2017 bewirbt der Hersteller wieder eine neue Größe. Diesmal von 14 auf 18 Waschladungen.   *Interessant!*

P&G (Ariel, Meister Proper, Dash) ist natürlich nicht der einzige Waschmittel-Hersteller, der seine Preise auf diese Art regelmäßig – und von den meisten Kunden unbemerkt – erhöht. Eine Stichprobenuntersuchung der Verbraucherzentrale Hamburg fand bei 24 Waschmittelsorten derartige Preiserhöhungen.[17] Bei Produkten von P&G, Henkel (Persil, Spee, Weißer Riese), Dalli Werke (dalli) und Fit GmbH (Sunil) reduzierten sich die Füllmengen im gleichen Zeitraum von 45 auf 40 Waschladungen. Das entspricht einer Preiserhöhung von 12,5 Prozent, wenn der Handel – wie in der Untersuchung belegt – den Preis gleich lässt. Zwei Jahre später verhängte die

Genau im gleichen Zeitraum? Das ist ja komisch, oder?

---

17 Verbraucherzentrale Hamburg (2011): Untersuchungsergebnisse: Versteckte Preiserhöhungen durch Füllmengenreduzierung bei gleichem Preis, Hamburg.

EU-Kommission wegen illegaler Preisabsprachen im April 2013 eine
Geldbuße in Höhe von 312,5 Millionen Euro gegen P&G und Unilever.
Dem Produzenten Henkel, der ebenfalls an dem Preiskartell beteiligt war,
erließ die Kommission eine Geldstrafe, da Henkel den Fall den Behörden
gemeldet hatte.

Jetzt ein ganz anderes Thema! Aber das nervt mich so was von ...

Resteentleerung nicht möglich

Bevor sich Andrea Fejza aus Düsseldorf an die WDR Servicezeit Redaktion
gewandt hat, sammelte die selbstständige Floristin mehrere Monate lang Verpackungen, die sich nicht komplett entleeren ließen. Ein Phänomen, das sie
in ihrem gesamten Alltag beobachtet, ob bei Putzmitteln, Kosmetikartikeln,
Pflegeprodukten oder Lebensmitteln.

Andrea Fejza, WDR Servicezeit Zuschauerin: „Mich ärgert diese Verschwen-
dung! Das ist bares Geld, das noch in den Verpackungen steckt, und oft sind
es größere Mengen, die ich nicht herausbekomme. Ich denke, die Hersteller
machen das absichtlich, damit die Kunden schneller neue Produkte kaufen."

Viele Hersteller der kritisierten Verpackungen wiegelten auf unsere Anfragen
ab. Bei der richtigen Lagerung sei eine Entleerung problemlos möglich, hieß
es. So versichert beispielsweise Aldi Süd, dass durch Abschrauben des Deckels
Mayonnaise-, Ketchup- und Remouladen-Flaschen restlos geleert werden
könnten. Dazu müssten die Flaschen allerdings auf dem Deckel stehend
gelagert werden.

Aldi Süd: „Dadurch fließt der Flascheninhalt nach unten, wodurch er schneller
und besser entnommen werden kann."

In Andrea Fejzas Kühlschrank passen die Flaschen aber nicht aufrecht hinein.
Pech für sie! Denn in einer liegend gelagerten, vermeintlich „leeren" Flasche,
aus der trotz Drücken und Quetschen nichts mehr herauskommt, stecken
noch gut und gerne 30 Gramm Inhalt. Das zumindest haben wir bei den
Dreharbeiten zu unserem Mogelpackung-Beitrag „Bessere Verpackungen" aus
der Ketchup-Flasche von Andrea Fejza herausgeholt. Das ist mehr, als in einer
Portionspackung im Restaurant steckt.

Entleerungsgrad von 98 Prozent erreicht?

Auch in einer angeblich „leeren", in diesem Fall korrekt gelagerten Tube Hautcreme fanden wir noch reichlich Inhalt. Acht Gramm kratzten wir mit Hilfe eines Spatels aus der Packung. Genug, um sich einmal ausgiebig einzucremen. Dabei verspricht der Produzent Dr. Wolff, dass „ein Entleerungsgrad der Tube in Bezug auf die eingefüllte Masse der dünnflüssigen Creme von rund 98 Prozent erreicht wird. Hierzu ist lediglich eine aufrechte Lagerung, die sich aufgrund des Verschlusses anbietet und auch problemlos möglich ist, sowie ein einfaches Ausdrücken der Tube notwendig, ohne dass sie ausgequetscht werden muss."

Für unsere Tube galt das offenbar nicht!

Kundenenttäuschung kann einer Marke schaden

Bei der Gestaltung von Verpackungen spielt der Kunde oft eine untergeordnete Rolle, weiß Produktdesigner Prof. Torsten Wittenberg aus Hannover. Seit mehr als 20 Jahren entwirft er für Industrieunternehmen und Mittelständler Produkte, Möbel und Interfaces. Er kennt die Wünsche, aber auch die Sachzwänge seiner Kunden. Vielen Herstellern gehe es bei Verpackungen in erster Linie um Qualitätssicherung, Fertigungsmöglichkeiten, Produzierbarkeit sowie ökologische und ökonomische Notwendigkeiten, sagt der Praktiker.

Prof. Torsten Wittenberg, Produktdesigner: „Die Frage, die sich Hersteller in der Regel stellen, ist: Wie kann man die Produkte mit möglichst geringem Verpackungsaufwand vom Produktionsort in den Handel und von da in die Haushalte transportieren? Die Verpackung muss einer Vielzahl von Qualitäts- und Marktanforderungen entsprechen. Die Hersteller verlieren darüber häufig die Kundenfreundlichkeit aus den Augen. Dabei müsste eine vom Verbraucher positiv wahrgenommene Verpackung eigentlich auch im Interesse der Unternehmen sein, denn wenn Verbraucher einen guten Eindruck von der Verpackung und ihrer Funktionalität haben, werden sie das Produkt positiv in Erinnerung behalten."

Entsprächen die Verpackungen so gar nicht den Kundenerwartungen, so gibt er zu bedenken, kann sich das negativ auf das Produkt und im Extremfall sogar auf die ganze Marke auswirken. Beim ersten Gebrauch ärgern sich

Kunden vielleicht nur darüber, dass sich eine Verpackung schlecht öffnen lässt. Machen sie die gleiche Erfahrung ein zweites Mal, überlegen sie vielleicht schon, ob sie das Produkt überhaupt noch ein weiteres Mal kaufen. Da muss entweder Inhalt oder Preis schon richtig gut sein, damit das Produkt noch eine dritte Chance erhält.

Produktdesigner suchen kundenfreundliche Alternativen

Für unsere Sendung hat Wittenberg mit Studierenden des Studiengangs Produktdesign an der Fachhochschule Münster verbraucherfreundliche Alternativen zu den von den WDR Servicezeit Zuschauern beanstandeten Verpackungen erarbeitet.

Ein Schieber zum einfacheren Entleeren

Die Ergebnisse waren verblüffend. Denn manchmal reichen schon kleine Änderungen, um uns Kunden zu besänftigen. Etwa ein Schieber für Creme-tuben, der über den Schaft gezogen wird, um die Reste herauszudrücken. Oder eine aufreißbare Packung, bei der auch von innen die letzten Creme-tropfen herausgewischt werden können.

Die Designstudenten von Professor Torsten Wittenberg haben sich ein Semester lang mit den Produkten der WDR Servicezeit Zuschauer beschäftigt, 2014.

Etikett umdrehen

Einfach, aber genial – die Lösung für die nicht vollständig zu entleeren-
den Ketchup- und Mayonnaise-Flaschen. Nach viel Tüftelei kam einer der
Jungdesigner auf die simple Idee, das Etikett andersherum auf die Flasche zu
kleben. So ist für Verbraucher deutlich, dass das Produkt auf dem Kopf, also
auf dem Deckel, stehen muss. Andrea Fejza hilft dieser Kniff allerdings nicht,
dafür müsste sie sich einen neuen Kühlschrank kaufen.

Was hat sich seit der Ausstrahlung getan?

Nix! Also fast nix! Das Verpackungschaos ist immer noch da! Preisverwirrung
im Supermarkt ist garantiert. Die Grundpreise sind noch immer schwer zu
finden oder zu entziffern.

Aber eine neue Masche ist jetzt angesagt. Sie heißt Füllmengen-Karussell und
geht so: Nachdem die Hersteller über lange Zeit mit schrumpfenden Inhalten
systematisch an der Preisschraube gedreht haben, scheint das nun nicht mehr
zu klappen. Verbraucher kennen mittlerweile die Tricks der versteckten Preiserhöhungen und ärgern sich über wenig Inhalt in großen Packungen. Was
liegt also näher, als die Füllmengen wieder zu vergrößern und das Produkt zu
einem neuen, natürlich höheren Grundpreis anzubieten. Am besten wirbt der
Hersteller gleich noch mit mehr Packungsinhalt! Dann hat das Waschpulver   *Raffiniert!*
also wieder 20 Waschladungen, wird beworben mit 5 WL extra und der Preis
ist überproportional angestiegen. Die Industrie hat den (Grund-)Preis wieder
mal erfolgreich versteckt erhöht oder angepasst, wie es von den Produzenten
gerne heißt – und die Kunden merken nichts davon.

Die denken sich aber auch immer wieder was Neues aus ...

Immerhin scheint Niederegger Marzipan seine Produktion mittlerweile
umgestellt zu haben. Die Schwarzbrote werden nun im Verhältnis günstiger, je
größer sie sind. Das macht ja auch Sinn.

Da hat jemand wohl endlich das Prinzip Mengenrabatt kapiert.

Yvonnes Notiz

Ob Packungen gut zu entleeren sind, das finden wir erst heraus, wenn sich zu Hause der Inhalt dem Ende neigt. Preisfallen können wir allerdings – mit etwas Aufmerksamkeit – bereits beim Einkauf umgehen. Wenn Produkte mit Angaben wie „neue Größe", „verbesserte Rezeptur" oder „neue Formel" werben, dann heißt es aufgepasst! Schauen Sie dann lieber zweimal hin und lesen Sie das Kleingedruckte. Denn oft werden die Produkte nicht nur „besser", sondern auch teurer!

> *Die Verbraucherzentrale Hamburg hat kürzlich festgestellt, dass bis zu 14 Prozent Zahnpasta in den vermeintlich leeren Tuben bleiben![18]*

Egal, ob Sonderangebote, Großpackungen oder Nachfüllbeutel – der erste Blick vor dem Griff ins Lebensmittelregal sollte immer dem Grundpreis gelten (immer, immer, immer!) – und nicht dem Produktpreis. Viele vermeintliche Schnäppchen entpuppen sich dann schnell als Luftnummern. Ob Hersteller oder Händler für diese Preispolitik verantwortlich sind, ist mir dabei völlig schnuppe. Hauptsache, wir Verbraucher gehen dem nicht auf den Leim. Vergleichen heißt das Zauberwort, und das am besten täglich. Denn im Preiswettkampf der Lebensmittelhändler ist jeden Tag Bewegung.

---

18 Verbraucherzentrale Hamburg (2016): Marktcheck: Restmengen in Verpackungen von Zahncremes, Hamburg.

bis **2011**   bis **2013**   bis **2014**   bis **2015**

Dabei gibt es gute Gründe, auch mal eine teure Miniaturpackung Pralinen zu kaufen. Wer Kalorien sparen möchte, könnte hier zum Beispiel zugreifen – oder wer wirklich nur eine „Klein"-igkeit verschenken möchte. Aber wenn diese teuren Verpackungen im Einkaufsbeutel landen, dann sollte dies bewusst geschehen und nicht aus Versehen!

Zum Weiterlesen

Verbraucherzentrale Hamburg: www.vzhh.de

Auf den Seiten der Verbraucherzentrale Hamburg finden sich Produktlisten mit teuren Großpackungen, die Liste der Waschmittel mit Füllmengen-reduzierung und die mehr als 500 Produkte starke „Mogelpackungsliste" mit versteckten Preiserhöhungen.

Verbraucher-Informationssystem Bayern: www.vis.bayern.de

Auf der Seite des Bayerischen Staatsministeriums für Justiz und Verbraucher-schutz gibt es ein umfangreiches Informationsangebot zu teuren Groß-packungen und Schummelgrößen. Hier der Link: www.vis.bayern.de/recht/werbung/fuellmengen.htm

0,24 €
je Waschladung

0,30 €
je Waschladung

15 SUBTIL

20 SUBTIL

bis **2015**

ab **2016**

Füllmengen-Karussell: Über lange Zeit schrumpft der Inhalt, dann wird die Füllmenge wieder vergrößert und es steigt der Preis überproportional.

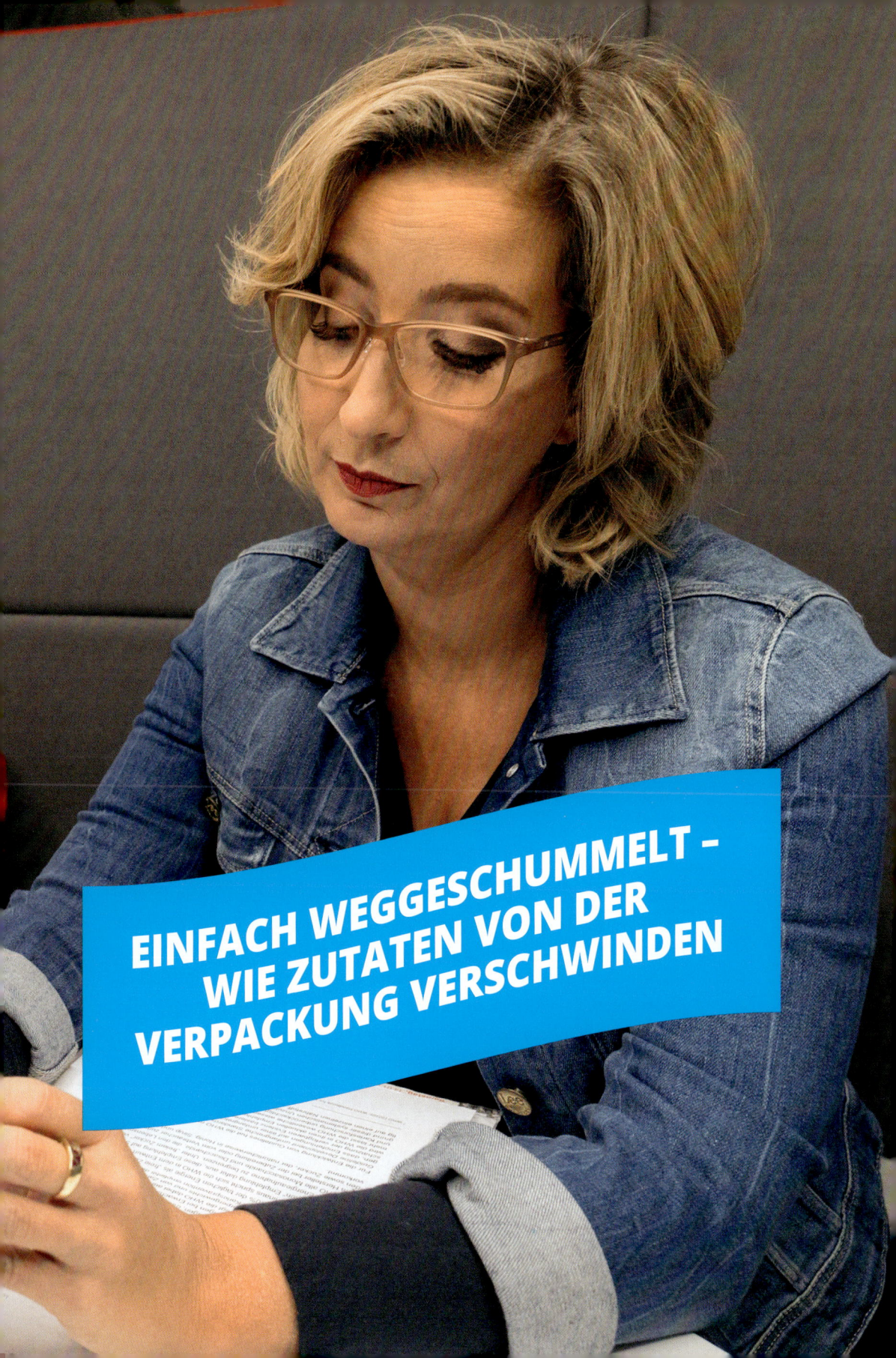

EINFACH WEGGESCHUMMELT – WIE ZUTATEN VON DER VERPACKUNG VERSCHWINDEN

2. Einfach weggeschummelt – wie Zutaten von der Verpackung verschwinden!

Lebensmittelverpackungen sind wie Festgarderoben. Sie sollen ihre Träger umhüllen, optisch schmeicheln und in strahlendem Glanz erscheinen lassen. Verpackungen sind das Aushängeschild für ihre Waren. Mit verführerischen Abbildungen und ausgeklügelten Werbeslogans versuchen Lebensmittel-produzenten ihre Waren von der schönsten Seite zu präsentieren, damit wir Verbraucher gerne und oft zugreifen. Umfragen zeigen, dass beim Einkaufen der erste Eindruck den entscheidenden Unterschied macht. Es dauert nur Sekunden, bis die Hand nach dem einen oder eben nach dem anderen Joghurt greift. Ausschlaggebend ist dabei hauptsächlich die Aufmachung der Schau-seite! Deswegen beschäftigt die Lebensmittelwirtschaft eine ganze Armada an Marketingspezialisten, die Trends aufspüren, an neuen Verpackungsdesigns tüfteln und Marktforschungsdaten auswerten, bevor neue oder überarbeitete Lebensmittel auf den Markt kommen. Beraten werden die Verkaufsprofis von Rechtsanwälten, die ausloten, was wie auf der Packung erscheinen darf.

Denn auch wenn es uns Verbrauchern nicht gefällt, der allergrößte Teil der Verpackungen in deutschen Supermarktregalen – und das betrifft auch den allergrößten Teil der „Mogelpackungen", über die wir berichtet haben – hält sich an die gesetzlichen Vorgaben.

Bei den vielen, vielen grenzwertigen Produkten, die wir für unsere Beiträge schon in den Händen gehalten haben, fragt man sich da, ob die Rechtslage nicht doch ein wenig zu sehr an den Herstellern und zu wenig an den Verbrauchern orientiert ist. Die Industrie jedenfalls kennt die juristischen Grundlagen in- und auswendig und interpretiert sie für ihre Zwecke bis zur Grenze des Belastbaren. Was für uns wie Verbrauchertäuschung aussieht, ist oft gesetzlich erlaubt. Bitter, aber wahr!

Doch die Kunden sind aufmerksamer, als der Lebensmittelindustrie lieb sein kann. Die allermeisten von uns (83 Prozent) haben nur ein geringes oder gar kein Vertrauen in die Bilder und Aussagen auf den Verpackungen.[1] Kein Wunder! Spätestens zu Hause merken selbst die geneigtesten Konsumenten:

---

1   TNS Emnid (2014): Einkaufs- und Ernährungsverhalten in Deutschland, Berlin; im Auftrag des BMEL.

Hier stimmt etwas nicht! Zu oft reibt sich König Kunde verwundert die Augen, wenn er genauer hinschaut.

Beispielsweise bei der Verwendung des Begriffs „natürlich". „Natürlich" suggeriert dem gesunden Menschenverstand und wohl auch den meisten Kunden, dass ein Produkt naturbelassen, unbehandelt, nicht verarbeitet, vielleicht sogar einigermaßen frisch ist. Das kann auch durchaus sein, muss es aber nicht! Denn außer bei der Verwendung „natürliches Aroma" und „natürliches Mineralwasser" ist der Begriff „natürlich" nämlich nicht gesetzlich geschützt.

Warum überrascht mich das jetzt nicht!
Ach ja – war bei den Aromen schon so undurchsichtig!

So kann eigentlich jedes Produkt irgendwie mit „natürlich" versehen werden. Auch hochverarbeitete Lebensmittel wie Tütensuppen können mit einem großen Schriftzug „natürlich" werben, auch wenn bei genauerer Betrachtung das Produkt nur „natürlich ohne geschmacksverstärkende Zusatzstoffe" ist.

*Wenn man so argumentiert, dann ist ja alles natürlich.
Es ist ja alles irgendwo mal gewachsen ...*

100 %
natürlicher
Geschmack

Worin der „100 % natürliche Geschmack" einer Fertigpizza bestehen soll, dürfte den meisten Verbrauchern auch nach längerem Nachsinnen verborgen bleiben. Wie gesagt, solche Auslobungen sind rechtlich völlig in Ordnung. Die einzige juristische Handhabe, die Verbraucherverbände gegen täuschende Angaben haben, ist das „Irreführungsverbot für Lebensmittel". In der Lebensmittelinformationsverordnung (EU-Verordnung Nr. 1169/2011) heißt es in Artikel 7:

Lauterkeit der Informationspraxis
(1) Informationen über Lebensmittel dürfen nicht irreführend sein, insbesondere

a) in Bezug auf die Eigenschaften des Lebensmittels, insbesondere in Bezug auf Art, Identität, Eigenschaften, Zusammensetzung, Menge, Haltbarkeit, Ursprungsland oder Herkunftsort und Methode der Herstellung oder Erzeugung;

b) indem dem Lebensmittel Wirkungen oder Eigenschaften zugeschrieben werden, die es nicht besitzt;

c) indem zu verstehen gegeben wird, dass sich das Lebensmittel durch besondere Merkmale auszeichnet, obwohl alle vergleichbaren Lebensmittel dieselben Merkmale aufweisen, insbesondere durch besondere Hervorhebung des Vorhandenseins oder Nicht-Vorhandenseins bestimmter Zutaten und/oder Nährstoffe;

d) indem durch das Aussehen, die Bezeichnung oder bildliche Darstellungen das Vorhandensein eines bestimmten Lebensmittels oder einer Zutat suggeriert wird, obwohl tatsächlich in dem Lebensmittel ein von Natur aus vorhandener Bestandteil oder eine normalerweise in diesem Lebensmittel verwendete Zutat durch einen anderen Bestandteil oder eine andere Zutat ersetzt wurde.

Die Produzenten dürfen ihre Kunden also nicht absichtlich belügen. Und so gibt es für fast jeden Einzelfall eine schlaue juristische Begründung, warum der Hersteller eine Angabe in der einen oder anderen Form machen kann und seine Kunden damit – rein rechtlich gesehen – nicht täuscht. Für uns Konsumenten bedeutet diese juristische Finesse, dass wir ständig auf der Hut sein müssen. Beispielsweise, wenn Lebensmittel gar nicht mit den guten Zutaten werben, die im Produkt enthalten sind, sondern damit, was eben **nicht** drin ist an Konservierungsstoffen, Geschmacksverstärkern, Farbstoffen usw.

Ach, das ist ja schön!

Dann heißt es: aufpassen wie ein Fuchs und ran an die Zutatenliste. Dort finden sich dann oft Alternativzutaten, die die gleiche Wirkung haben wie die angeblich nicht enthaltenen Stoffe. Clean Labeling nennt sich das Prinzip der sauberen Etiketten. Von uns Verbrauchern kritisch beäugte Zusatzstoffe lassen sich nämlich ziemlich einfach wegschummeln (mehr dazu: **2.3 Clean Labels** ab Seite 79).

Zu detailliert sollten Kunden nach Ansicht vieler Hersteller sowieso besser nicht über die Inhaltsstoffe ihrer Produkte Bescheid wissen – oder darüber, mit welchen Methoden sie hergestellt werden. Zusätze aus Schlachtabfällen? Unappetitlich! Zum Glück können sie ganz legal verschwiegen werden (mehr dazu: **2.1 Versteckte Schweinereinen** ab Seite 60).

Auch der Einsatz von Käfigeiern oder Gentechnik muss nicht immer auf den Packungen deklariert werden. Praktisch! So erfahren wenigstens die Kunden nichts darüber (mehr dazu: **2.2 Versteckte Käfigeier** ab Seite 72 und **2.4 Versteckte Gentechnik** ab Seite 90).

Und die globalen Warenströme, die das ganzjährig umfangreiche Angebot im deutschen Einzelhandel erst ermöglichen? Interessiert uns Verbraucher doch nicht, wo unsere Produkte tatsächlich herkommen, oder? Hauptsache wir können uns das ganze Jahr Erdbeermarmelade aufs Brötchen schmieren. Und außerdem ist ja auf den Verpackungen eh kein Platz für Herkunftskennzeichnungen. Alles Argumente, die wir bei unseren Recherchen zur Herkunft von Lebensmitteln auf deutschen Tellern gehört haben (mehr dazu: **2.5 Lebensmittel „made in Germany"** ab Seite 106).

2.1 Versteckte Schweinereien

Mehr Aroma in Chips durch Rind, klarer Saft mit Hilfe von Gelatine und elastischer Brotteig dank Schweineborsten. Was nach Science-Fiction klingt, ist längst Realität! Viele verarbeitete Lebensmittel enthalten hochwirksame Zusätze tierischen Ursprungs, ohne dass wir Kunden davon wissen. Sogar ohne dass wir das beim Einkauf erkennen können. Denn nicht immer müssen die tierischen Wundermittel in der Zutatenliste aufgeführt werden.

Besonders wichtig für die wachsende Zahl der Vegetarier und Veganer.

Lebensmittel-Tuning mit versteckten „Schweinereien"

Im deutschen Lebensmittelgesetz gibt es keine Pflicht zur Kennzeichnung von Stoffen tierischen Ursprungs. Klar, bei vielen Zutaten geht aus der Bezeichnung hervor, dass sie vom Tier stammen. Beispielsweise bei „tierischem Fett", „Speck" oder „Milcheiweiß". Zusatzstoffe und Aromen aber, genauso wie Trägerstoffe oder Lösungsmittel von Aromen, Enzymen und Zusatzstoffen können aus tierischen Bestandteilen gewonnen werden, ohne dass sie gekennzeichnet werden müssen. In der Zutatenliste müssen diese sogenannten „technischen Hilfsmittel" nämlich nicht auftauchen. Die Begründung: Sie werden nur bei der Herstellung des Lebensmittels verwendet und sind im Endprodukt meist nur noch in Spuren enthalten. Die Verbraucherorganisation Foodwatch hat bereits 2012 mehrere solcher Produkte aufgespürt – und zwar in fast allen Produktkategorien, von Süßigkeiten über Backwaren bis zu Chips, Schokolade und Getränken.

Gelatine als technischer Hilfsstoff

Besonders beliebt ist die vielseitig einsetzbare Gelatine. Das Verdickungsmittel ist in der Lebensmittelindustrie weit verbreitet. Es wird aus den Nebenprodukten in Schlachtereien gewonnen, also Knochen, Haut und Ähnliches.

Alleine schon die Vorstellung, dass es aus Schlachtabfällen hergestellt wird, ist recht unappetitlich ...

Gelatine verleiht Joghurts, Puddings, Käse und Quark eine cremige Konsistenz und bindet Gelees, Gummibärchen und viele andere Süßigkeiten. Als Zutat verwendet muss sie als „Gelatine" oder „Speisegelatine" in der Zutatenliste erscheinen.

Wenn die Gelatine aber als „technischer Hilfsstoff" im Produktionsprozess eingesetzt wird, ist das nicht kennzeichnungspflichtig. Und das kommt öfter vor, als man denkt. So zum Beispiel bei der Wein- und Fruchtsaftherstellung. Hier werden mit Hilfe von Gelatine Trübstoffe in den Getränken gebunden und entfernt. Damit Saft und Wein beim Endkunden schön klar und ohne schwebende Teilchen sind. So klärte Safthersteller Valensina nach Angaben von Foodwatch Teile seines Angebots mit Schweinegelatine und setzte außerdem Fischgelatine als Trägerstoff für ein Vitamin ein. Gegenüber der WDR Servicezeit wollte Valensina 2013 dazu keine konkrete Stellungnahme abgeben. Nur so viel:

Valensina, 2013: „Wir können Ihnen zu Ihren Nachfragen mitteilen, dass Valensina Foodwatch alle Informationen zu tierischen Bestandteilen in seinen Produkten auf Anfrage zur Verfügung gestellt hat. (...) Valensina produziert und kennzeichnet ausschließlich entsprechend der geltenden Verordnung."

Mag ja sein, dass das der Verordnung entspricht, aber unappetitlich ist es trotzdem!

Für unsere Recherchen zum Thema haben wir unzählige Getränkehersteller angeschrieben. Einige waren dabei auskunftsfreudiger als andere – wie das eigentlich immer bei Recherchen so ist. Die Kellerei Katlenburger beispielsweise bestätigte uns, dass Gelatine zur Klärung ihrer Produkte zum Einsatz kommt. Und auch die Weingetränke der Marke Martini erhalten mit Hilfe von tierischer Gelatine ihr klares Aussehen, schreibt Hersteller Bacardi auf unsere Anfrage. Der Getränke-Riese verwies darauf, dass das ein völlig übliches Verfahren sei.

Bacardi, 2013: „Bei fast allen Weinen und Sekten am Markt werden tierische Bestandteile zur Klärung eingesetzt."

Das hat uns nun doch überrascht.

Bevor ich mich mit dem Thema beschäftigt habe, wusste ich das nicht!

Gelatine als Aroma

Aber Trübstoffe aus Saft und Wein herauszufischen, ist nicht der einzige Inkognito-Einsatz für das Verdickungsmittel Gelatine. Das tierische Binde-mittel wird in der Lebensmittelindustrie auch als Trägerstoff und als Aroma eingesetzt. Foodwatch hat nach Hinweisen von Verbrauchern den Chips-Produzenten Funny Frisch angeschrieben. Und prompt bestätigte sich der Einsatz tierischer Bestandteile nicht nur bei einer Sorte, sondern gleich bei einer ganzen Reihe von Geschmacksrichtungen.

Oliver Huizinga, Foodwatch: „In weiten Teilen des Sortiments verwendet der Hersteller tierische Stoffe für Aromen – je nach Sorte Wild, Geflügel, Rind oder Schwein. Aus der Zutatenliste ist das nicht ersichtlich."

Produzent Intersnack bestätigte auf unsere Nachfrage die Vorwürfe von Food-watch, wies aber auf den rechtlichen Rahmen hin, der die Verwendung und Nicht-Kenntlichmachung von tierischen Stoffen erlaubt.

Intersnack, 2013: „Gemäß der geltenden Lebensmittel-Kennzeichnungsver-ordnung (LMKV) enthalten die Produkte ‚Chipsfrisch ungarisch', Jumpys Paprika', ‚Ofen Chips Paprika', ‚Frit-Sticks ungarisch' sehr geringe und nicht kennzeichnungspflichtige Mengen an tierischen Bestandteilen. Intersnack setzt tierische Bestandteile ausschließlich zur Geschmacksgebung ein und nicht als Trägerstoffe."

Immerhin: Der Hersteller kennzeichnete schon damals alle Produkte, die keine tierischen Inhaltsstoffe beinhalten, freiwillig mit einem Vegetarier-Hin-weis.

Auf so eine Kennzeichnung setzen auch viele andere Unternehmen. Welche Kriterien an solch eine Auslobung angelegt werden? Keine Ahnung. Denn amtliche Siegel sind die Zeichen nicht. Statt sich für das offizielle Vegetarier-Label zu zertifizieren, basteln sich Hersteller lieber ihr eigenes Logo. Einige Produzenten machen es sich einfach und weisen in den Zutatenlisten explizit darauf hin, dass die Zusatzstoffe rein pflanzlich sind. So geht das auch, da weiß jeder Bescheid.

Gut! Wo das Zeichen nicht draufsteht, besser immer nachfragen!

Ich sag es immer wieder: Transparenz, Transparenz, Transparenz!

Foodwatch-Kampagnenleiter Oliver Huizinga und sein Team haben die Lebensmittelindustrie wegen der „versteckten Tiere" nur stichprobenartig angeschrieben. Dennoch, oder gerade weil sie bei einer so geringen Auswahl so oft fündig wurden, gehen sie davon aus, dass nicht kennzeichnungspflichtige tierische Bestandteile flächendeckend in der Lebensmittelproduktion eingesetzt werden.

So lautete die Kampagne!

Oliver Huizinga, Foodwatch: „Bei vielen verarbeiteten Lebensmitteln kommen Zutaten, Zusatzstoffe oder Hilfsstoffe tierischen Ursprungs zum Einsatz, obwohl das auf der Verpackung nicht immer zu erkennen ist. Die Produktbeispiele, die wir bislang kennen, sind mit großer Wahrscheinlichkeit nur die Spitze des Eisbergs."

Geschmeidiger Teig dank Schweineborsten?

Und viele dieser Stoffe haben einen unappetitlichen Ursprung, wie die Aminosäure L-Cystein, die aus Schweineborsten oder wahlweise aus Vogelfedern hergestellt werden kann. Nach Recherchen von Foodwatch kommt sie bei der industriellen Teigherstellung als Mehlbehandlungsmittel zum Einsatz. Sie macht Teige geschmeidig und leichter knetbar. Das Mittel hat schon einmal für große Aufregung gesorgt: 2001 verbot die EU, dass die Aminosäure aus menschlichem Haar hergestellt werden darf. Zuvor war es also zumindest theoretisch möglich, Menschenhaare für die Herstellung zu verwenden. Mittlerweile kann L-Cystein auch synthetisch erzeugt werden.

Es spricht vieles dafür, dass der größte Teil des in Deutschland verwendeten L-Cysteins tatsächlich aus den Laboren kommt. Festlegen will sich die Industrie aber nicht. Dem Verband der Großbäckereien ist nach unseren Recherchen kein Mitglied bekannt, das noch immer tierisches L-Cystein verwendet – völlig ausschließen könne man dies aber nicht. Auch der Backzutatenverband, den wir dazu befragt haben, blieb vage:

Backzutatenverband, 2013: „Wie uns auf diesbezügliche Abfrage in unserem Mitgliederkreis mitgeteilt worden ist, verwenden unsere Mitgliedsunternehmen auf dem deutschen Markt überwiegend nicht tierisch gewonnenes Cystein. Genaue Prozent-Angaben liegen (…) allerdings nicht vor."

Gesetzeslücke bei der Kennzeichnung

Weil es für die vielen Stoffe tierischen Ursprungs in der Lebensmittelproduktion so viele Anwendungsgebiete gibt, fordern Verbraucherverbände klare
Deklarationsregeln. Die Bundesregierung müsse diese Kennzeichnungslücke endlich schließen, verlangt Foodwatch. Das könne unkompliziert auf
nationaler Ebene geschehen. Das Bundesministerium für Ernährung und
Landwirtschaft (BMEL) aber widerspricht. Ein nationaler Alleingang sei
nicht möglich, heißt es dazu 2013: „Lebensmittelkennzeichnungsrecht ist
europäisches Recht." Das Ministerium verwies damals auf die anstehende
EU-Lebensmittelinformationsverordnung (LMIV), die 2014 europaweit in
Kraft getreten ist. Dort seien – so das Ministerium – bereits zahlreiche Dinge
neu geregelt, die es dem Verbraucher einfacher machten, sich zu informieren
und zu orientieren.

*Beim Lebens-
mittelrecht wird
immer wieder
auf EU-Recht
verwiesen.*

Und damit ist das Thema dann abgehakt, oder wie?

Was ist vegetarisch?

Zusammen mit der LMIV sind sogenannte „Durchführungsrechtsakte" in
Kraft getreten, unter anderem einer für die Kriterien einer freiwilligen Kennzeichnung von „vegetarischen" und „veganen" Produkten. Eine solche Kennzeichnung würde tatsächlich helfen, tierische Stoffe in Lebensmitteln schnell
auszuschließen.

Aber das soll ja jetzt angepackt werden, richtig?

Während der Begriff „bio" schon seit 1991 EU-weit geschützt ist, gibt es
nämlich für „vegetarisch" oder „vegan" auf europäischer Ebene bislang keine
verbindliche Definition – geschweige denn eine gesetzliche einheitliche Kennzeichnung. Wer nun glaubt, mit der LMIV sei eine schnelle Lösung für die
Begriffsdefinition in Sicht, der irrt.

Oliver Huizinga, Foodwatch: „Die LMIV sieht vor, dass die Begriffe ‚vegetarisch' und ‚vegan' tatsächlich definiert werden. Es wurde jedoch keine Frist
festgelegt, anders als bei anderen Durchführungsrechtsakten. Wann die Begriffe also gesetzlich geschützt werden, steht deshalb in den Sternen."

Wann und ob eine freiwillige EU-Kennzeichnung für vegetarische und vegane
Produkte also kommt, ist völlig ungewiss. Eine **Kennzeichnungspflicht** für alle

tierischen Stoffe in Lebensmitteln – wie von Foodwatch gefordert – ist in der
LMIV natürlich auch nicht vorgesehen. *War ja klar!*

Kennzeichnung wichtig für Vegetarier, Muslime und Juden

Dabei gibt es viele Konsumenten, die daran – und überhaupt an mehr und
eindeutigeren Informationen – ein großes Interesse haben. Nicht nur die rund
sieben Millionen Vegetarier und Veganer möchten wissen, ob sich tierische
Bestandteile in ihren Lebensmitteln verstecken. Rund vier Millionen Muslime
und 100.000 Juden wollen zum Beispiel kein Schwein auf ihrem Teller. Und
wo das drinsteckt, ist oft nur schwer herauszufinden. Denn selbst bei der de-
klarierungspflichtigen Zutat Speisegelatine muss nicht angegeben werden, von
welchem Tier sie stammt. So lassen viele Muslime und Juden Lebensmittel, in
denen Gelatine steckt, lieber gleich in den Regalen liegen. Man weiß ja nie!

*Das muss man sich auch erst mal leisten können, so viele potenzielle
Kunden nicht ernst zu nehmen!*

Süßwarenproduzent Hitschler hat darauf reagiert. Die Firma setzt bewusst
auf Rindergelatine und eine eindeutige Kennzeichnung. Nicht nur wegen der
Käufer auf dem deutschen Markt, sondern auch weil die Produkte in muslimi-
sche Länder exportiert werden.

Gelatine
(Rind)

Vegetarier-„Fallen" Lab und Karmin

Auch der Vegetarierbund Deutschland (VEBU) fordert mehr tierische
Transparenz. Viele Vegetarier hätten Schwierigkeiten tierische Bestandteile
in ihrer Nahrung auszumachen, auch wenn sie naturgemäß oft Zutatenlisten
lesen. Beispiel Käse: Viele Sorten, etwa Gorgonzola oder Emmentaler, werden
traditionell mit tierischem Lab aus Kälbermägen hergestellt. Ob das Lab vom
Tier oder aus dem Labor stammt, muss nicht gekennzeichnet werden – macht
für Fleischverächter aber einen Riesenunterschied. Denn Vegetarier essen nur
Produkte von lebenden Tieren.

Lab:
tierisch oder
mikrobiell?

Sebastian Joy, Geschäftsführer VEBU: „Die Milch kommt ja von der lebenden
Kuh. Das ist für Vegetarier in Ordnung. Das Lab stammt aber von toten Kälbern. Das ist für Vegetarier nicht o. k. Einen Käse mit Kälberlab würden viele
deswegen nicht essen."

Eine ähnliche Vegetarier-„Falle" ist der Farbstoff „echtes Karmin", der aus Schildläusen gewonnen wird. Das rote Farbpigment ist unter den Lebensmittelzusatzstoffen der einzige Farbstoff tierischer Herkunft. Echtes Karmin wird aus der Scharlach-Schildlaus gewonnen. Es gibt Wurst und Käse, Süßigkeiten, Joghurts, Marmeladen, Getränken und Kosmetik eine orange bis tiefrote Farbe. Für Vegetarier ist der Stoff aus den toten Läusen tabu. In den Zutatenlisten ist er aber oft nicht einfach auszumachen. Denn statt „echtes Karmin" wird häufig nur die E-Nummer 120 deklariert.

Merke: E 120 – nicht geeignet für Vegetarier und Veganer.

Der VEBU plädiert deswegen für eine prominent auf der Vorderseite platzierte Vegetarier-Kennzeichnung. Jeder Kunde sollte auf den ersten Blick erkennen können, ob tierische Bestandteile in den Lebensmitteln enthalten sind.

Das sag ich auch immer: Seid transparent mit euren Produkten.

Tierische Zutaten im Kleingedruckten

Viel zu oft verstecken sich die Hinweise auf Vierbeiner nämlich im Kleingedruckten. Wie zum Beispiel hier:

Tomatencremesuppe und Tomatensoße
Auf den ersten Blick sind die „Tomaten Cremesuppe" und die „Tomaten Soße" aus dem Hause Maggi Gemüseprodukte. Auf der Vorderseite findet sich kein Hinweis darauf, dass sowohl Suppe als auch Soße geräuchertes Speckfett enthalten.

Tiefkühlgemüse Apfel-Rotkohl und Grünkohl
Auch die Iglo-Tiefkühlprodukte „Apfel-Rotkohl" und „Grünkohl" versprechen auf der Schauseite Gemüse. Gekocht wurden die Kohlgerichte aber mit Schweineschmalz, zu finden in der Zutatenliste auf der Rückseite der Verpackung. Ein Tabu für Vegetarier, Muslime und Juden.

Orientierung mit dem europäischen V-Label

Um den Lebensmitteleinkauf für Vegetarier und für alle Verbraucher, die bewusst ihren Fleischkonsum reduzieren wollen, einfacher zu machen, hat die Europäische Vegetarier-Union bereits 1996 das V-Label lizenziert. Das Gütesiegel dürfen nur vegetarische und vegane Nahrungsmittel tragen. Der VEBU

als nationale Organisation vergibt das Siegel an Produkte, die vegetarisch sind und keine tierischen Bestandteile beinhalten. Das bedeutet, dass die Lebensmittel, die mit dem V-Label ausgezeichnet sind, nicht nur aus fleischfreien Zutaten bestehen, sondern auch vegetarisch hergestellt werden, also in keinem Produktionsschritt mit getöteten Tieren in Berührung kommen. Die vegane Variante – erkennbar an dem Schriftzug „vegan" unter dem Label – kennzeichnet Lebensmittel ohne jeglichen Kontakt zu tierischen Bestandteilen.

Was hat sich seit der Ausstrahlung getan?

Auf EU-Ebene hat sich seit der Ausstrahlung des Beitrags in der WDR Servicezeit 2013 nichts verändert. Noch immer sind die Begriffe „vegan" und „vegetarisch" europaweit nicht gesetzlich geschützt oder definiert. Im Rahmen der LMIV hatte sich das EU-Parlament zwar verpflichtet, eine Definition für die Begriffe zu erarbeiten. Bislang ist dies aber nicht geschehen. Gute Nachrichten gibt es aber aus Deutschland. Im April 2016 haben die Verbraucherschutzminister der Länder tatsächlich (einstimmig) einen Vorschlag für eine rechtsverbindliche Definition der Begriffe „vegan" und „vegetarisch" beschlossen. Endlich!

Tatsächlich! Es hat sich etwas bewegt!

Die Definition ist großer Erfolg für uns Verbraucher, und es war ein langer Weg bis dahin. Nachdem das BMEL eine nationale Umsetzung für „nicht möglich" gehalten hatte, haben die Verbraucherminister der Länder nun Tatsachen geschaffen. Schon 2013 hatte das Land Niedersachsen mit einer Bundesratsinitiative versucht, Druck auf die Bundesregierung und die EU-Kommission auszuüben, um die Begriffe „zeitnah" zu definieren. Begründet wurde das damit, dass die Vorschriften es Verbrauchern nicht ermöglichten „sich über tierische Bestandteile bzw. Inhaltsstoffe in Lebensmitteln zu informieren. Gesundheitlichen, ethischen oder religiösen Aspekten kann beim Konsum von Lebensmitteln somit nicht nachgekommen werden".[2]

---

2 Bundesratsbeschluss vom 20.09.2013, 914. Sitzung, Berlin.

DEFINITION VON VEGETARISCH UND VEGAN

(1) VEGAN sind Lebensmittel, die keine Erzeugnisse tierischen Ursprungs sind und bei denen auf allen Produktions- und Verarbeitungsstufen keine

· Zutaten (einschließlich Zusatzstoffen, Trägerstoffen, Aromen und Enzymen) oder

· Verarbeitungshilfsstoffe oder

· Nicht-Lebensmittelzusatzstoffe, die auf dieselbe Weise und zu demselben Zweck wie Verarbeitungshilfsstoffe verwendet werden, die tierischen Ursprungs sind, in verarbeiteter oder unverarbeiteter Form zugesetzt oder verwendet worden sind.

(2) VEGETARISCH sind Lebensmittel, welche die Anforderungen des Absatzes 1 erfüllen, bei deren Produktion jedoch abweichend davon 1. Milch, 2. Kolostrum, 3. Farmgeflügeleier, 4. Bienenhonig, 5. Bienenwachs, 6. Propolis oder 7. Wollfett/Lanolin aus von lebenden Schafen gewonnener Wolle oder deren Bestandteile oder daraus gewonnene Erzeugnisse zugesetzt oder verwendet worden sein können.

Quelle: Vegetarierbund Deutschland e.V.

Die Bundesregierung hat diese Dringlichkeit nicht gesehen. Für die freiwillige Vegetarier-Kennzeichnung gehe sie von keiner „besonderen Eilbedürftigkeit" aus, hieß es in ihrer Antwort. Da scheint das offizielle „nicht möglich" des BMEL wohl eher ein gefühltes „nicht nötig" gewesen zu sein!

Unsere Hartnäckigkeit hat sich ausgezahlt!

Seit 2016 liegt nun also endlich eine nationale Definition vor. Erarbeitet wurde sie von einer Arbeitsgruppe aus Vertretern der Länder, des Vegetarierbundes und der Lebensmittelwirtschaft und dient nun als Maßstab für die Lebensmittelüberwachung. Gut für uns Verbraucher und auch gut für die Industrie! Denn nicht nur wir Kunden, sondern auch die Unternehmen erhalten mit dieser Regelung endlich Rechtssicherheit. Die Verbraucherschutzminister forderten auf ihrer Konferenz im Übrigen den Bund noch mal dazu auf, sich auch in Brüssel für eine schnelle Umsetzung starkzumachen.

Neues gibt es von Safthersteller Valensina. Das Unternehmen hat auf die Verbraucherbeschwerden nach der Foodwatch-Kampagne reagiert. Seit Anfang 2014 setzt der Getränke-Riese ausschließlich auf Rohstoffe, die keine tierischen Hilfs- oder Zusatzstoffe enthalten. Die Säfte und Limonaden sind damit alle vegan.

Valensina: „Valensina ist damit dem Wunsch der Verbraucher nach Säften, die frei von tierischen Bestandteilen sind, in vollem Umfang nachgekommen und wird sich auch zukünftig bei der Qualität und Deklaration der Produkte von den Wünschen und Erwartungen der Verbraucher leiten lassen."

Ha! Verbraucher an die Macht. Wir können tatsächlich Druck auf Handel und Industrie ausüben!

Chips-Riese Funny Frisch setzt zwar noch immer tierische Bestandteile zur Geschmacksgebung ein, bei einem Produkt verzichtet der Hersteller aber bereits auf tierische Zusatzstoffe, bei drei weiteren wird an der Umstellung gearbeitet.

Foodwatch hat 2016 noch mal nachgelegt und das Saftsortiment der größten deutschen Lebensmitteleinzelhändler Edeka, Lidl und Rewe unter die Lupe genommen. Die Verbraucherorganisation fand heraus, dass bei fast jedem dritten Apfelsaft bzw. -nektar (7 von 17) und jeder dritten Apfelschorle (5 von 14) die Klärung mit tierischer Gelatine nicht ausgeschlossen werden kann.

Für Foodwatch war die Kampagne „Versteckte Tiere" ein medienwirksamer Erfolg. Noch nie haben die selbsternannten Essensretter so viele Unterzeichner für eine E-Mail-Aktion gewonnen. Mehr als 135.000 Bürger schrieben an das BMEL. Ihre Forderung: Wo Tier drin ist, muss auch Tier draufstehen. Die Verbraucher haben es also doch in der Hand. Wenn wir Druck machen, dann bewegt sich die Politik – irgendwann. Man muss nur einen langen Atem haben. Die gerade beschlossene Definitionen „vegan" und „vegetarisch" verpflichten Hersteller zwar nicht zur Kennzeichnung, aber sie sind ein (großer) erster Schritt in die richtige Richtung. Und auch für eine Pflichtkennzeichnung gibt es immer mehr politische Unterstützer.

Der zuständige Bundesminister für Ernährung und Landwirtschaft Christian Schmidt (CSU) lehnt eine Deklarationspflicht aber weiter ab. „Für das geeignete Mittel der Verbraucherinformation hält das BMEL eine freiwillige Kennzeichnung", heißt es in einer offiziellen Stellungnahme. Darüber hinaus schließe das EU-Recht eine verpflichtende Kennzeichnung „aktuell aus".

Yvonnes Notiz

Auch ich muss meine Familie versorgen. Wir sind zu fünft. Ein Veganer, zwei Vegetarierinnen, ein Allesesser und eine Flexitarierin (ich). Das macht den Einkauf zu einer ziemlichen Herausforderung. Denn ich kann jetzt und auch in Zukunft nicht immer auf den ersten Blick (und oft auch überhaupt nicht) erkennen, welche Produkte verstecktes Fleisch enthalten. Mal ganz abgesehen davon, dass die Vorstellung von Schweineborsten, Hühnerfedern oder toten Läusen in Lebensmitteln wirklich unappetitlich ist. Warum ist es so schwer, eine klare Kennzeichnung für alle Nahrungsmittel umzusetzen?

Immerhin gibt es nun einen Maßstab für das, was vegetarisch oder vegan ist (und hergestellt wurde). Somit können wir Verbraucher davon ausgehen, dass ein Produkt, das sich vegetarisch oder vegan nennt, tatsächlich fleischfrei ist. Aber das heißt ja im Umkehrschluss nicht, dass alle Produkte, die nicht als vegan oder vegetarisch deklariert sind, Fleisch enthalten. Das ist die Crux bei einer freiwilligen Angabe! Denn selbstverständlich ist eine solche Kennzeichnung nicht ohne

Aufwand (Prüfungen, Lizenzierung, Nachweise, Kosten) zu bekommen. Da werden sich kleinere Hersteller zweimal überlegen, ob sie ihre Produkte als vegetarisch oder vegan bezeichnen wollen. Wäre eine Kennzeichnung dagegen vorgeschrieben, dann wüssten wir Kunden bei jedem Produkt, ob Fleisch oder tierische Stoffe enthalten sind. Damit würde die Industrie Vertrauen schaffen und sicherlich in vielen Bereichen bislang zurückhaltende Kunden dazugewinnen. Warten wir ab, wie sich das entwickelt.

Dreharbeiten für die WDR Sendung Mogelpackung, Thema „Versteckte Schweinereien" in einer Fußgängerzone in Bonn, 2013.

Ich bin aber da ganz zuversichtlich, denn das Beispiel Valensina zeigt, dass Hersteller eben doch auf die Meinung von Verbrauchern Wert legen. Und vergessen wir nicht den Trend der veganen Ernährung. Da hat sich für die Industrie ein weites Feld eröffnet, einfach weil sich neue Absatzmärkte aufgetan haben. Darum wird sich da sicher noch einiges tun. Gut für uns!

Zum Weiterlesen

Lebensmittelklarheit: www.lebensmittelklarheit.de
Auf dem Informationsportal der Verbraucherzentralen findet sich eine übersichtliche Liste der Zusatzstoffe, die tierischen Ursprungs sein können.

Foodwatch: www.foodwatch.org
Die Verbraucherorganisation Foodwatch spürte nicht kennzeichnungspflichtige tierische Bestandteile in verschiedenen Lebensmitteln auf. Name der Kampagne: „Versteckte Tiere".

Deutscher Vegetarierbund: www.vebu.de
Auf dem Internetauftritt des Deutschen Vegetarierbundes finden sich Informationen rund um vegetarische und vegane Ernährung.

2.2 Versteckte Käfigeier

Bereits 2011 berichteten wir in der Rubrik Mogelpackung in der WDR Servicezeit über versteckte Käfigeier in verarbeiteten Lebensmitteln. Anfang 2010 wurde die Haltung von Legehennen in Käfigen in Deutschland verboten. Eier aus dieser Haltungsform durften aber weiterhin importiert und verwendet werden. Vor allem in verarbeiteten Lebensmitteln, aber auch im Hotel- und Gaststättengewerbe sind sie weiter im großen Maße zum Einsatz gekommen.

Seit Anfang 2012 gilt das Verbot der Käfighaltung auch EU-weit. Aber noch immer können Käfigeier aus Nicht-EU-Ländern in die Union eingeführt und verarbeitet werden. Gekennzeichnet werden muss das nicht.

Und die außereuropäischen Käfige sind oft „made in Germany". Ein mieses Geschäft, abgesichert durch Hermes-Bürgschaften des Bundeswirtschaftsministeriums.

Auf Lebensmittelverpackungen können Kunden weder erkennen, woher die Eier in dem Produkt stammen noch aus welcher Haltungsform! Es sei denn, der Hersteller weist freiwillig darauf hin.

0 Biohaltung* /
1 Freilandhaltung

2 Bodenhaltung

3 Kleingruppenhaltung

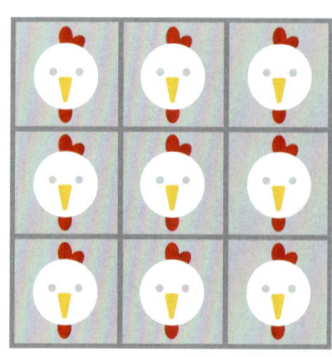

* Diese Haltung (= Biohaltung) unterscheidet sich von der Freilandhaltung nur im Futter, das ausschließlich aus ökologischem Anbau stammen muss.

Kennzeichnungspflicht nur bei frischen Eiern

Frische Eier dagegen müssen schon seit Anfang 2004 einen zehnstelligen Stempel tragen, den sogenannten Erzeugercode, der darüber informiert, wie und wo die Henne lebt, die das Ei gelegt hat.

Die erste Ziffer zeigt die Haltungsform an.

0 = Biofreilandhaltung: Legehennen in ökologischer Haltung leben in der Freilandhaltung. Der Stall ist mit Sitzstangen und einem Auslauf versehen. Höchstens sechs Tiere dürfen pro Quadratmeter scharren. Das Futter muss ökologisch erzeugt und überwiegend im eigenen Betrieb hergestellt werden. Auf der Verpackung steht das Biosiegel.

1 = Freilandhaltung: Diese Haltung unterscheidet sich von der Biohaltung nur im Futter, das nicht ausschließlich aus ökologischem Anbau stammen muss.

2 = Bodenhaltung: Bis zu neun Hühner werden pro Quadratmeter Stallfläche auf dem Boden gehalten. Einen Auslauf gibt es nicht. Damit die Tiere scharren können, muss mindestens ein Drittel des Stalls eingestreut sein. Da wegen der vielen Tiere auf engem Raum oft Verletzungen entstehen, kommen mehr Arzneimittel zum Einsatz als bei der Freilandhaltung.

3 = Kleingruppenhaltung in Käfigen: Diese umstrittene Haltungsform unterscheidet sich von der bereits verbotenen Käfighaltung nur marginal. Jede Henne unter 2 kg hat 800 Quadratzentimeter Platz zur Verfügung (das entspricht etwa 27 x 30 cm) und 900 Quadratzentimeter für schwerere Hennen.

30 cm ist die Länge eines normal langen Lineals. 30x30 cm ist also ganz schön klein.

Im Vergleich zur vorherigen konventionellen Käfighaltung sind das 250 Quadratzentimeter (etwa 15 x 15 cm) mehr. Da hatte jedes Tiere nur 550 Quadratzentimeter Platz. Ausgestattet sind die Käfige für die Kleingruppenhaltung mit einer Sitzstange und einer Vorrichtung zum Scharren. Trotzdem sind diese Hennen nicht in der Lage zu flattern oder zu picken. Grund ist der fehlende Platz.

Das ist weniger als ein DIN-A4-Blatt.

Wenn man die Kleingruppenhaltung auf einen Menschen von 70 kg umrechnet, dann lebt er in einem Raum von 126x208 cm. Das ist etwas kleiner als mein Schrank!

Versteckte Käfigeier in verarbeiteten Lebensmitteln

Zur industriellen Herstellung von Gebäck, Eis oder Nudeln verarbeiten Lebensmittelproduzenten Unmengen an Eiern. Wie die Hennen leben, die die Eier gelegt haben, muss auf dem Endprodukt nicht angegeben werden. 2011 räumten nach unseren Recherchen mehrere Hersteller ein – trotz des deutschen Käfigeier-Verbots – Eier aus dieser Haltung zu verwenden. Darunter namhafte Marken wie Ferrero, Milka, Bifi und Kuchenmeister, der Milch-Riese Müller, die Konditorei Coppenrath & Wiese und Eismacher Häagen-Dazs. Kuchen-Riese Bahlsen antwortete damals nicht auf unsere Anfragen.

Gegen Gesetze hat natürlich keiner verstoßen ...

Vollei

Zur gleichen Zeit verzichteten aber bereits einige Produzenten bewusst auf Eier aus beengten Käfigen, so etwa der Süßwaren-Riese Mars, Nudelhersteller Birkel, Eisproduzent Ben & Jerry's und der Eierlikör-Marktführer Verpoorten. Die Hersteller nutzten das Käfigeier-Verbot, um mit „guten" Haltungsformen Positiv-Werbung für ihre Waren zu machen. Manchmal fand sich in der Zutatenliste ein Hinweis auf die Haltung, bei einem Tortenboden einer Rewe-Eigenmarke schaffte es die Angabe sogar auf die Schauseite der Packung. Ein cleverer Schachzug der Hersteller – und gut für uns Verbraucher!

Handel hat Käfigeier aus dem Sortiment genommen

Seit dem Verbot der Käfighaltung in Deutschland 2010 ist die Zahl der Käfigeier eingebrochen, auch wenn sie noch im außereuropäischen Ausland produziert und in die EU importiert werden dürfen.

Hört sich wenig an, aber das sind ja nur die Eier, die im Handel verkauft werden.

Auch der Absatz der Eier aus der noch erlaubten Kleingruppenhaltung (Ziffer 3) sinkt kontinuierlich. Nach Angaben des Marktinformationsdienstes der Geflügelbranche (MEG) kauften 2009 noch 25 Prozent der privaten Haushalte Eier aus dieser Haltungsform, 2014 waren es nur noch 1,8 Prozent.[3] 2016 lebte noch immer jede 10. Legehenne in Deutschland (10,1 Prozent) in der Kleingruppe, also de facto in (etwas großzügigeren) Käfigen. Das sind 3,4 Millionen Hühner! Im Vergleich zu den Zeiten vor dem Käfigverbot sind das nur noch wenige. 2007 mussten noch 67 Prozent aller Legehennen in engen Käfigen ihr Dasein fristen.[4]

Das sind echt immer noch viel zu viele!

3   Quelle: MEG-Marktbilanz Eier und Geflügel 2015. Zahlen für 2016 liegen noch nicht vor. Stand: Januar 2017.
4   Quelle: Statistisches Bundesamt. Wiesbaden.

Was bedeutet der Code auf dem Ei?

1-DE-02 2345 2

Haltungsform

0 Biohaltung

1 Freilandhaltung

2 Bodenhaltung

3 Kleingruppe

Betriebsnummer und Stallnummer*

Ländercode für das Bundesland

Herkunftsland

AT Österreich	**01** Schleswig-Holstein	
BE Belgien	**02** Hamburg	**09** Bayern
DE Deutschand	**03** Niedersachsen	**10** Saarland
IT Italien	**04** Bremen	**11** Berlin
NL Niederlande	**05** Nordrhein-Westfalen	**12** Brandenburg
ES Spanien	**06** Hessen	**13** Mecklenburg-Vorpommern
	07 Rheinland-Pfalz	**14** Sachsen
	08 Baden-Württemberg	**15** Sachsen-Anhalt
		16 Thüringen

* bei einem Betrieb mit mehreren Ställen bezieht sich die letzte Ziffer auf den jeweiligen Stall

Legehennenhaltung in Deutschland

Zumindest aus den Supermarktregalen sind die Eier mit der Ziffer 3 fast vollständig verschwunden. Ein Erfolg, den wir Verbraucher an der Ladentheke erreicht haben. Der Einzelhandel hat schnell gemerkt, dass die Eier aus der Kleingruppe in den Regalen liegen bleiben. Ein Großteil der Supermarktketten hat die Eier aus dieser Haltungsform einfach nicht mehr eingekauft und seinen Kunden angeboten. Wo keine Nachfrage, da auch kein Angebot! Allerdings ist das nicht in ganz Europa so. Denn mehr als die Hälfte aller Haltungsplätze in der EU (57,4 Prozent) sind in Kleingruppenkäfigen, in Spanien und Portugal sind es sogar mehr als 90 Prozent.[5] Und diese Eier landen sicher nicht alle in verarbeiteten Produkten, sondern auch in den lokalen Geschäften und werden verkauft.

So einfach kann das gehen! Bei Eiern macht uns niemand was vor!

Was die Anzahl von Eiern aus konventionellen Käfigen in der industriellen Lebensmittelproduktion angeht, lassen sich keine konkreten Angaben machen. Fakt ist, es werden Eiprodukte aus Drittländern in die EU importiert. Aufgrund der bestehenden Importzölle ist die Quote aber äußerst gering. 2014 betrug die Gesamtproduktion an Eiern und Eiprodukten innerhalb der EU 7.434.000 Tonnen. Aus nicht EU-Ländern wie der Ukraine oder Indien wurden nur 13.000 Tonnen importiert. Das sind gerade mal 0,175 Prozent der EU-Eierproduktion.

Eier aus Nicht-EU-Ländern 30 Prozent günstiger

Dabei liegen die Kosten der europäischen Ei-Erzeugung wegen der hohen Standards rund ein Drittel über denen in Nicht-EU-Ländern, wo Legehennen noch standardmäßig in konventionellen Käfigen gehalten werden.[6] Die hohen Einfuhrzölle schützen die europäische Eierwirtschaft vor Billigimporten – und somit auch uns Verbraucher vor einer Käfigeier-Schwemme! In welchen Ländern die Eiprodukte, die aus Drittländern in die EU eingeführt werden, hier verarbeitet oder verzehrt werden, lässt sich nach Auskunft des MEG nicht aufschlüsseln. Eiermäßig ist die EU ein Gesamtmarkt. Viele deutsche Lebensmittelhersteller jedenfalls wollen die Eier aus den Käfigen nicht. Sie setzen auf anderer Haltungsformen und deklarieren das oft freiwillig auf ihren

---

5   Quelle: Statistisches Bundesamt. Wiesbaden.

6   Horne, P. L. M. van, 2014. Competitiveness of the EU egg sector; International comparison base year 2013. Wageningen, LEI Wageningen UR (University & Research centre), LEI Report 2014-041.

Produkten. Allerdings verarbeiten nach Auskunft des Zentralverbands der deutschen Geflügelwirtschaft noch alle Werke Eier aus der ebenfalls umstrittenen Kleingruppenhaltung.

Die ja auch nicht viel besser ist!

Wo diese dann landen? Keiner weiß es – und vermutlich soll es auch keiner wissen. Gekennzeichnet wird das natürlich nicht!

Von den Produkten, über die wir in unserem Beitrag 2011 berichtet haben, enthalten kaum noch welche Käfigeier: Ferrero setzt für seine Produkte nur noch Eier aus Bodenhaltung ein, genauso wie Bifi-Hersteller Jack Link's, Müller Milch und Coppenrath & Wiese. Die Eier für Milka-Produkte stammen ausschließlich aus der EU, in der konventionelle Käfige verboten sind. Kuchen-Riese Bahlsen teilt mit, im Jahr 2012 von Käfig- auf Bodenhaltung umgestellt zu haben und nun auch auf verbesserte Haltungsbedingungen zu setzen. In das Eis von Häagen-Dasz kommen sogar nur noch Eier aus der Freilandhaltung.

Alles gut und schön. Aber die Gesetzeslage geht mir nicht weit genug!

Und auch bei anderen Konzernen hagelt es gute Nachrichten: Fast alle großen Supermarktketten wie Rewe, Penny, Edeka, Lidl, Netto und Tegut verzichten bei den Eigenmarken auf den Einsatz der 3-Eier. Aldi Süd fordert von seinen Lieferanten, Eier aus Boden- oder Freilandhaltung zu verwenden, und auch Tchibo's Kuchen- und Snack-Sortiment ist mittlerweile käfigfrei. Der drittgrößte Lebensmittelkonzern der Welt Mondelez (Milka, Oreo, Philadelphia, Miracel Whip, Kraft) will bis 2025 Käfigeier aus allen Produkten verbannen. Das gleiche Ziel hat auch der Burger-Brater McDonalds. Konkurrent Burger King versucht den Ausstieg sogar noch früher zu schaffen. Bereits jetzt garantiert das Unternehmen, dass alle Eier des Frühstücksangebots aus Bodenhaltung stammen.

Aber jetzt haltet euch fest!

Biskuit Tortenboden

Eier aus Bodenhaltung

Und die Politik? Die hat die Kleingruppenhaltung einfach kurzerhand abgeschafft. Der Bundesrat hat im November 2015 beschlossen, die enge Haltung in Käfigen endgültig zu beenden. Zwar gilt noch ein Bestandsschutz für Anlagen bis 2025 (in Härtefällen bis 2028), aber der Neubau von Käfighaltungen ist nicht mehr erlaubt.

Bis zur endgültigen Abschaffung der Käfige besteht aber nach wie vor die Kennzeichnungslücke für Lebensmittel, die Eier enthalten. Die Verpackungen müssen keine Auskunft darüber geben, aus welcher Haltung die verarbeiteten Eiprodukte stammen. Zwar weisen einige Hersteller aus, wie die Hennen gelebt haben, das ist aber freiwillig. Eine gesetzlich verpflichtende Regelung gibt es nur für frische Eier, die Verbraucher verpackt oder lose in Supermärkten, bei Discountern oder auf dem Markt kaufen.

Solange nicht anders gekennzeichnet, ist die Wahrscheinlichkeit also groß, dass die enthaltenen Eier aus der Kleingruppenhaltung stammen.

Tierschützer und Verbraucherinitiativen fordern, dass auch Lebensmittel, die Eier enthalten, entsprechend den Haltungssystemen gekennzeichnet werden. Rund 80 Prozent der Deutschen würden eine solche Pflichtkennzeichnung befürworten.[7] Und auch das Europaparlament hat im Mai 2016 dafür gestimmt. Ob der Herkunftsnachweis aber vor 2025 – also vor Abschaffung der Kleingruppenhaltung – noch kommt, steht in den Sternen. Eine verpflichtende Kennzeichnung wäre aus europarechtlichen Gründen problematisch, heißt es auf unsere Anfrage hin aus dem BMEL. Dennoch werde derzeit geprüft, wie dem Verbraucherwunsch nach mehr Transparenz nachgekommen werden könne. Eine Kosten-Nutzen-Analyse zur Kennzeichnung und eine rechtliche Würdigung seien zurzeit in Arbeit.

Zum Weiterlesen

Albert Schweitzer Stiftung: www.albert-schweitzer-stiftung.de
Auf der Seite der Albert Schweitzer Stiftung finden sich alle Informationen zu der Kampagne „Deutschland wird käfigfrei". Insgesamt 14 Tierschutzorganisationen engagieren sich seit 2003 gemeinsam gegen den Handel und die Produktion von Käfigeiern. Auf der Seite sind Unternehmen gelistet, die auf Käfigeier verzichten, und auch solche, die sie offenbar weiter verwenden.

---

7 TNS-Emnid (2011): Umfrage zur Kennzeichnung von Eiern, Bielefeld. Im Auftrag von Foodwatch.

Deutscher Tierschutzbund: www.tierschutzbund.de

Ähnliche Listen finden sich auf der Seite des Tierschutzbundes, der ebenfalls seit Jahren fordert, dass Lebensmittel, die Eier oder Eiprodukte enthalten, entsprechend dem Haltungssystem der Hennen gekennzeichnet werden. Hier der Link: www.tierschutzbund.de/kaefigeier-produkte-firmenliste.html

Deutsche Geflügelwirtschaft: www.deutsche-eier.info

Auf der Seite des Lobbyverbandes der Geflügelhalter und -verarbeiter finden sich viele Informationen rund ums Ei. Hier gibt es auch Videos über die verschiedenen Haltungsformen.

2.3 Clean Labels

„Ohne Farbstoffe", „ohne Konservierungsstoffe", „ohne künstliche Geschmacksverstärker". Mit solchen Aussagen werben Lebensmittelhersteller gerne auf ihren Produkten. Kein Wunder, suggerieren diese Aufschriften doch, dass die Lebensmittel naturbelassen sind und bei der Herstellung kaum Chemie verwendet wird. Nach einer Schätzung der Verbraucherzentralen tragen rund 1.600 Produkte in deutschen Supermarktregalen solche sogenannten „Clean Labels", also saubere Etiketten.[8]

Besonders gute Qualität können wir Verbraucher von diesen Lebensmitteln aber nicht unbedingt erwarten, denn Clean Labels sind nur ein weiteres Marketinginstrument, um Produkte besser aussehen zu lassen. Die Verbraucherzentrale Nordrhein-Westfalen hat 2010 im Rahmen einer bundesweiten Untersuchung rund einhundertfünfzig Lebensmittel mit sauberen Etiketten unter die Lupe genommen. Das Ergebnis war ernüchternd: Die mit einem Clean Label versehenen Produkte sind qualitativ nicht besser als ihre Pendants ohne Label – auch wenn das dem Kunden suggeriert werden soll! Das war 2013 noch genauso, als wir in der WDR Servicezeit darüber berichtet haben. Und noch immer ist dieser Trend deutlich im Supermarkt zu erkennen.

---

8   Verbraucherzentrale NRW (2010): Bundesweite Markterhebung. „Ohne Zusatzstoffe" – Clean Labeling: Werbeaussagen kritisch beleuchtet, Düsseldorf.

Nora Dittrich, Verbraucherzentrale NRW: „Viele deklarationspflichtige Zusatz-stoffe werden durch einfache Lebensmittelzutaten – ohne E-Nummer – aus-getauscht. So wird zwar der Eindruck vermittelt, dass es sich um höherwertige Produkte handelt. Das ist aber nicht immer der Fall."

Hefeextrakt statt Geschmacksverstärker

In mehr als neunzig Prozent der Produkte, die angeblich „ohne Geschmacks-verstärker" hergestellt wurden, fanden die Verbraucherschützer Glutamat – versteckt vor allem in Hefeextrakt. Denn das enthält von Natur aus freies Glutamat und hat somit eine naturgegebene geschmacksverstärkende Wir-kung. Hefeextrakt gilt nicht als Zusatzstoff, weil es sich rein rechtlich be-trachtet um eine Lebensmittelzutat handelt. Geschmacksverstärker dagegen gehören zur Funktionsklasse der „Zusatzstoffe". Klingt kompliziert, ist aber ganz einfach: Eine „Zutat" kann per se kein Geschmacksverstärker sein, weil sie kein „Zusatzstoff" ist, auch wenn sie als solcher fungiert! Die Auslobung „ohne Geschmacksverstärker" auf einem Produkt mit Hefeextrakt ist also rein formell in Ordnung. Die Studienmacher halten das dennoch für Täuschung.

Gleiches gilt übrigens auch für Sojaprotein, Tomatenpulver oder Würze.

Ich übrigens auch!

Nora Dittrich, Verbraucherzentrale NRW: „Wenn vorne draufsteht ‚ohne Ge-schmacksverstärker', dann sollte auch kein anderer Stoff in dem Produkt sein, der eine ähnliche Wirkung hat."

Klage gegen Knorr

Die Verbraucherzentrale Sachsen hatte deswegen im März 2011 gegen die Firma Knorr eine Klage wegen irreführender Werbung eingereicht. Auf der Tütensuppe „Tomaten Suppe Toscana" warb das Unternehmen damit, dass das Produkt „ohne Konservierungsstoffe, ohne Farbstoffe und ohne Geschmacks-verstärker" auskommt. Die Zutatenliste zählt aber Hefeextrakt auf, sowie Rote-Bete-Pulver und Curcuma, die in der Regel zur Färbung von Lebens-mitteln verwendet werden.

Das Verfahren galt als Präzedenzfall. Wäre das Gericht der Argumentation der Verbraucherschützer gefolgt, wäre eine Klagewelle auf die Hersteller zugerollt. Das Hamburger Landgericht hat die Klage aber im November 2011 in erster Instanz abgewiesen. Die Verbraucherschützer legten Berufung ein. Hersteller Unilever sah sich mit dem ersten Richterspruch bestätigt.

Unilever: „Das Landgericht Hamburg hat eine klare Entscheidung zugunsten der geltenden gesetzlichen Praxis getroffen und den nicht zutreffenden Unterstellungen der Verbraucherzentrale eine klare Abfuhr erteilt."

Während Verbraucherschützer vor Irreführung warnen, sieht Unilever in den Clean Labels vor allem einen Nutzwert für seine Kunden.

Unilever: „Alle Informationen auf den Verpackungen unserer Produkte dienen der Information der Verbraucher und ihrer besseren Orientierung."

Branntweinessig statt Sorbinsäure

Auch bei Konservierungsmitteln ist die Abgrenzung zwischen „Zutat" und „Zusatzstoff" nach dem Lebensmittelrecht eindeutig. Natürlich haben Essig- und Zitronensäure und Senfsaaten auch eine konservierende Wirkung, sie gelten aber als „Zutat" und nicht als „Konservierungsstoff". Der „Delikatess Fleischsalat" der Firma Nadler kann also ohne Weiteres damit werben „ohne Konservierungsstoffe" auszukommen, auch wenn Branntweinessig, Zitronensäure und Senfsaaten das Produkt haltbar machen. Die konservierende Wirkung der „Zutaten" bestreitet die Müller Group, zu der Nadler gehört, nicht. Im Gegenteil! Sie weist explizit darauf hin, dass:

Müller Group: „derartige Zutaten im Gegensatz zu den vorerwähnten Zusatzstoffen notwendig sind, um dem Verbraucher ein qualitativ gutes und vor allem auch sicheres Lebensmittel anbieten zu können."

Haltbar schon, aber auch schmackhafter? Das erwarte ich ja wohl von Zutaten. Am besten selber mal durchprobieren …

Farbe für die bessere Optik

Viele Hersteller peppen ihre Produkte gerne mit Farbstoffen künstlich auf. Draufschreiben wollen sie das aber lieber nicht. „Ohne Farbstoffe" hört sich einfach besser an! Rund zwei Drittel der Lebensmittel, die die Verbraucherzentralen 2010 untersucht hatten, waren gefärbt, obwohl sie ein Etikett mit dem Hinweis „ohne Farbstoffe" trugen. Zwar verwendeten die Hersteller keine Chemie für die Optik, hübschten ihre Produkte aber durch Zutaten wie etwa Rote-Bete-Saft oder Spinatpulver auf. Diese gelten – ähnlich wie

Hefeextrakt und Essigsäure – als „Zutaten" und eben nicht als „Farbstoffe". Die Färbung ist nach Aussage des Spitzenverbandes der Lebensmittelhersteller, Bund für Lebensmittelrecht und Lebensmittelkunde (BLL), nur eine „Nebenwirkung". *Das ist alles andere als verbraucherfreundlich!*

BLL: „Färbende Lebensmittel sind Lebensmittel, die getrocknet oder in konzentrierter Form bei der Herstellung von Lebensmittelzubereitungen aufgrund ihrer aromatisierenden, geschmacklichen oder ernährungsphysiologischen Eigenschaften hinzugefügt werden und eine färbende Wirkung haben."

Produkte mit färbenden Zutaten dürfen also rein rechtlich gesehen mit der Auslobung „ohne Farbstoffe" beworben werden. So wie der „Vollkorn Erdbeer Joghurt" der Marke Onken, der den Hinweis „ohne Farbstoffe" trug, aber durch Karottensaft- und Rote-Bete-Saft-Konzentrat seine kräftige Farbe erhält. Verbraucherschützerin Nora Dittrich bezweifelt, dass die Gemüsekonzentrate wegen des Geschmacks im Joghurt stecken.

Nora Dittrich, Verbraucherzentrale NRW: „Natürlich sind sie ausschließlich wegen der Farbe im Produkt. Wenn zum Beispiel mehr Früchte in dem Joghurt wären, dann müsste der Hersteller nicht färben. Darüber hinaus könnten sich auch hier Verbraucher getäuscht fühlen, die ein ungefärbtes Produkt erwarten."

Produzent Emmi widerspricht: Der Joghurt habe einen deutlich höheren Fruchtanteil als gesetzlich vorgeschrieben. Die färbenden Lebensmittel würden lediglich eingesetzt, um Kundenwünsche in Bezug auf Aussehen und Geschmack nicht zu enttäuschen.

Emmi: „Diese färbenden Lebensmittel ermöglichen einen einheitlichen Farbton des Produkts über alle Chargen hinweg, um beispielsweise natürliche Farbschwankungen der Früchte auszugleichen."

Kundenbeschwerden dazu liegen Emmi nicht vor, „daher sind wir auch nicht davon ausgegangen, dass Verbraucher unsere Auslobung als Täuschung verstehen."

Wenn man die Leute auf der Straße fragt, woher die rote Farbe im Erdbeerjoghurt kommt, sagen wohl die meisten: von den Erdbeeren. Und kaum einer wird Rote Bete sagen …

Verbraucherschützer fordern klare Kennzeichnungen

Doch die Clean Labels führen Kunden auf die falsche Fährte, sagen die Verbraucherzentralen und fordern strengere gesetzliche Regeln für die Gestaltung und Verwendung der sauberen Etikette. Welcher Kunde kennt denn schon den Unterschied zwischen Zutat und Zusatzstoff? Slogans wie „Keine Farbstoffe" sollten nur dann verwendet werden dürfen, wenn auch tatsächlich keine färbenden Stoffe für die Optik im Produkt enthalten sind.

Nora Dittrich, Verbraucherzentrale NRW: „Wir wollen keine Zutaten mit gleicher Funktion unter anderem Namen, wie zum Beispiel Hefeextrakt. Wir wollen, dass Verbraucher das bekommen, was sie erwarten."

Und das sei sicher kein Rote-Bete-Saft im Joghurt!

„Laut Gesetz" verweist auf gesetzliche Mindeststandards

Besonders ärgert sich Ökotrophologin Dittrich aber über Etiketten mit der Auslobung „laut Gesetz". Denn dieser Zusatz weist schlicht darauf hin, dass der jeweilige Zusatzstoff für das Produkt nach dem EU-Lebensmittelrecht ohnehin nicht erlaubt ist. Die Kennzeichnung verspricht also nicht mehr als ohnehin gesetzlich vorgeschrieben ist. Eigentlich soll der Zusatz „laut Gesetz" verhindern, dass gegen das Verbot der Werbung mit Selbstverständlichkeiten verstoßen wird. Doch ein geschickt auf der Packung versteckter Hinweis ermöglicht es den Herstellern, den Eindruck zu vermitteln, freiwillig auf den betreffenden Zusatzstoff zu verzichten. So kennzeichnet beispielsweise die Firma Schwartau ihre Müsliriegel „Corny" mit der Auslobung „Ohne Farbstoffe, ohne Konservierungsstoffe" und einem kleinen Sternchen. Erst auf der Seitenwand der Verpackung finden Kunden die Auflösung, dass Konservierungsstoffe „laut Gesetz" in dem Produkt verboten sind. Der Hersteller sieht darin kein Problem, sondern eine Hilfestellung für die Verbraucher.

Schwartau: „Die Auslobung ‚Ohne Farbstoffe, ohne Konservierungsstoffe laut Gesetz' ist aus unserer Sicht eine sachlich richtige Information, die dem heutigen Informationsbedürfnis der Verbraucher gerecht wird. (…) Wir sehen diese Auslobung auf unserem Produkt als eine einfache, verständliche und korrekte Information für die Verbraucher, die sich bewusst ohne die genannten Zusatzstoffe ernähren wollen bzw. müssen."

Auch wenn wir es gerne anders hätten, die Hersteller haben das Recht auf ihrer Seite.

Gesetzgeber sehen keinen Handlungsbedarf

Da die Kennzeichnung von Lebensmitteln durch europäisches Gesetz geregelt ist, sind die Clean Labels ein Fall für Brüssel. Hier sieht man aber keinen Handlungsbedarf. Nicht alle Länder – so heißt es von der Kommission – seien in diesen Fragen so kritisch eingestellt wie die Deutschen. *Ja, ist klar, wir sind mal wieder zu kritisch!*

EU-Kommission: „Offensichtlich kann diese Art der Verbraucherinformation missverständlich sein. Ob dies der Fall ist oder nicht, hängt von regionalen Gewohnheiten und Erwartungen ab. Deswegen könnte es schwierig sein, einen gemeinsamen Ansatz für die gesamte EU zu finden."

Wir müssen uns also selber helfen und bewusst zum richtigen Produkt greifen.

Sprich, das Thema wird gar nicht erst angegangen. Auch das Bundesministerium für Ernährung und Landwirtschaft setzt statt auf strengere Gesetze eher auf Aufklärung. 2009 startete die Initiative „Klarheit und Wahrheit bei der Kennzeichnung und Aufmachung von Lebensmitteln", damit Verbraucher täuschende Kennzeichnungen auf Lebensmittelverpackungen schneller entlarven. Beschwerden über Produkte können in dem vom Ministerium geförderten Internetportal **www.lebensmittelklarheit.de** öffentlich gemacht werden. Eines der Top-Themen des Portals war von Anfang an das Clean Labeling. Einen Auftrag, die Kennzeichnungsverordnung schnellstmöglich zu verschärfen, hat das BMEL darin aber nicht gesehen.

BMEL, 2013: „Zusammen mit den Ergebnissen der projektbegleitenden Forschung werden wir die Erfahrungen des Portals auswerten, ob und wann Clean Labeling als verwirrend empfunden wird und wie man dem effektiv begegnen kann – im Rahmen eines Verhaltenskodex oder durch ergänzende rechtliche Regelungen."

Bis dahin, so riet das Ministerium, sollten sich die Konsumenten nicht von bunten Aufdrucken blenden lassen.

BMEL, 2013: „Für die Einschätzung ist die Gesamtaufmachung des Lebensmittels entscheidend. Dabei ist das Zutatenverzeichnis maßgeblich in die Beurteilung einzubeziehen."

Ein richtiger und wichtiger Hinweis, doch viele Kunden orientieren sich nach wie vor eher am Aufdruck auf der Vorderseite der Verpackung als an dem Kleingedruckten auf der Rückseite.

Das geht halt mal wieder voll an der Verbraucherrealität vorbei.

Was hat sich seit der Ausstrahlung getan?

Seit unserer Sendung im April 2013 hat sich so gut wie nichts verändert! Zwar ist in der Zwischenzeit die europäische Lebensmittelinformationsverordnung (LMIV) in Kraft getreten, die die Kennzeichnung von Lebensmitteln neu regelt, für die Auslobung mit Clean Labels hat sie aber keine Besserung gebracht. Noch immer prangen auf vielen Verpackungen im Supermarkt Etiketten, die damit werben, was alles nicht in den Produkten enthalten ist. Kein Wunder, schließlich hat sich der rechtliche Rahmen nicht geändert, und der erlaubt es den Herstellern, ihre Produkte mit Clean Labels zu schmücken.

Mal wieder!

Das bestätigt auch das Urteil in dem Verfahren, das die Verbraucherzentrale Sachsen 2011 gegen die Firma Knorr wegen Irreführung angestrengt hatte. Das Hanseatische Oberlandesgericht bestätigte die Auffassung, dass die Werbung „ohne geschmacksverstärkende Zusatzstoffe" und die gleichzeitige Verwendung von Hefeextrakt **keine** Verbrauchertäuschung ist. In seiner Urteilsbegründung vom September 2016 geht das Gericht davon aus, dass ein Durchschnittsverbraucher sich bei seiner Kaufentscheidung an der Zutatenliste orientiere und schnell feststellen könne, dass die „Tomaten Suppe Toscana" nicht nur Tomaten enthält.

Krass, oder?

Das predige ich, seit ich denken kann …

Die Auslobung „natürlich ohne geschmacksverstärkende Zusatzstoffe" verstehe dieser Durchschnittskunde dahin gehend, dass das Produkt keine künstlichen Zusatzstoffe enthält, zu denen Hefeextrakt ja nicht zählt. Also, alles korrekt!

In dem Urteil heißt es: „Selbst wenn man sich der vom Kläger vertretenen Auffassung anschlösse und unterstellte, dass nicht erwartet werden kann, dass der Durchschnittsverbraucher die genaue juristische Definition des Begriffs „Zusatzstoff" kennt und eher ein laienhaftes Verständnis des Begriffs haben wird, ergibt sich nach Ansicht des Senats, dessen Mitglieder zu den angesprochenen Verkehrskreisen zählen, dass der Verbraucher angesichts der Formulierung „natürlich ohne geschmacksverstärkende Zusatzstoffe" davon ausgehen wird, dass dem Produkt keine künstlichen, synthetischen Zusatzstoffe beigefügt sind."

Hersteller Unilever freut sich über die rechtliche Bestätigung der eigenen Auffassung.

Unilever: „Das Gericht hat anerkannt, dass es sich bei den deutschen Verbrauchern um mündige Bürger handelt, die um die Komplexität eines Convenienceproduktes wissen. Dabei hat es im Einklang mit den Leitlinien des Europäischen Gerichtshofes bestätigt, dass geschmacks- und farbgebende Lebensmittel wie Rote-Bete-Pulver, Curcuma und Hefeextrakt prägende Zutaten einer Tomatensuppe bilden können und keine Zusatzstoffe sind. (...) Wir begrüßen diese Entscheidung, die es erlaubt, die Verbraucher weiterhin umfassend über die Eigenschaften unserer Produkte zu informieren."

Die Verbraucherzentrale Sachsen teilt die Haltung des Gerichts keineswegs. Doch das OLG hat keine Revision zugelassen. „Diese Entscheidung wird wohl einige Verbraucher sehr enttäuschen", sagt Anne-Katrin Wiesemann, Referentin für Lebensmittelrecht bei der Verbraucherzentrale Sachsen. Und wohl auch viele Verbraucher überraschen, denn die Hälfte glaubt, dass wenn „ohne Geschmacksverstärker" draufsteht, auch kein Hefeextrakt drinsteckt.[9]

Doch trotz des verlorenen Prozesses hofft die Verbraucherschützerin auf ehrlichere Werbung. Die kritische Diskussion zur Werbung „ohne Zusatz von Geschmacksverstärkern" auf Produkten mit Hefeextrakt habe Verbraucher sensibilisiert. Und sicher auch dazu beigetragen, dass Unilever in seiner neuen Produktlinie „Natürlich Lecker" getarnte Geschmacksverstärker wie Würze und Hefeextrakt aus den Rezepturen verbannt. *Find ich gut!*

Die „Natürlich Lecker"-Linie wirbt offensiv mit 100 % natürliche Zutaten: „Das heißt nur Zutaten, die Du aus Deiner Küche kennst und die Du selbst beim Kochen verwendest. Sonst nichts!" Wenn das also „100 % natürliche Zutaten" sind, dann fragt man sich natürlich schon, wie groß aus Verbrauchersicht der Unterschied zu „natürlich ohne geschmacksverstärkende Zusatzstoffe" eigentlich ist. *Ist doch natürlich, oder?*

9   Quelle: Zühlsdorf, A., Nitzko, S., Spiller, A. (2013): Aufmachung und Kennzeichnung von Lebensmitteln aus Sicht der Verbraucher: Empirische Untersuchungsbefunde, Göttingen.

Es bleibt dabei: Saubere Etiketten wecken Erwartungen, die die so ausgezeichneten Waren oft nicht erfüllen. Viele unserer Beispielprodukte aus 2013 haben ihre Clean Labels nicht verändert. Wie „Corny"-Müsliriegel, die weiter damit werben, (laut Gesetz) auf Konservierungsstoffe zu verzichten. Einige Hersteller haben sich dagegen entschieden, ihre Produktaufmachung zu überarbeiten. Der „Delikatess Fleischsalat" von Nadler warb 2013 damit, keine Konservierungsstoffe, Geschmacksverstärker und künstlichen Aromen zu beinhalten. 2016 wirbt das Produkt nur noch damit, auf Konservierungsstoffe zu verzichten. Der Hersteller des Fleischsalats, die Müller Group, hat das saubere Etikett auf dem Produkt überarbeitet.

Müller Group: „Wir haben festgestellt, dass die Auslobung ‚ohne Geschmacksverstärker' in der Verbraucherwahrnehmung nicht mehr im Fokus steht. Da auf der Verpackung nur begrenzt Platz zur Verfügung steht, verwenden wir diesen für andere Aussagen. Am Produkt hat sich nichts verändert, wir stellen es nach wie vor ohne Geschmacksverstärker her."

2013

Ein bisschen etwas hat sich aber schon verändert: Durch die LMIV sind die Zutaten anders deklariert und durch einen höheren Fettgehalt in der Mayonnaise schlägt der Brotaufstrich nun mit 360 kcal statt mit 274 kcal pro 100 Gramm auf die Hüften. *Und natürlich ist Essigsäure noch immer als konservierende „Zutat" enthalten …*

2013 trug der Erdbeer-Vollkorn-Joghurt der Marke Onken das Clean Label: „Ohne Farb- und Konservierungsstoffe". 2015 hatte sich die Verpackung bereits etwas verändert. Im Zuge eines neuen Designs hatte Joghurt-Hersteller Emmi die Auslobung „ohne Farbstoffe" von allen Onken-Produkten entfernt. Weiter geworben wurde mit nicht vorhandenen Konservierungsstoffen.

2015

Emmi: „Die Auslobung ‚ohne Konservierungsstoffe' ist weiterhin auf unseren Onken-Joghurts zu finden. Dies, weil in Joghurts Konservierungsstoffe zugelassen wären, dies keine Selbstverständlichkeit darstellt und diese Auslobung für den Konsumenten somit einen Nutzen hat."

Und die Zitronensäure? Ist die nur wegen des Geschmacks im Joghurt?

2016 sind dann endgültig alle Clean Labels von der Verpackung des Joghurts verschwunden. *Geht doch!*

2016

Handelsmarken kennzeichnen verbraucherfreundlich

Die Eigenmarken der Einzelhändler sind aber schon deutlich weiter als viele Markenartikler. Das Projekt Lebensmittelklarheit.de hat 2014 bei einem Marktcheck herausgefunden, dass die Auslobung „Ohne Zusatzstoff Geschmacksverstärker" bei den Handelsmarken tatsächlich nur dann auf der Verpackung steht, wenn auch kein geschmacksverstärkend wirkendes Hefeextrakt drinsteckt.[10] Untersucht wurden verschiedene Eintöpfe und Brühpulver, also genau die Lebensmittel, bei denen Geschmacksverstärker häufig zum Einsatz kommen. Entweder trugen die geprüften Produkte kein Clean Label, und wenn doch, dann enthielten sie auch kein geschmacksverstärkendes Hefeextrakt.

Mittlerweile liegt die vom BMEL in Auftrag gegebene projektbegleitende Forschung des Portals Lebensmittelklarheit.de vor.Änderungsbedarf für mehr Wahrheit bei den Clean Labels sieht das BMEL nach der Auswertung aber nicht. Gerade beim Thema Hefeextrakt und der Auslobung „ohne Geschmacksverstärker" habe das Portal Verbraucher sensibilisiert und so dazu beigetragen, dass die sauberen Etiketten schnell durch einen Blick in das Zutatenverzeichnis selbst überprüft werden können, schreibt das BMEL auf unsere Anfrage. Die Beschwerden zum Clean Labeling hätten sich deutlich reduziert, auch im Portal selbst seien nur noch wenige Einträge dazugekommen. Das soll wohl heißen, dass Verbraucher bestens gerüstet seien, nicht auf die sauberen Etiketten hereinzufallen. Rechtliche Konsequenzen jedenfalls plant das Ministerium nicht. Die gesetzlichen Vorgaben seien völlig ausreichend.

BMEL: „Klar geregelt ist im Lebensmittelrecht (§11 LFGB), dass nicht drin sein darf, was als ‚nicht enthalten' draufsteht. Klar geregelt ist auch das Verbot der Werbung mit Selbstverständlichkeiten. Klar geregelt ist ferner die Zulassung von Zusatzstoffen, die entsprechend gekennzeichnet werden müssen."

Schön wäre es ja, wenn Clean Labels tatsächlich einfach kein Thema mehr wären und sich das Problem – dank Verbraucherprotesten – in Luft auflösen würde. In den Supermärkten und Geschäften jedenfalls, in denen wir für unsere Sendungen recherchieren, sind die sauberen Etiketten nicht verschwunden.

---

10 Lebensmittelklarheit.de prüfte Produkte der Handelsmarken von Aldi Süd, Aldi Nord, Edeka, Kaiser's Tengelmann, Kaufland, Lidl, Real, Rewe und Alnatura.

Yvonnes Notiz

Aus meiner Sicht sollte die Kennzeichnung „laut Gesetz" verboten werden. Hier wird mit Selbstverständlichkeiten dem Produkt ein besserer Anstrich gegeben. Wieso sollten Hersteller mit etwas Werbung machen dürfen, das gesetzlich vorgeschrieben ist? Das empfinde ich als unlauter. Studien beweisen zudem immer wieder, dass für die meisten Verbraucher der erste Eindruck für den Kauf eines Produktes entscheidend ist.[11] Die Methode des Clean Labeling blendet uns! Und ganz im Ernst, diese industriefreundlichen Schlupflöcher, dass Zutaten keine Zusatzstoffe sind, obwohl sie genau die gleiche Funktion haben, die gehören abgeschafft!

Dreharbeiten im Supermarkt, 2014.

Zum Weiterlesen

Lebensmittelklarheit.de: www.lebensmittelklarheit.de
Das Internetportal des Bundesverbandes der Verbraucherzentralen wird gefördert durch das Bundesministerium für Ernährung und Landwirtschaft. Hier können Beschwerden über Produkte, Kennzeichnungen und Aufmachung öffentlich gemacht werden.

Verbraucherzentrale Hamburg: www.vzhh.de
Die Ergebnisse des bundesweiten Marktchecks der Verbraucherzentralen von 2010 zu Clean Labels sind auf der Seite der Verbraucherzentale Hamburg abzurufen.

---

11 Unter anderem Gröppel-Klein (2013): Aktuelle Forschungsergebnisse zum Konsumentenverhalten von Lebensmitteln, in: BMELV (Hrsg.), Fachtagung „Täuschungsschutz bei Lebensmitteln": Erfahrungen, Herausforderungen, Lösungsansätze, S. 26–39. Und Zühlsdorf, A., Spiller, A. (2015): Verbraucherwahrnehmung von Lebensmittelverpackungen, Göttingen. Im Auftrag des vzbv und Lebensmittelklarheit.de

2.4 Versteckte Gentechnik

Für gentechnisch veränderte Lebensmittel gilt in Deutschland und innerhalb der EU eine strenge Kennzeichnungspflicht. Sie dürfen nur verkauft werden, wenn sie von den EU-Behörden geprüft und zugelassen wurden und gekennzeichnet sind. Dennoch gelangen Gen-Produkte nur in Ausnahmefällen in den Handel. Der Grund ist die geringe Nachfrage der Deutschen. Seit Jahren lehnt eine deutliche Mehrheit gentechnisch veränderte Lebensmittel ab. Die meisten Verbraucher wollen gerade darüber genauestens informiert werden.[12] Lebensmittelproduzenten haben diesen Trend schon lange erkannt und darauf reagiert. In den Kühlregalen des Einzelhandels stehen immer mehr Produkte, die darauf speziell hinweisen „Ohne Gentechnik" hergestellt zu werden.

Kennzeichnungslücke für indirekte Gentechnik

Wenn aber Gen-Produkte nach EU-Recht ohnehin gekennzeichnet werden müssen, wieso gibt es dann überhaupt eine solche Auslobung? Eine neue Marketing-Masche? Mitnichten! Der Grund ist eine Kennzeichnungslücke in der europäischen Gesetzgebung. Denn viele Lebensmittel kommen mit Gentechnik in Berührung, ohne dass dies kennzeichnungspflichtig ist. Beispielsweise, wenn Landwirte gentechnisch verändertes Futter für ihre Tiere kaufen. Zwar muss das Futtermittel eine Gentechnik-Kennzeichnung tragen, nicht jedoch das mit diesem Futtermittel erzeugte Lebensmittel. Milchkühe, Rinder für die Fleischproduktion, Schweine oder Geflügel können also ihr Leben lang mit Genfutter ernährt werden, ohne dass dies auf der Milch, dem Fleisch oder den Eiern deklariert werden muss.

Gentechnik auf dem Weltmarkt

Es sind vor allem Sojabohnen, Mais, Baumwolle, Raps und Zuckerrüben, die auf dem Weltmarkt als Gentech-Pflanzen in großem Stil gehandelt werden. Die größten Erzeuger sind die USA, Argentinien, Brasilien, Indien

---

12 TNS Emnid (2014): Einkaufs- und Ernährungsverhalten in Deutschland, Bielefeld. Im Auftrag des BMEL.

und Kanada. Auch für deutsche Nutztiere ist Sojaschrot ein beliebtes, weil eiweißhaltiges Futtermittel. Gen-Soja hat sich mittlerweile als Standardware etabliert, da sind sich Gentech-Gegner und Gentech-Befürworter einig. Wie hoch allerdings der Gen-Anteil in der weltweiten Sojaproduktion ist, darüber gibt es keine amtlichen Zahlen. Nach seriösen Schätzungen liegt er bei etwa 80 Prozent.[13] Ähnlich hoch wird dann in etwa auch die Gen-Quote bei den rund 32 Millionen Tonnen Soja-Futter sein, die jährlich in die EU eingeführt werden. *Wahnsinn, wie hoch die Absatzzahlen sind.*

Für diese Futtermittel gelten selbstverständlich die gleichen strengen Prüfkriterien zu Produktqualität und Produktsicherheit wie für alle importieren Lebens- und Futtermittel. Gen-Soja ist bei Landwirten weltweit deswegen so beliebt, weil höhere Erträge bei geringeren Kosten erzielt werden können. Das belegt auch eine Meta-Analyse von zwei Agrarökonomen der Universität Göttingen, die 147 Studien dazu ausgewertet haben. Dort, wo gentechnisch veränderte Pflanzen angebaut wurden – so die Forscher – ging der Einsatz chemischer Pflanzenschutzmittel im Durchschnitt um 37 Prozent zurück. Gleichzeitig stiegen die Erträge um 22 Prozent – trotz des teureren Saatguts konnten die Landwirte ihren Gewinn um durchschnittlich 68 Prozent steigern.[14]

Die Folgen für die Umwelt in den Herkunftsländern sind allerdings noch nicht ausreichend erforscht, auch wenn eine andere umfangreiche Meta-Studie keine Belege für ernstzunehmende Risiken finden konnte.[15] Die Folgen für den Welthandel sind jetzt schon sichtbar: Gen-Soja ist deutlich günstiger als das Original, je nach Marktlage zwischen 15 und 30 Prozent. Kein Wunder, dass Gen-Futter weltweit so beliebt ist! *Was soll ich sagen? Geld regiert die Welt!*

13 Peter, G. und Krug, O. (2016): Stellungnahme für das BMEL. Die Verfügbarkeit von nicht-gentechnisch veränderten Soja aus Brasilien. Thünhen Institut, Braunschweig.

14 Klümper, W., Qaim, M. (2017): A meta-analysis of the impacts of genetically modified crops. PLOS ONE.

15 Die Forscher haben fast 1.800 wissenschaftliche Veröffentlichungen aus zehn Jahren ausgewertet und sind zu dem Ergebnis gekommen, dass gentechnisch veränderte Nutzpflanzen keine nachweisbaren negativen Auswirkungen auf Umwelt und Gesundheit haben. Die große Ablehnung der Grünen Gentechnik führen sie auf mangelnde Wissenschaftskommunikation zurück. Nicolia, A., Manzo, A., Veronesi, F., Rosellini, D. (2013): An overview of the last 10 years of genetically engineered crop safety research. In: Critical Reviews Biotechnology.

Die Deutschen und die Gentechnik

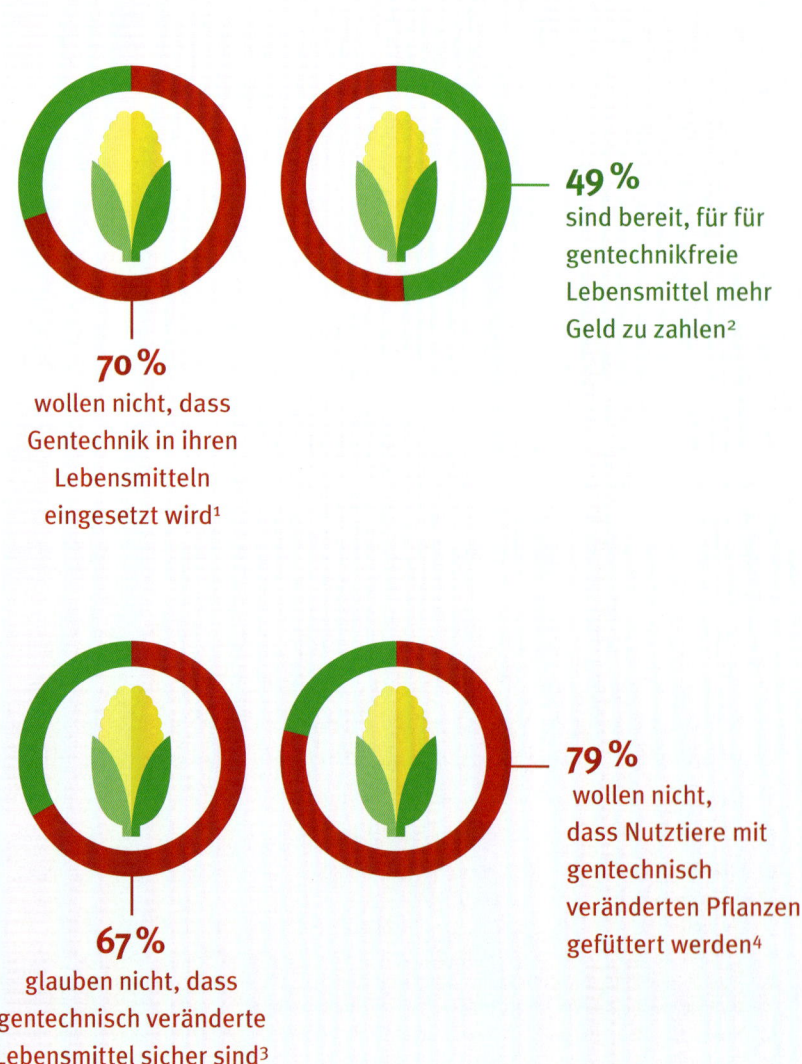

70 %
wollen nicht, dass
Gentechnik in ihren
Lebensmitteln
eingesetzt wird[1]

49 %
sind bereit, für für
gentechnikfreie
Lebensmittel mehr
Geld zu zahlen[2]

67 %
glauben nicht, dass
gentechnisch veränderte
Lebensmittel sicher sind[3]

79 %
wollen nicht,
dass Nutztiere mit
gentechnisch
veränderten Pflanzen
gefüttert werden[4]

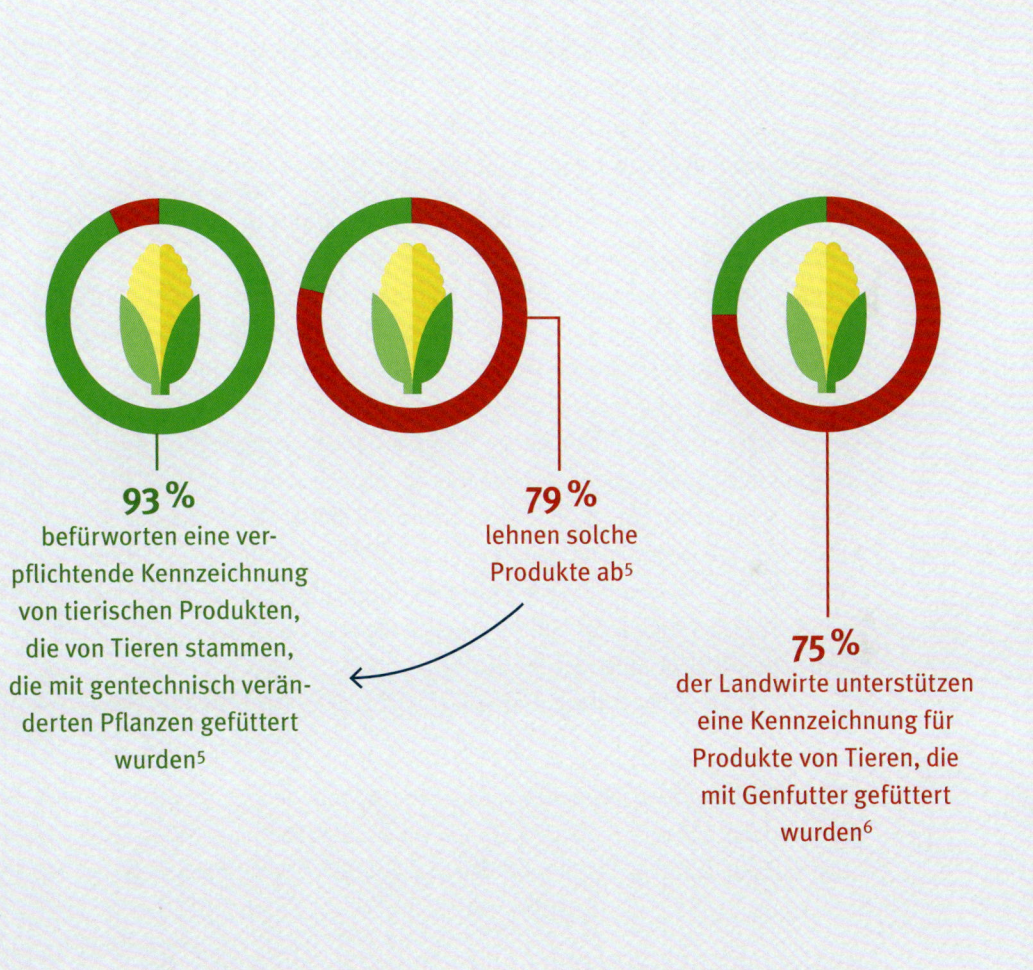

93 %
befürworten eine ver-
pflichtende Kennzeichnung
von tierischen Produkten,
die von Tieren stammen,
die mit gentechnisch veränderten Pflanzen gefüttert
wurden[5]

79 %
lehnen solche
Produkte ab[5]

75 %
der Landwirte unterstützen
eine Kennzeichnung für
Produkte von Tieren, die
mit Genfutter gefüttert
wurden[6]

1   Forsa (2014): Kulturelle Wünsche der Verbraucher bei der Auswahl ihrer Lebensmittel. Ergebnisse einer internationalen
    Umfrage, Berlin. Im Auftrag des vzbv.
2   Nielsen (2015): Global Online Survey zum Thema Gesundheit, Wellness und Ernährung.
3   Bundesinstitut für Risikobewertung (Hrsg) (2015): Verbrauchermonitor 06/2015, Berlin.
4   Bundesministerium für Umwelt, Naturschutz, Bau und Reaktorsicherheit (BMU) und Bundesamt für Naturschutz (Hrgs.)
    (2016): Naturbewusstsein 2015. Bevölkerungsumfrage zu Natur und biologischer Vielfalt, Berlin.
5   Forsa (2014): Meinungen zum Thema Gentechnik in Lebensmitteln, Berlin. Im Auftrag von Greenpeace.
6   Forsa (2016): Meinungen zur Einführung von Kennzeichnungspflichten für Fleisch und Milchprodukte in Deutschland.
    Ergebnisse einer repräsentativen Befragung von Landwirten, Berlin. Im Auftrag des Wir-haben-es-satt-Bündnisses und
    Germanwatch e. V.

Gentechnik in Vitaminen und Zusatzstoffen

Neben der „Grünen Gentechnik" (gentechnische Verfahren in der Pflanzen-züchtung) kommen viele Nahrungs- und Futtermittel auch mit der sogenann-ten „Weißen Gentechnik" in Kontakt. Auch das bleibt Verbrauchern verbor-gen, denn es muss nicht auf den Endprodukten gekennzeichnet werden.

Weiße Gentechnik ist die Nutzung gentechnisch optimierter Mikroorganis-men zur Herstellung von Enzymen und Zusatzstoffen. Auf diese Art erzeugte Vitamine, Aminosäuren oder Aromen kommen auf verschiedenen Stufen der Nahrungsmittelproduktion zum Einsatz. Als Beispiele führt die von der Verbraucherinitiative betreute Webseite **www.zusatzstoffe-online.de** etwa den Farbstoff Riboflavin, das Konservierungsmittel Ascorbinsäure und den Geschmacksverstärker Glutamat an. Wie Zusatzstoffe hergestellt werden, muss auf der Lebensmittelverpackung nicht angegeben werden. Der Grund: Die gentechnisch veränderten Mikroorganismen gelten als „Verarbeitungs-hilfsstoffe". Diese sind nicht kennzeichnungspflichtig, da die Gen-Mikroor-ganismen die Zusatzstoffe nur produzieren, aber selbst im fertigen Produkt nicht vorhanden sind. Ergo müssen sie auch nicht auf der Produktverpackung erscheinen. So sieht es das EU-Recht vor.

Ja, ist ja logisch. Die Kuh steckt ja auch nicht in der Milch ...

Im Bioreaktor hergestellt werden beispielsweise das Aroma Vanillin, das in vielen Schokoladen, Keksen, Kuchen und Backmischungen verwendet wird, und der Süßstoff Aspartam. Einige Vitamine sollen sogar nur noch als Gen-Variante auf dem Markt sein. Belege dafür gibt es aber nicht.

Gentechnik bei Enzymen und technischen Hilfsstoffen

Die gleiche Rechtslage wie für Zusatzstoffe gilt auch für Enzyme und andere technische Hilfsstoffe, wenn die Herstellung mit Hilfe von Gen-Mikroorga-nismen erfolgt. So etwa bei dem für die Käseherstellung erforderlichen Lab, das traditionell aus Kälbermägen gewonnen wird. Großkäsereien nutzen lieber die günstigere, gentechnisch optimierte mikrobielle Variante. Etwa 50 Prozent aller Enzyme, die zur Herstellung von Produkten des täglichen Bedarfs, wie Back-waren, Fruchtsäften, Käse und Waschmitteln, benötigt werden, stammen von genetisch modifizierten Mikroorganismen.[16] 50 Prozent! Gentechnik inkognito – für uns Verbraucher nicht identifizierbar, weil ohne Kennzeichnungspflicht!

Dabei wurde 2008 eine Kennzeichnungspflicht für Enzyme und technische Hilfsstoffe beschlossen.[17] Doch die Richtlinie wurde bislang nicht umgesetzt. Wenn es endlich so weit ist, erhält jeder Hilfsstoff eine Nummer. In einem EU-weiten Verzeichnis soll dann jede Verbraucherin und jeder Verbraucher nachschauen können, welcher Hilfsstoff gentechnisch hergestellt werden kann und welcher nicht. Eine explizite Kennzeichnung der mit Hilfe von Gentechnik hergestellten Enzyme ist nicht vorgesehen.[18] Verbraucherschützer bemängeln, dass dieses System wenig transparent sei. Auf den ersten Blick lasse sich auch anhand der Nummer des Hilfsstoffs nicht sofort erkennen, ob beispielsweise der Käse im Supermarktregal mit Gen-Lab hergestellt wurde oder nicht.

Staatliches „Ohne Gentechnik"-Siegel

Damit Verbraucher sich bewusst gegen Produkte mit versteckter Gentechnik entscheiden können, hat das Bundesministerium für Ernährung und Land-wirtschaft (BMEL) 2009 das freiwillige „Ohne Gentechnik"-Siegel einge-führt. Aktuell tragen 5.500 Produkte das Logo, 450 Hersteller haben eine Lizenz oder sind Verbandsmitglieder.[19] Die damit gekennzeichneten Lebens-mittel dürfen:

· keine nachweisbaren gentechnisch veränderten Bestandteile enthalten;
· keine Enzyme, Vitamine und andere Zusatzstoffe beinhalten, die mit Hilfe von Gentechnik hergestellt wurden;
· nicht von Tieren stammen, die mit Gen-Futter gefüttert wurden; allerdings sind im Futter Zusätze erlaubt – wie Enzyme und Vitamine –, die mit Hilfe von Gentechnik hergestellt wurden.

Die Lebensmittelindustrie hatte sich lange für eine freiwillige „Ohne Gen-technik"-Kennzeichnung eingesetzt. Denn so können sich Produzenten posi-

---

16 Peter, G., Krug, O., Bendiek, J., Stolz, A. (2014): Mögliche Auswirkungen einer Ausweitung der Gen-technik-Kennzeichnungspflicht auf Lebensmittel tierischen Ursprungs. Thünen-Institut, Braunschweig.

17 EU Richtlinie 1332 vom 16.12.2008.

18 Das EU-Enzym-Register gibt es noch immer nicht. Im Juli 2016 lagen dem BMEL noch nicht mal Infor-mationen darüber vor, wann mit einer Veröffentlichung zu rechnen sei.

19 Stand: 31.12.2016.

tiv von der Konkurrenz abheben. Eine freiwillige Deklaration ist aber auch der beste Schutz vor einer Pflichtkennzeichnung, die von Verbraucherverbänden gefordert wurde – und immer noch wird.

Das Problem ist auch im BMEL bekannt. Auf unsere Anfrage hin erfahren wir, dass eine EU-Kennzeichnungspflicht für Lebensmittel von Tieren, die mit genveränderten Pflanzen gefüttert wurden, eigentlich befürwortet wird. Da so eine Kennzeichnung aber noch in weiter Ferne liegt, habe man das staatliche Siegel „Ohne Gentechnik" eingeführt, so hätten Verbraucher zumindest Wahlfreiheit. Das Logo schaffe dort Transparenz, wo die EU-Gesetzgebung Lücken habe.

Doch außer dem staatlichen Siegel, der grünen Raute, gibt es noch weitere „Ohne Gentechnik"-Logos. Mit viel Mühe und hohen Kosten haben mehrere Molkereien und Joghurt-Hersteller ihre Produktion umgestellt und eigene „Ohne Gentechnik"-Logos eingeführt, darunter beispielsweise die großen Player Landliebe und Zott. *Ich sag nur: Siegel-Dschungel!*

Auch sie garantieren dem Verbraucher, dass kein Gen-Futter in den Futtertrögen ihrer Landwirte landet und dass keine Zusatzstoffe zum Einsatz kommen, die mit Hilfe von Gentechnik hergestellt wurden. Denn die Kriterien der unterschiedlichen Labels bezüglich der Gentechnikfreiheit sind die gleichen wie beim staatlichen Siegel.

Das ist doch mal was. Der Grund: Die Auslobung „Ohne Gentechnik" ist gesetzlich geschützt. Allerdings unterscheiden sich die Prüfstandards der Hersteller. Einige haben zusätzlich noch strenge Auflagen für die Futtermittelbeschaffung oder die Stallgröße. Die unterschiedlichen Anforderungen sind anhand der Logos natürlich nicht zu erkennen. *Warum auch?*

Gentechnik durch Verunreinigungen

Doch wer glaubt, mit Produkten, die „Ohne Gentechnik" gekennzeichnet sind, zu 100 Prozent ohne Gentechnik zu leben, der irrt. Denn in der europäischen Gen-Kennzeichnungsregelung von 2003 heißt es:

Verordnung (EG) Nr. 1829/2003 vom 22. September 2003: „Obwohl manche Unternehmer die Verwendung von genetisch veränderten Lebensmitteln und Futtermitteln vermeiden, kann dieses Material in konventionellen Lebensmitteln und Futtermitteln in sehr kleinen Spuren vorhanden sein, und zwar wegen des zufälligen oder technisch nicht zu vermeidenden Vorhandenseins bei der Saatgutproduktion, dem Anbau, der Ernte, dem Transport oder der Verarbeitung. In diesen Fällen sollte das Lebensmittel oder Futtermittel nicht den Kennzeichnungsanforderungen dieser Verordnung unterliegen."

Jetzt wird es interessant.

Das heißt, bis zu einem gewissen Schwellenwert können Gen-Materialien in angeblich genfreien Produkten enthalten sein. Dabei unterscheidet die Gesetzeslage zwei unterschiedliche Arten von Verunreinigungen:

· eine Verunreinigung mit Gen-Materialien, für die es in der EU eine Zulassung gibt;
· eine Verunreinigung mit Gen-Materialien, die in der EU verboten sind.

Für beiden Arten gelten unterschiedliche Grenzwerte. So darf **Tierfutter** bis zu 0,9 Prozent Gen-Pflanzen enthalten, wenn diese in der EU zugelassen sind. Das Futter gilt trotzdem als gentechnikfrei, denn bis zu diesem Grenzwert gibt es keine Kennzeichnungspflicht. Das gilt im Übrigen auch bei Bioprodukten, für die es ein generelles Gentechnik-Verbot gibt!

Das ist doch unglaublich, oder? Also, nix mit null Toleranz?

Null-Toleranz-Prinzip bei Lebensmitteln

Bei Verunreinigungen mit Gen-Materialien, die **nicht** in der EU erlaubt und zugelassen sind, liegt der Grenzwert für Futtermittel bei 0,1 Prozent.

Für alle **Lebensmittel** mit dem „Ohne Gentechnik"-Zeichen dagegen gilt immer das Null-Toleranz-Prinzip, also 0 Prozent.[20] Doch das könnte sich ändern. Denn die EU-Kommission will – wie bei Futtermitteln – einen sogenannten Analyseschwellenwert von 0,1 Prozent einführen. Sprich, eine Verunreinigung mit Gen-Materialien in Lebensmitteln erlauben. Das BMEL lehnt dies ab.

BMEL: „Kunden müssen sich darauf verlassen können, dass keine Produkte im Angebot sind, die nicht zugelassene GVO enthalten – egal in welcher Menge." *GVO heißt gentechnisch veränderter Organismus.*

---

20   Bis zum Sommer 2011 galt auch für Futtermittel die Null-Prozent-Regel.

Unterstützung erhält Berlin von anderen europäischen Staaten, in denen die Gentechnik ähnlich kritisch betrachtet wird wie in Deutschland. Dazu gehören Österreich, Frankreich, Griechenland und Italien. Das Null-Toleranz-Prinzip für Lebensmittel hat auch der Europäische Gerichtshof bestätigt. Denn nach dem sogenannten „Honig-Urteil" vom September 2011 müssen selbst minimalste Spuren gentechnisch veränderten Materials im Endprodukt gekennzeichnet werden. Also auch Spuren von bis zu 0,1 Prozent. Doch vor allem Importeure von Agrarrohstoffen und Futtermitteln fordern eine Lockerung. Die Begründung: Weltweit werden immer mehr Gen-Pflanzen angebaut, und da die Warenströme globalisiert sind, sei eine Reinhaltung von Lagerhallen, Tanks und Schiffen kaum noch möglich.

Null Toleranz für Gen-Pollen im Honig!

Gesundheitliche Risiken der Gentechnik

Befürworter der Grünen Gentechnik sehen darin nichts anderes als eine Weiterentwicklung der konventionellen Pflanzenzucht. Nahrungs- und Futterpflanzen werden seit Jahrhunderten kultiviert und durch Zucht verändert. Doch die Veränderung im Erbgut der Pflanzen verunsichert viele Verbraucher. Welche Folgen der Konsum von Gen-Food tatsächlich hat, darüber scheiden sich die wissenschaftlichen Geister. Das BMEL geht davon aus, dass sich – nach dem heutigen Stand der Forschung – genetisch verändertes Futter nicht auf die Gesundheit, das Fleisch, die Milch oder die Eier von Tieren auswirkt.

Trotzdem habe ich kein gutes Gefühl bei der Sache. Ist nun mal so!

2012 sorgte eine Studie für Aufregung. Es ging darum, ob gentechnisch veränderte Pflanzen dem Menschen schaden können.[21] Konkret wurde untersucht, ob die Gifte, die genmanipulierte Pflanzen gegen Insekten produzieren, auch menschliche Zellen angreifen. Das Ergebnis lässt aufhorchen: Das Gift, das gegen die Schädlinge wirken soll, schädigt auch menschliche Nierenzellen. Das sind Ergebnisse aus dem Labor. Aber dass der Verzehr von transgenen Pflanzen tatsächlich Auswirkungen auf die Gesundheit von Menschen hat, bestreiten viele Wissenschaftler. Die Begründung klingt plausibel: Gen-Pflanzen unterscheiden sich nur in ihrer Erbgutsequenz, also ihrer DNA, von ihren natürlichen Pendants. Im menschlichen Verdauungstrakt wird die DNA von verzehrten Produkten mit Hilfe von Enzymen aber fast vollständig abgebaut. Auch transgene DNA wird auf diese Weise in ihre Einzelteile aufgespalten.

---

21 Mesnage, R., et al (2013): Cytotoxicity in human cells, Caen.

Was ist bei der „Ohne Gentechnik"-Kennzeichnung erlaubt und was nicht?

Tierfutter

 Grüne Gentechnik*

 Weiße Gentechnik

Lebensmittel

 Grüne Gentechnik

 Weiße Gentechnik

Grüne Gentechnik
Pflanzen, deren Erbgut gentechnisch
verändert wurde

Weiße Gentechnik
Enzyme, Vitamine und andere Zusätze, die mit
Hilfe von Gentechnik hergestellt wurden

* Eine technisch unvermeidbare oder zufällige
  Verunreinigung der Futtermittel mit gentechnisch verändertem Material bis 0,9 % muss
  nicht gekennzeichnet werden.

Quelle: www.bmel.de

OK, die Wissen-
schaft gibt Ent-
warnung. Aber
Langzeitstudien
gibt es nicht!

Laut der Europäischen Lebensmittelbehörde (EFSA) sind bislang weder in den essbaren Produkten von Tieren noch in tierischem Gewebe Bruchstücke von Genen oder Proteinen von Gen-Pflanzen gefunden worden.[22]

Keine Langzeitstudien

Das Thema Gentechnik ist aber noch längst nicht ausreichend erforscht. Bislang gibt es keine Langzeitstudien über die Risiken für Gesundheit und Umwelt. Und auch der angepriesene humanitäre Nutzen der Grünen Gentechnik bleibt uns Verbrauchern bislang verborgen. Zwar bringen krankheitsresistente Sorten höhere Erträge (und höhere Gewinne für die Industrie) und reduzieren die Menge der eingesetzten Pestizide. Eine Pflanze, die den Dürren Afrikas trotzt und Hungersnöte verhindert, konnte aber trotz vieler Ankündigungen noch immer nicht gezüchtet werden.

Dass Gen-Pflanzen die Natur verändern, das ist dagegen Fakt. In Kanada hat sich Gen-Raps ausgebreitet und kreuzt sich landesweit mit natürlichem Raps. Die Kontrolle über die genetisch veränderte Pflanze ist verloren. Und das ist das größte Problem der Gentechnik: Einmal in der Umwelt, lässt sie sich nicht mehr zurückholen.

Und weil das ganze Thema so kompliziert ist, hier noch mal eine Kurzfassung:

· Gentechnik landet „versteckt" auf unseren Tellern, denn nicht jeder Kontakt mit Gen-Materialien ist kennzeichnungspflichtig. Das gilt für:
  1. Produkte von Tieren, die mit Gen-Pflanzen gefüttert werden, müssen keinen Hinweis tragen.
  2. Lebensmittel, die Enzyme oder Zusatzstoffe enthalten, die mit Hilfe von Gentechnik hergestellt wurden, müssen keinen Hinweis tragen.
· Diese Kennzeichnungslücke soll das staatliche „Ohne Gentechnik"-Siegel schließen. Doch selbst Produkte, die das Siegel tragen, sind nicht immer 100 % gentechnikfrei.
· So darf gelabeltes **Tierfutter** bis zu 0,9 Prozent Gen-Pflanzen enthalten, allerdings nur solche, für die es in der EU eine Zulassung gibt. Bei Gen-Pflanzen, die in der EU nicht erlaubt sind, liegt der Grenzwert bei 0,1 Prozent.
· Für gekennzeichnete **Lebensmittel** gilt (noch) die Null-Prozent-Regel. Jede Spur von Gen-Material muss auf der Verpackung gekennzeichnet werden.

---

22 Transgen.de (2007): EFSA: Gv-Futtermittel in tierischen Produkten nicht nachweisbar. (online abrufbar unter: www.transgen.de/archiv/949.efsa-futtermittel.html) Abgerufen 18.01.2017.

· Allerdings plant die EU – wie bei Futtermitteln – eine Aufweichung der Null-Toleranz-Strategie.

· Denn die Industrie macht Druck. Angesichts des weltweit hohen Anteils an gentechnisch veränderten Futtermitteln seien Verunreinigungen nur mit enormem Aufwand zu vermeiden. Gentechnik landet also indirekt auf unseren Tellern, obwohl die deutliche Mehrheit der Verbraucher das nicht möchte. Die europäischen Gesetze bieten davor keinen Schutz. Ein Fakt, den so gut wie niemand kennt!

Ist das mein Problem, wenn die Industrie das nicht hinkriegt?

Was hat sich seit der Ausstrahlung getan?

In ihrem Koalitionsvertrag haben CDU, CSU und SPD vereinbart, sich für eine Kennzeichnungspflicht für Produkte von Tieren einzusetzen, die mit Gen-Futter aufgezogen wurden. Eine solche verbindliche Kennzeichnung ist nach dem europäischen Recht derzeit nicht zulässig und wegen der Verhandlungen im Rahmen des TTIP-Abkommens mit den USA auch nicht möglich.

Dennoch will die Bundesregierung auf europäischer Ebene für eine solche Regelung eintreten. Welche Auswirkungen eine Kennzeichnungspflicht hätte, hat das Thünen-Institut 2014 analysiert.[23] Das Institut ist eine Forschungseinrichtung des BMEL. Das Ergebnis ist – mal wieder – ernüchternd: Eine Pflichtdeklaration würde die Preise für Futtermittel, für

GEN-FUTTER IN DER GEFLÜGELMAST

Anfang 2014 hatte die Geflügelbranche unter Führung des größten deutschen Geflügelproduzenten Wiesenhof angekündigt, (wieder) auf Gen-Futter umzustellen, da angeblich nicht ausreichend gentechnikfreies Soja auf dem Weltmarkt verfügbar sei und es außerdem Rechtsunsicherheiten bei der Auslegung der EU-Verordnung gebe. Verbraucher und auch Handel reagierten verärgert. Die „Ohne Gentechnik"-Initiativen von Rewe und Edeka sowie eine öffentlichkeitswirksame Kampagne von Greenpeace haben die Geflügelproduzenten mächtig unter Druck gesetzt. Seit Mitte 2015 mästet Wiesenhof alle seine Hähnchen wieder mit gentechnikfreiem Tierfutter.

23 Peter, G., Krug, O., Bendiek, J., Stolz, A. (2014): Mögliche Auswirkungen einer Ausweitung der Gentechnik-Kennzeichnungspflicht auf Lebensmittel tierischen Ursprungs. Thünen Institut, Braunschweig.

die Trennung der Warenströme, die Dokumentation und Kontrolle, in die Höhe treiben. Die steigenden Kosten müssten vermutlich die Kunden zahlen. Die Folge, so die Forscher: Die Nachfrage würde sinken, Verbraucher weniger konsumieren. Keine guten Argumente für Verhandlungen in Brüssel. Offiziell heißt es aus dem Ministerium auf unsere Anfrage:

BMEL: „Den Thünen-Report haben wir zur Kenntnis genommen. Er ändert nichts an unserer Positionierung. Selbstverständlich fließt er gleichwohl in die Bewertung ein. Derzeit (und bereits in der Legislaturperiode zuvor) fehlt vor allem die breite Unterstützung anderer EU-Mitgliedstaaten zu unserem wiederholt vorgebrachten Ansinnen. Daher haben wir das Ohne Gentechnik-Label als ‚freiwillige Übergangslösung' initiiert."

Da wird wohl von Seiten des Instituts sehr schwarz gesehen und man traut uns Verbrauchern wenig zu.

Der Verband „Lebensmittel ohne Gentechnik" (VLOG), der das Siegel vergibt, hält den Bericht des Thünen-Instituts für zu pessimistisch. Mit ausreichend langen Übergangsfristen sei eine verbindliche Kennzeichnung durchaus ohne immense Kostensteigerungen möglich. Der finanzielle Aufwand hänge von der Reaktion des Marktes ab – und die Lebensmittel- und Futtermittelindustrie habe sich in den vergangenen Jahren durchaus anpassungsfähig gezeigt, so Alexander Hissting der Geschäftsführer des VLOG.

Tatsächlich wäre aktuell nicht ausreichend Futter auf dem Weltmarkt zu bekommen, würden alle deutschen Landwirte kurzfristig auf Gentechnik in ihren Futtertrögen verzichten wollen. Aber die internationalen Futtermittelproduzenten orientierten sich derzeit an der Nachfrage nach Genfutter, so Hissting. Die Umstellung auf eine gentechnikfreie Soja-Produktion in Brasilien etwa würde rund zwei Jahre dauern.[24] Das Land hat bereits signalisiert, mehr gentechnikfreies Futter anbauen zu wollen, wenn es denn auch gekauft werde!

Klar, auch hier funktioniert das Prinzip Angebot und Nachfrage!

EU-Kommission überträgt Mitgliedstaaten mehr Rechte

Anfang 2015 hat die EU-Kommission unter Jean-Claude Juncker den einzelnen Mitgliedstaaten die Möglichkeit gegeben, den Anbau von Gen-Pflanzen auf nationaler Ebene zu untersagen. Damit erhalten die Staaten mehr Rechte.

---

24   Peter, G., Krug, O. (2016): Stellungnahme für das BMEL. Die Verfügbarkeit von nicht-gentechnisch verändertem Soja aus Brasilien. Thühnen Institut, Braunschweig.

Im April folgte der Vorschlag, die Ausstiegsklausel auch auf die Einfuhr von Gen-Produkten auszuweiten. Das hört sich erst mal gut an, aber die Umweltorganisation Greenpeace befürchtet, dass der Vorstoß lediglich die langwierigen europäischen Genehmigungsverfahren verkürzen soll. Die Verhandlungen über den Anbau von Gen-Pflanzen und deren Importe in die EU sind nämlich extrem kompliziert, weil sich die Mitgliedstaaten bei dem Thema nicht einig sind. Mit der Möglichkeit zum nationalen Verbot – so die Sorge von Greenpeace – könnten die Staaten die Genehmigungen auf EU-Ebene schneller durchwinken. *In Brüssel ist ja alles möglich!*

Wie die Ausstiegsklausel in Deutschland umgesetzt werden soll, ob auf Bundes- oder Länderebene, ist noch nicht entschieden. Ein Gesetzentwurf der Bundesregierung wurde im Dezember 2016 im Bundesrat kritisch beraten. Die Länder halten die Hürden für ein bundesweites Anbauverbot für zu hoch. Allerdings beraten Bundesregierung und Bundestag über ein eilbedürftiges Vorhaben. Es kann also nicht mehr lange dauern, bis ein neues Gesetz verabschiedet wird.

Gentechnik und TTIP   *Ob das jetzt noch kommt, ist ja eh fraglich.*

Bei den Verhandlungen über das TTIP-Freihandelsabkommen der EU mit den USA spielt die Kennzeichnung von Gen-Produkten eine wichtige Rolle. Denn obwohl Gen-Food in Deutschland und der gesamten EU fast unverkäuflich ist, möchten die US-amerikanischen Lebensmittelkonzerne ihre gentechnisch veränderten Produkte auf dem europäischen Markt anbieten. Die EU-Regelungen, die vielen Europäern (vor allem den Deutschen) nicht weit genug gehen, werden von den Amerikanern schon in dieser Form explizit als Handelshemmnis gesehen. So wurde vorgeschlagen, den Hinweis auf Gentechnik im Barcode auf der Verpackung zu verstecken. Eine Idee, die hierzulande nicht auf fruchtbaren Boden gefallen ist – und umgehend abgelehnt wurde! *Wäre ja auch noch schöner!*

Nach einer Studie der Grünen wird TTIP die EU-Standards für Gentechnik dennoch aufweichen.[25] Grundlage der Untersuchung ist der Vertragstext von

---

25 Test Biotech (2015): Freihandel – Einfallstor für die Agro-Gentechnik. Auswirkungen von CETA und TTIP auf die EU-Regelungen im Bereich der Landwirtschaft – eine kritische Begutachtung, München. Im Auftrag der Grünen-Bundestagsfraktion.

CETA, dem Freihandelsabkommen mit Kanada, das als Blaupause für TTIP gilt und das die EU bereits mit Kanada abgeschlossen hat. Zwischen Europa und Nordamerika gebe es bei der Gentechnik grundsätzliche und regulatorische Unterschiede, die laut der Untersuchung die Verhandlungen besonders problematisch machten. So dürfen in Europa beispielsweise keine Gen-Pflanzen zugelassen werden, wenn die Sicherheit nicht bewiesen ist. In den USA dagegen gelten Gen-Pflanzen – vereinfacht gesagt – so lange als sicher, bis das Gegenteil belegt ist. Eine Zulassungsprüfung ist nicht für alle Gen-Pflanzen in Nordamerika vorgeschrieben und eine Kennzeichnungspflicht für Gen-Produkte gibt es nicht. Eine Annäherung in diesen Punkten scheint äußerst schwierig. Bei den Verhandlungen werde man sich sicher nicht in der Mitte treffen oder gar die US-Gesetze verbessern, ist Studienleiter Christoph Then überzeugt.

Mit TTIP könnte es – so seine Befürchtung – mit der (noch nicht vollständigen) Gentechnik-Freiheit in Europa schneller vorbei sein, als uns lieb ist.

Diskussion im Lebensmittelhandel

Im Einzelhandel hat sich seit der Ausstrahlung unseres Beitrags zum Thema „Versteckte Gentechnik" auch einiges getan – im positiven Sinne. So fordert Rewe von seinen Hähnchenfleisch-Zulieferern für die Eigenmarken seit 2013 gentechnikfreie Fütterung, Gleiches gilt für die Hennen, die die Eier der Eigenmarke „Beste Wahl" legen. Anfang 2015 kündigte das Unternehmen an, diese Artikel mit dem „Ohne Gentechnik"-Siegel zu zertifizieren.

Auch Edeka und Netto haben ihre Hähnchenprodukte der Eigenmarken mit dem „Ohne Gentechnik"-Siegel auszeichnen lassen. Puten- und Schweinefleisch sollen folgen.

Auch bei Frischmilch setzen die Einzelhändler auf Gentechnik-Freiheit. Mittlerweile schmückt das Siegel die Milch von Rewe, Edeka, Aldi, Norma und Lidl. Der Discounter aus Neckarsulm bietet seit Herbst 2016 auch sein Käsesortiment gentechnikfrei an, Anfang 2017 folgte das erste Rindfleischprodukt.

Geht doch! Das ist doch ein schöner Erfolg für uns Verbraucher!

Yvonnes Notiz

In den vielen Geschäften, in denen ich unterwegs bin, habe ich nur äußerst selten mal gentechnisch veränderte Produkte gefunden. Ganz vereinzelt als Importware aus den USA oder Asien. Wenn man aber die indirekte Gentechnik in Form von Futtermitteln und Weißer Gentechnik berücksichtigt, dann – so schätzt der Thünen-Report – liegt der Anteil der deutschen Lebensmittel, die in irgendeiner Form mit Gentechnik in Berührung gekommen sind, zwischen 60 und 85 Prozent. 85 Prozent? Das muss man sich mal auf der Zunge zergehen lassen. Und gekennzeichnet ist null Prozent? Sorry Leute, das kann ja wohl nicht wahr sein! Und das gehört schnellstmöglich geändert! EU-Recht hin oder her, TTIP hin oder her. Zwei Drittel der Deutschen wollen keine Gentechnik auf ihren Tellern – und leben in dem Glauben, dass dies auch so sei. Dabei hat die Gentechnik längst durch die Hintertür den Weg in die Supermarktregale geschafft. Zeit also, statt einer freiwilligen „Ohne Gentechnik"-Kennzeichnung eine verbindliche „Mit Gentechnik"-Kennzeichnung einzuführen – allerdings ausdifferenziert! Denn erstaunlicherweise plädieren auch Gentechnik-Unterstützer für eine verpflichtende Kennzeichnung, und zwar bei allen Formen des Gentechnik-Einsatzes. Also grün, weiß und rot. Rot steht in diesem Fall für Gentechnik in der Medizin. Mit diesen Kriterien würde fast jedes Lebensmittel in Deutschland einen Hinweis tragen müssen – und damit wäre niemandem geholfen. Eine Kennzeichnung nach Art des Einsatzes und nachvollziehbare Grenzwerte, das würde Transparenz schaffen! Und was die steigenden Preise und den rückläufigen Konsum bei einer verpflichtenden Gen-Deklaration angeht, da habe ich größtes Vertrauen in die Lebensmittelkonzerne. Sie haben es immer irgendwie geschafft, sich dem Wettbewerb anzupassen und sich trotzdem an die gesetzlichen Vorgaben zu halten – auch wenn das vorher unmöglich schien!

Zum Weiterlesen

Verband Lebensmittel ohne Gentechnik e. V.: www.ohnegentechnik.org
Informationsangebot des Verbandes, der das „Ohne Gentechnik"-Siegel des Bundesministeriums für Ernährung und Landwirtschaft vergibt.

Informationsdienst Gentechnik: www.keine-gentechnik.de
Informationsportal verschiedener Umweltschutz-, Verbraucher- und Landwirtschaftsverbände, die sich aktiv gegen Gentechnik engagieren.

Transgen-Datenbank: www.transgen.de
Umfangreiche Datenbank des Vereins Forum Bio- und Gentechnologie e.V. zum Thema Gentechnik. Viele Informationen über die Anwendung im Lebensmittelbereich.

Bundesministerium für Ernährung und Landwirtschaft: www.bmel.de
Auf der Seite des BMEL finden sich viele Informationen zur Kennzeichnung und zu Chancen und Risiken der Grünen Gentechnik.
Hier der Link: www.bmel.de/DE/Landwirtschaft/Pflanzenbau/Gentechnik/gentechnik_node.html

Greenpeace Deutschland: www.greenpeace.de
Auch auf der Seite der Umweltschutzorganisation finden sich Informationen und Kampagnen zum Thema Gentechnik.

2.5 Lebensmittel „made in Germany"

Erdbeeren, Spargel und Äpfel – typisch deutsche Saisonprodukte. Frisch und richtig lecker sind sie meist nur ein paar Wochen oder Monate im Jahr! Konfitüre aus Erdbeeren, Saft aus Äpfeln und Spargel aus der Tiefkühltruhe dagegen gibt es das ganze Jahr zu kaufen. Mit hoher Wahrscheinlichkeit kommen diese Produkte nicht aus Deutschland. Viele vermeintlich „heimische" Früchte werden im Ausland angebaut und eingekauft. Und zwar dort, wo sie gerade Saison haben: Südafrika, Brasilien, Marokko oder China. In den meisten Fällen erfahren die Verbraucher nichts davon. Denn eine verpflichtende Angabe zur Herkunft gibt es nur bei einigen wenigen Lebensmitteln. Dabei ist das Anbaugebiet der Waren ein entscheidendes Kaufargument für viele Kunden.[26]

Der allergrößte Teil von uns Kunden achtet beim Einkauf darauf, wo unsere Nahrungsmittel herkommen. Der Regio-Boom hat mittlerweile die Biowelle abgelöst. Grund genug für uns, die Herkunft von Lebensmitteln 2013 in einem Beitrag der Rubrik Mogelpackung etwas genauer zu betrachten.

---

26 Etwa: BMEL (Hrsg.) (2016): Ernährungsreport 2017, Deutschland, wie es isst, Berlin; und PwC (2015): Bevölkerungsbefragung Rückverfolgbarkeit als Kaufargument 2016. Frankfurt am Main.

Herkunftsangaben nur für frisches Obst und Gemüse

Bei unseren Recherchen zum Thema haben wir schnell gemerkt, wie groß der Unterschied zwischen der Erwartung von Verbrauchern und der Realität im Lebensmittelgeschäft ist. Denn bei der Kennzeichnung der Herkunft gibt es keine einheitliche Regelung. Bei einigen Produktgruppen ist eine Angabe Pflicht, bei anderen nicht – und es gibt viele Ausnahmen![27]

Dazu gehören Bananen, Datteln, Kokosnüsse, Paranüsse, Oliven, Zuckermais und Kartoffeln. Auf den meisten frischen Obst- und Gemüsesorten muss aber draufstehen, wo sie herstammen. Der Hinweis aufs Anbauland gehört entweder auf das Etikett oder bei loser Ware an das Regal. Bei verarbeiteten Früchten hingegen gibt es keine Pflicht zur Herkunftsangabe – etwa bei Obst- und Gemüsekonserven, Marmeladen oder Fruchtzubereitungen für Joghurts oder Tiefkühlkost.

Woher stammt die Salami auf der Pizza?

Wegen der BSE-Krise gelten für Rindfleisch schon lange besonders strenge Regeln. Seit dem Jahr 2000 verlangt die EU-Rindfleisch-Etikettierungs-Verordnung Angaben darüber, wo das Tier geboren, aufgezogen und geschlachtet wurde. Ein lückenloser Herkunftsnachweis vom Stall bis zum Ladentisch soll so gewährleistet werden. Die Kennzeichnungspflicht besteht aber nur für frisches, gefrorenes und gekühltes Fleisch. Sobald nur ein einziger Arbeitsschritt erfolgt, fällt die Pflicht zur Herkunftsangabe weg. Da reicht schon die Zugabe von etwas Salz oder Gewürzen, und schon gilt das Fleisch als „verarbeitet". Bis zum Inkrafttreten der neuen Lebensmittelinformationsverordnung (LMIV) im April 2015 musste außerdem noch Hühnerfleisch gekennzeichnet werden, aber nur dann, wenn es nicht aus der EU stammte. Für alle anderen Fleischarten gab es gar keine Nachweispflicht.

Was für ein Wort!

Verbraucherumfrage in der Bonner Innenstadt 2013. Die meisten Passanten ahnten nicht, wo unsere Beispielprodukte angebaut worden waren.

Hä? Mal wieder was für die Profis in Industrie und Handel. Nicht für uns Verbraucher zu durchschauen!

---

27 Gesetzliche Regelungen zur Herkunftskennzeichnung bestehen für: Obst und Gemüse, unverarbeitetes Fleisch vom Rind, Schwein, Schaf, Ziege und Geflügel, Honig, Eier, Fisch, natives Olivenöl und Biolebensmittel.

Bessere Kennzeichnung von Fleisch seit April 2015

D Aufzucht
D Schlachtung
D Zerlegung
D Verpackung

Die LMIV hat hier einiges verbessert. Mittlerweile muss auch auf verpacktem frischem und gefrorenem Schweine-, Schaf-, Ziegen- und Geflügelfleisch angegeben werden, wo die Tiere aufgezogen und geschlachtet wurden.

Wenn das Fleisch allerdings nicht verpackt ist – also etwa in Bedientheken liegt – darf die Herkunft (anders als bei Rindfleisch) weiter komplett im Dunkeln bleiben. Und auch für verarbeitetes Fleisch besteht weiterhin keine Nachweispflicht. Das heißt, Fleisch als Zutat für Wurst, Aufschnitt oder in Fertiggerichten bleibt inkognito.

Das ist doch total verwirrend. Verpacktes Fleisch, unverpacktes Fleisch, Fleisch als Zutat ... wer soll denn da noch durchblicken?

VETERINÄRKONTROLLNUMMER

Auf allen Produkten tierischen Ursprungs, wie Fleischwaren, Käse und Milchprodukte, müssen Identitätskennzeichen, sogenannte Veterinärkontrollnummern, angegeben sein. Anders als viele Verbraucher meinen, gibt diese Nummer nicht an, woher die Ware stammt. Die Codes weisen lediglich nach, in welcher Betriebsstätte der letzte Verarbeitungsschritt des Lebensmittels stattgefunden hat. Beispielsweise das Anrühren des Joghurts oder das Portionieren der Wurstscheiben. Wo die Rohstoffe für die Nahrungsmittel herkommen, darüber sagt das Identitätskennzeichen nichts aus.

Die ersten zwei Buchstaben stehen für den EU-Mitgliedstaat, zum Beispiel DE für Deutschland, IT für Italien, NL für Niederlande. Die Zulassungsnummer des Betriebs enthält auch die amtliche Abkürzung des Bundeslandes. Etwa BY für Bayern, NW für Nordrhein-Westfalen, MV für Mecklenburg-Vorpommern. Darunter steht bei europäischen Produkten die Abkürzung für „Europäische Gemeinschaft".

Verbraucher wollen wissen, woher ihr Essen stammt

Verbraucherschützer wollen, dass die Herkunft von Fleisch generell nachgewiesen werden soll, auch bei verpackter Ware und verarbeiteten Produkten. Die Verbesserungen durch die LMIV reichen noch lange nicht. Noch immer ist die Herkunftskennzeichnung auf Lebensmitteln eine große Baustelle.

Margarete Besemann, Verbraucherzentrale NRW: „Es ist enttäuschend, dass nicht für alle Fleischarten dieselben Regeln wie für Rindfleisch angewandt wurden. Anders als bei Rindfleisch gilt die Kennzeichnungspflicht nur für verpacktes Fleisch."

Schon seit Jahren fordern Verbraucherverbände, auch Fleisch als Zutat mit einer Herkunftsangabe zu versehen. Fleisch sei ein besonders „sensibles Produkt", so Besemann. Da verlange es besondere Transparenz. Jeder solle zumindest erkennen können, woher die Hauptzutaten von Fertiggerichten und verarbeiteten Nahrungsmitteln stammen. Bei einem Menü „Schweinegeschnetzeltes" etwa müssten Produzenten dann offenlegen, wo das Fleisch herkommt. *Das sehe ich aber auch so!*

Vorbildlich ist der Erzeugercode auf Eiern. Hier müssen Herkunftsland und Art der Haltung auf der Schale gekennzeichnet sein. Anhand des Stempels lassen sich so alle relevanten Informationen nachvollziehen: Welches Land? Welche Haltungsart? Welcher Betrieb? „Diese Transparenz erwarten wir auch für Fleischprodukte", sagt die Lebensmittelexpertin der Düsseldorfer Verbraucherzentrale.

Doch die Lebensmittelwirtschaft kämpft seit Jahren gegen mehr Transparenz bei der Herkunftskennzeichnung. Nicht praktikabel, geringe Aussagekraft, kein Platz auf der Verpackung, so die gängigen Argumente des Spitzenverbandes Bund für Lebensmittelrecht und Lebensmittelkunde (BLL). Eine lückenlose Nachweispflicht für die Zutaten in Lebensmittelprodukten bedeute für die Hersteller einen immensen Aufwand und hohe Kosten.

Tiefkühlhersteller Frosta macht es trotzdem. Seit 2015 stehen die Herkunftsländer aller Zutaten auf der Verpackung. Seit 2017 sind sämtliche Produkte so gekennzeichnet. Eindrucksvoll, bei mehr als 200 Zutaten aus 35 Ländern in knapp 90 Produkten. Aber es klappt dank flexibler Drucktechnik.

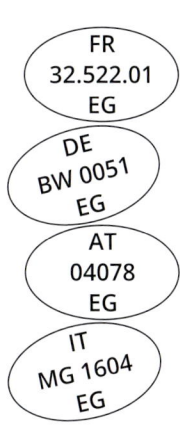

Der ovale Kreis ist ein Identitätskennzeichen und wird genauer im Kapitel 4.1 REGIONALER SCHWINDEL ab Seite 178 erklärt.

Verbrauchermeinung zur Herkunft von Lebensmitteln

22 %

halten eine zuverlässige Herkunftskennzeichnung für „wichtig"[4]

69 %
achten regelmäßig
auf die Angabe der
Herkunft aus einer
bestimmten Region[1]

60 %
legen beim Einkauf „häufig" Wert
auf die Herkunft der gekauften
Lebensmittel[3]

69 %
vertrauen Lebensmitteln
mehr, bei denen Hersteller
die Herkunft angeben[2]

73 %
halten eine
zuverlässige
Herkunfts-
kennzeichnung für
„sehr wichtig"[4]

*Das heißt, insgesamt 95 % aller
Befragten wollen wissen, wo ihre
Lebensmittel herkommen*

1   Ministerium für Landwirtschaft, Umwelt und Verbraucherschutz Mecklenburg-Vorpommern (2013):
    Verbraucherumfrage Lebensmittelkennzeichnung, Schwerin.
2   Zühlsdorf, A., Spiller, A. (2015): Verbraucherwahrnehmung von Lebensmittelverpackungen, Göttingen. Im Auftrag
    des vzbv und Lebensmittelklarheit.de
3   TNS Emnid (2014): Einkaufs- und Ernährungsverhalten in Deutschland, Bielefeld. Im Auftrag des BMEL.
4   Infratest dimap (2014): Verbraucher wollen zuverlässige Herkunftskennzeichnung bei Lebensmitteln.
    Repräsentative Umfrage, Berlin. Im Auftrag des vzbv.

Kein großer Umstand, keine großen Kosten, heißt es vom Tiefkühlhersteller aus Hamburg. Die Technik für den flexiblen Druck sei dieselbe, die jeder Produzent zum Aufdruck des Mindesthaltbarkeitsdatums ohnehin benötige. Allerdings hat Frosta auf der Verpackung Platz für die vielen Herkunftsangaben geschaffen und das Feld für die Zutatenliste deutlich vergrößert. Die Kosten, auf den einzelnen Beutel bezogen, lägen nur im Cent-Bereich.

Das Unternehmen ist davon überzeugt, auf dem richtigen Weg zu sein, auch wenn es einige Kritik bezüglich Herkunftsländern wie China oder Thailand gegeben hat. Das Vertrauen der Verbraucher könne man nur durch maximale Transparenz gewinnen.

Frosta: „Jeder Hersteller sollte wissen, woher seine Zutaten kommen. Aus unserer Sicht gibt es keinen Grund, diese Information denjenigen vorzuenthalten, die die Produkte essen sollen. Wir finden die aktuelle Gesetzeslage deshalb nicht plausibel: Wenn Sie einen Apfel oder eine Tomate kaufen, dann muss die Herkunft angegeben werden. Sobald der Apfel zu Apfelsaft wird oder die Tomate in einer Tiefkühlpaella landet, darf laut Gesetz die Herkunft verschwiegen werden."

Der BLL bleibt aber dabei, dass Verbraucher die wichtigsten Informationen bereits durch die bestehende Rechtslage erhalten. Außerdem wären die Kunden nicht bereit, die Kosten für den hohen Aufwand zu tragen. Deswegen befürwortet der BLL eine freiwillige Kennzeichnung, mit der sich Unternehmen gegenüber ihren Mitbewerbern positionieren können.

Da kommt's her:
China: gelbe und grüne Zucchini, Knoblauch
Ecuador: Brokkoli **Deutschland:** Karotten,
gelbe Karotten, Trinkwasser, Basilikum, Speisesalz
Italien: Cherrytomaten **Polen:** Zwiebeln
Spanien: Sonenblumenöl, natives Olivenöl extra
Belgien: Oregano **Argentinien:** Honig
Brasilien: schwarzer Pfeffer

Ganz schön viel zu lesen, aber voll transparent. Toll!

Kennzeichnung von Fleisch als Zutat

Das EU-Parlament hat den Verbraucherwillen zur Herkunftskennzeichnung erkannt und 2013 entschieden, eine Machbarkeitsstudie für eine Kennzeichnung von Fleisch als Zutat zu erarbeiten. Geprüft werden sollte, ob eine Umsetzung möglich wäre und wie hoch die zu erwartenden Kosten wären. Die damalige Bundesministerin für Ernährung, Landwirtschaft und Verbraucherschutz Ilse Aigner (CSU) plädierte sogar – ganz im Sinne der Verbraucher – für eine verpflichtende Herkunftsangabe für **ALLE** verarbeiteten Lebensmittel.

Bundesverbraucherministerin Ilse Aigner, 2013: „Konkret geht es hierbei zum Beispiel um eine denkbare Herkunftskennzeichnung von Erzeugnissen aus einer Zutat sowie von Zutaten, die über 50 Prozent eines Lebensmittels ausmachen. Dies umfasst somit auch die Herkunftskennzeichnung von tiefgefro-

VORREITER FROSTA

Mit vielen Informationen und Transparenz will Frosta Verbrauchervertrauen und damit Kunden gewinnen. So ist das Unternehmen zum Marktführer bei fertigen Tiefkühlgerichten aufgestiegen. Gegründet wurde Frosta 1966 in Bremerhaven. Anfang 2000 geriet das Unternehmen in eine wirtschaftliche Krise. 2001 stieg ein gelernter Koch in den Vorstand auf und hinterfragte die eigenen Produkte sehr kritisch. Die Geschäftsführung entschied sich 2003 für eine Neuausrichtung und verzichtete als erste und einzige Tiefkühlmarke in Deutschland vollständig auf den Zusatz von Geschmacksverstärkern, Farbstoffen, Aromen, Stabilisatoren und Emulgatoren. Mit dem sogenannten Reinheitsgebot erhoffte sich die Geschäftsführung bessere Marktchancen. Doch es kam (zunächst) anders. In den ersten 18 Monaten nach der Einführung sackte der Umsatz rapide ab, insgesamt um mehr als 40 Prozent. Frosta schrieb rote Zahlen. Die Lage war kritisch. Doch Mitte 2004 stoppte der Abwärtstrend, und seitdem geht der Umsatz stetig bergauf. Seit fünf Jahren sogar zweistellig.

renem Obst und Gemüse in zahlreichen vorverpackten Lebensmitteln, aber auch anderer verarbeiteter Produkte."

Rückenwind für ihr Ansinnen bekam die Ministerin durch den Skandal um falsch etikettiertes Pferdefleisch Anfang 2013.

Weitgereist auf deutsche Teller

Vor dem Pferdefleischskandal hatte bereits der Ess-Brechdurchfall von 11.000 Kindern und Erwachsenen im Oktober 2012 das Vertrauen der deutschen Verbraucher in die Nahrungsmittelindustrie schwer erschüttert. Die größte bisher registrierte lebensmittelbedingte Massenepidemie hat vor allem Ostdeutschland betroffen. Ausgelöst wurde sie durch mit Noro-Viren verseuchte Erdbeeren aus China. Vor der Epidemie wussten wohl nur Lebensmittel-Importeure, wie viele Erdbeeren aus Asien in Deutschland verzehrt werden. Dabei spielt China im Lebensmittelhandel seit Jahren eine wichtige Rolle. Bei vielen Produkten sind die Chinesen sogar weltweit Marktführer. So ist China der größte Apfelsaftkonzentrat-Produzent, jeder zweite Apfel auf der Welt wächst im Reich der Mitte. Zwei von drei Alaska-Seelachs-Produkten in deutschen Supermarktregalen stammen aus China, und neben Erdbeeren, Äpfeln und Fisch werden auch Shrimps, Himbeeren, Spargel, Honig, Zitrusfrüchte und Tomaten oft von chinesischen Landwirten für den deutschen Markt produziert. Nach Angaben des Statistischen Bundesamts importierte Deutschland im Jahr 2016 rund 550.000 Tonnen Lebensmittel im Wert von etwa 1,6 Milliarden Euro aus China.

Dreharbeiten zur WDR Sendung Mogelpackung mit dem Thema „Lebensmittel made in Germany", 2013.

Bei unseren ersten Recherchen kamen laut Statistik 2012 rund 72 Prozent des gesamten gefrorenen Spargelimports nach Deutschland aus China. 2016 waren es noch 65 Prozent. Bei Dosen-Mandarinen waren es 2012 70 Prozent, 2016 waren es 55 Prozent. 97 Prozent der zubereiteten Erdbeeren (in Paketen bis 1 kg) kamen 2012 aus China, 2016 waren es noch knapp über 70 Prozent. Wer diese vielen Waren bestellt und verarbeitet, darüber wird nicht gerne gesprochen. Die Industrie hat sich auf unsere Anfragen hin sehr zugeknöpft gezeigt.

„Made in China" soll lieber nicht aufs Etikett

2013 haben wir knapp vierzig Hersteller und Handelsunternehmen ange-schrieben und gefragt, ob sie Rohwaren aus China verarbeiten. Nur elf bestä-tigten, Zutaten aus Fernost einzukaufen: die Handelsketten Lidl, Aldi Süd, Edeka und Alnatura, Getränkehersteller Sinalco und Tiefkühlproduzent Iglo, außerdem die Fruchtverarbeiter Agrana, Zentis, Wild, Emig und Darbo. Für die Markenprodukte verwenden Darbo und Zentis allerdings keine chinesi-schen Importe.

Dreizehn Hersteller verweigerten eine Auskunft oder blieben unkonkret. Darunter die Saftproduzenten Valensina und Punica. Nebulös schrieb Milch-Riese Müller: „Die Früchte dafür kaufen wir weltweit ein." Mit fast den gleichen Worten antworteten auch die Konkurrenten von Campina und Bauer. Unkonkret auch die Aussagen von Fruchtverarbeiter Stute, Del Monte und Lausitzer sowie vom Marmeladenhersteller Bonne Maman. Woher die Tomaten für den Heinz-Ketchup und die Sauce von Miracoli stammen? Die Produzenten machen daraus ein Firmengeheimnis. Auch die Handelsketten Rewe und Aldi Nord wollten sich nicht zum Thema äußern.

Zwölf Produzenten versicherten, keine chinesische Importware zu ver-wenden: die Safthersteller Riha-Weser, Albi, Pfanner und Eckes-Granini sowie der Joghurt-Riese Zott und die Honigproduzenten Dreyer und Langnese. Ohne China-Ware waren auch die Marmeladen und Konfitüren von Schwartau, Zuegg, Mövenpick und die Konserven der Marken Libby und Odenwald.

Europäische Landwirte können Nachfrage nicht decken

Wir Deutschen lieben Saisonprodukte! Unser Hunger danach ist kaum zu stillen. Weder von unseren eigenen noch von den europäischen Landwirten. Wir essen viel mehr Erdbeeren und Himbeeren, als hierzulande angebaut werden – und angebaut werden können. Das ist ein Dilemma für die Lebens-mittelwirtschaft. Denn die Branche weiß um das Misstrauen der deutschen Kunden gegen Produkte aus China: extreme Umweltprobleme, hoher Pesti-zideinsatz, Lebensmittelskandale und Probleme beim Qualitätsmanagement – viele Verbraucher würden Waren aus Fernost wohl stehen lassen, wenn sie wüssten, woher sie stammten. Das, so vermutet Margarete Besemann von der

Verbraucherzentrale in Düsseldorf, ist der Grund, warum die Hersteller alles tun, um eine verpflichtende Herkunftsangabe zu verhindern.

Klar wollen die Hersteller das nicht. China hat halt ein schlechtes Image.

Margarete Besemann, Verbraucherzentrale NRW: „Aus Marketinggründen müssten viele Produzenten dann auf andere Anbaugebiete ausweichen und eventuell höhere Preise für ihre Rohwaren bezahlen."

„Alles Quatsch", sagt Werner Koch, Geschäftsführer des Bundesverbandes der obst-, gemüse- und kartoffelverarbeitenden Industrie (BOGK). Der Verband vertritt rund siebzig deutsche Hersteller. Verbraucher hätten zwar eine sehr kritische Haltung chinesischen Lebensmitteln gegenüber. Diese sei aber nicht mit Fakten zu begründen.

Werner Koch, BOGK-Verbandschef: „Chinesische Waren werden bei der Einfuhr nicht öfter von den EU-Behörden beanstandet als andere Waren."

Werner Koch, Geschäftsführer des Bundesverbands der obst-, gemüse- und kartoffelverarbeitenden Industrie, und ich in Bonn. Er gab mir als Einziger ein Kamerainterview zum Thema chinesische Importwaren.

Das stimmt nur zum Teil. Denn den EU-Kontrolleuren fällt kein anderes Herkunftsland öfter auf als China, allerdings ist das Reich der Mitte auch mit Abstand der größte Importeur in die Europäische Union. Beim EU-Schnellmelderegister für Lebensmittelsicherheit (RASFF) gehen alle europäischen Warnmeldungen über auffällige Lebensmittel und Futtermittel ein. Die Datenbank ist öffentlich, so kann jeder sehen, welche Produkte beanstandet werden. Die Zahl der Warnmeldungen für Waren aus China sinkt seit 2011 kontinuierlich: von 574 (2011) auf 269 (2016). Das muss aber nicht unbedingt ein Zeichen für bessere Qualität sein. Es könnte auch mit den sinkenden Einfuhrzahlen zusammenhängen. Dennoch: In Relation zur Importmenge fällt China nicht besonders auf.

Fakt ist, im Geschäft mit europäischen Partnern unterliegen Lebensmittel aus aller Welt den gleichen gesetzlichen Bestimmungen, nämlich dem EU-Lebensmittelrecht. Können die Produkte die darin festgelegten Qualitäts- und Sicherheitsstandards erfüllen, sind sie marktfähig und dürfen in die EU eingeführt und verkauft werden. Und das trifft für den allergrößten Teil der Lebensmittel zu, die aus China in die EU eingeführt werden.

Freiwillig, aber vorbildlich war beispielsweise 2013 die Herkunftskennzeichnung vom „Kings Crown Spargel" im Glas von Aldi Nord und „Ja Stangenspargel" im Glas von Rewe. Auf der Rückseite finden Verbraucher schnell die Information, dass das Stangengemüse in China angebaut wurde. Nur wenige Hersteller zeigen sich so transparent. Dabei sei die Qualität der China-Ware, die seine Branche beziehe, hervorragend, versichert Koch. Der Einkauf der Rohstoffe laufe in der Regel über Vertragslieferanten, mit denen die deutschen Unternehmen oft schon seit Jahren zusammenarbeiten.

Werner Koch, BOGK: „Da gibt es Qualitätskontrollen sowohl im Herkunftsland als auch beim Wareneingang. Kontrollen und Audits bei den Lieferanten und Umwelt-, Arbeits- und Sozialstandards bei Ernte, Herstellung, Verarbeitung und Verpackung der Produkte."

Die chinesischen Lieferanten arbeiteten – so Koch – vor Ort auf EU-Niveau. Einige Hersteller haben sogar eigene Werke in der Region eröffnet, so etwa Europas größter Fruchtverarbeiter Agrana.

Verpflichtende Herkunftsangabe schwer umsetzbar

Deutsche Hersteller sind auf die Waren aus dem Reich der Mitte angewiesen. „Würden wir nicht weltweit einkaufen, dann könnten wir Erdbeereis und Erdbeerjoghurt nur noch sonntags essen – und zwar während der Erdbeersaison", so Koch. Eine verpflichtende Herkunftskennzeichnung lehnt der BOGK ab. Eine solche Nachweispflicht sei für die Branche nicht umsetzbar.

Werner Koch, BOGK: „Kaum eines unserer Produkte besteht nur aus einer einzigen Zutat oder aus einer Herkunftsregion. Bei einer Waldfruchtkonfitüre beispielsweise stammen die Früchte fast nie nur aus einem Land. Für den guten Geschmack und die schöne Farbe werden in der Regel verschiedene Sorten verschiedener Ursprünge miteinander gemischt. Welches Land soll denn dann aufs Etikett? Alle? Oder das Haupt-Herkunftsland?"

Rezepturen würden sich oft auch sehr kurzfristig ändern, da die meisten Früchte saisonal sind und eben nicht das ganz Jahr über die gleiche Farbe, Konsistenz und den gleichen Geschmack hätten. Der Weltmarkt aber biete das ganze Jahr über alle Sorten in exzellenter Qualität. So könnten Produzenten ihren Kunden 365 Tage im Jahr den gleichen Geschmack bei gleicher Qualität zum gleichen Preis anbieten. Eine Herkunftskennzeichnung auf dem Etikett müsse unter diesen Bedingungen ständig angepasst werden. Das sei mit Kosten und Mühen verbunden, die ein mittelständisches Unternehmen nicht leisten könne, so Koch.

Marketing mit freiwilligen Herkunftsangaben

So sieht es der Spitzenverband, doch einige Hersteller haben den Spieß einfach umgedreht und werben offensiv mit dem Ursprung ihrer Produkte. Das kommt bei Kunden offensichtlich gut an. Denn mittlerweile prangen auf sehr vielen Artikeln im Supermarktregal freiwillige Herkunftsangaben.

Mehrere Safthersteller werben damit „heimische Früchte" zu verarbeiten. Dass beim Produzenten Eckes-Granini drei Prozent davon aus Brasilien kamen (die Aceorlakrische, die laut Hersteller für den hohen Vitamin-C-Gehalt sorgt), sei mal dahingestellt.[28] Auch Marmeladenproduzenten, Gemüse- und Milchverarbeiter bieten Produkte an, die mit einem Hinweis zur Herkunft versehen sind. Besonders beliebt dabei: der Regionalbezug! Dafür greifen die Kunden nämlich besonders gerne ein bisschen tiefer in die Tasche (mehr dazu: 4.1 Regionaler Schwindel ab Seite 178)!

Was hat sich seit der Ausstrahlung getan?

Die wichtigste Neuerung für uns Verbraucher nach der Ausstrahlung der Sendung ist, dass seit Ende 2014 nicht nur auf Rindfleisch, sondern auch auf allen anderen Fleischsorten angegeben werden muss, wo die Tiere aufgezogen und geschlachtet wurden. Das ist die gute Nachricht. Die schlechte ist die Machbarkeitsstudie der EU zur Herkunftskennzeichnung von Fleisch als

---

28   Die Sorte wurde mittlerweile eingestellt.

Zutat.[29] Die EU-Kommission hat ausgerechnet, dass es für uns Verbraucher richtig teuer wird zu wissen, wo das Hackfleisch in der Bolognese herkommt. Mit einem Herkunfts-Label für Fleisch sollen Produkte um bis zu 50 Prozent mehr kosten. 50 Prozent! *Das kann ich nicht glauben!*

Der Bericht analysiert drei mögliche Kennzeichnungsszenarien:

· eine freiwillige Herkunftsangabe
· die Angabe, ob das Fleisch aus der EU kommt
· die Angabe mit dem genauen Herkunftsland

Nach Ansicht der Studienleiter würde ein verbindlicher Nachweis nicht nur die Kosten für Produktion und Verwaltung erhöhen, sondern auch die Ausgaben der EU-Aufsichtsbehörden. Denn diese müssten die Kennzeichnung der Fleischindustrie schließlich kontrollieren. Bei der Angabe, ob Fleisch aus der EU kommt oder nicht, würden die Produktionskosten nach Berechnungen der Studie um bis zu 25 Prozent steigen, bei der Nennung des Herkunftslands sogar bis zu 50 Prozent.

In dem Bericht steht übrigens auch, dass der Preisaufschlag fast komplett auf den Konsumenten abgewälzt werden würde ...

Die Kommission bezieht sich auf Umfragen, nach denen 90 Prozent der Befragten daran Interesse haben!!!

Die Kommission erkennt das „insgesamt starke Interesse", das europäische Verbraucher an einer Herkunftskennzeichnung für Fleischzutaten haben. Der Preis rangiere bei der Kaufentscheidung aber für viele noch höher. Und anders als die deutschen Umfragen suggerieren, seien Europas Konsumenten nicht bereit, mehr Geld für eine Herkunftsangabe auszugeben. Europaweit sinke schon bei Preisaufschlägen von weniger als 10 Prozent die Zahlungsbereitschaft deutlich, heißt es in der Studie. Und weiter: Innerhalb der EU-Mitgliedstaaten bestünden „deutliche Unterschiede hinsichtlich der Präferenzen und der Vorstellungen der Verbraucher in Bezug auf Ursprungsangaben und der Motivation/Gründe für diese Informationen."

Wir Deutschen gehören also mal wieder zu den besonders kritischen Verbrauchern in Europa!

Deswegen bevorzugt die Kommission weiter freiwillige Lösungen statt einer Pflichtkennzeichnung. Das Landwirtschaftsministerium in Berlin hält die Fol-

---

29   EU-Kommission: (2013): Bericht der Kommission an das Europäische Parlament und an den Rat über die obligatorische Angabe des Ursprungslands oder Herkunftsorts bei Fleisch, das als Zutat verwendet wird, Brüssel. COM(2013) 755 final.

genabschätzung der Kommission für „nachvollziehbar und plausibel", so eine Antwort des Ministeriums auf unsere Nachfrage. Der Lobbyverband der deutschen Lebensmittelindustrie BLL frohlockt. Der EU-Bericht ist ganz nach seinem Geschmack ausgefallen. Deswegen sieht der BLL den Kommissionsbericht auch „als gute Grundlage für die Diskussion, die hierzu auf europäischer Ebene nun geführt werden wird".

Die europäischen Konsumentenverbände sind erwartungsgemäß enttäuscht. Erhellend ist aber die Untersuchung einer französischen Verbraucherorganisation, die die Zahlen mal nachgerechnet hat. Der Preisanstieg, den die französischen Kollegen ermittelt haben, weicht eklatant von den Angaben im Bericht der Kommission ab.[30]

Erdbeeren im Winter? Das muss nicht sein. Dreharbeiten 2014 im Centro in Oberhausen.

Dass Herkunftsangaben Produkte nicht viel teurer machen müssen, zeigt das Beispiel Frosta oder das des Marmeladen-Herstellers Schwartau, der mit Hilfe von QR-Codes Klarheit über die Herkunft der Früchte in den Produkten schafft.

Auch das Europaparlament glaubt weiterhin, dass Herkunftsangaben wichtig und richtig sind, und hat die Kommission im Februar 2015 – trotz des Negativberichts – aufgefordert, einen Gesetzesvorschlag für eine Kennzeichnung von Fleisch als Zutat vorzulegen und eine Pflichtangabe einzuführen.

Wann und ob diese kommt, steht aber noch in den Sternen!

Doch es geht nicht nur um die Herkunft der Salami auf der Pizza, also die Fleischzutaten in verarbeiteten Produkten. In der Lebensmittelinformationsverordnung (LMIV) wurde auch festgelegt, dass der europäische Gesetzgeber prüfen muss, ob und in welchem Umfang Herkunftsangaben möglich sind für:

· alle Fleischarten
· Milch und Milch als Zutat in Milchprodukten
· unverarbeitete Lebensmittel
· Erzeugnisse aus einer Zutat
· Zutaten, die über 50 % eines Lebensmittels ausmachen

---

30 UFC Que Choisir (2013): Indication de l'origine de la viande de boef dans les produits transformés, Paris.

Auch die Folgenabschätzungen dazu liegen mittlerweile vor.[31] Im Mai 2016 entschied das Europaparlament über die verpflichtende Herkunftsangabe auf Milch, Milchprodukten und verarbeitetem Fleisch. Mit großer Mehrheit votierten die Abgeordneten dafür, die Kennzeichnungen einzuführen. Auch für Eier und Eiprodukte soll die Angabe verpflichtend werden. Die Resolution ist zwar rechtlich nicht bindend, in Sachen Herkunftskennzeichnung treibt das Europaparlament aber die Kommission ordentlich vor sich her.

Gut für uns Verbraucher!

Yvonnes Notiz

Ich denke, dass es in puncto Herkunftsangaben noch einiges zu tun gibt, vor allem beim Fleisch! Das EU-Parlament macht ja schon ordentlich Dampf. Nun muss aber auch die Kommission nachziehen, damit wir endlich wissen, woher unsere Lebensmittel eigentlich stammen. Das ist nämlich der Wille der allermeisten von uns Verbrauchern. Skeptischen Herstellern kann ich nur mit auf den Weg geben, dass es Beispiele gibt, wo das mit der Ursprungskennzeichnung prima funktioniert.

Unsere heimische Landwirtschaft kann unser Verlangen nach Vielfalt kaum stillen. Klar also, dass wir importieren müssen. Die Lebensmittelindustrie hat ja auch (einige) Vorteile, und ohne geht es einfach nicht. Für uns Verbraucher sind Herkunftsangaben vor allem Qualitätsindikatoren, aus denen Rückschlüsse über Lebensmittelsicherheit, Frische und Umweltfreundlichkeit gezogen werden. Welche Rückschlüsse, das hängt ganz stark vom Image der Herkunftsregion oder des Landes ab!

Zu China-Ware nur so viel: Sie sollte nicht per se verteufelt werden. Aber es muss deutlich sein, wo die Ware herkommt, damit wir Kunden wissen, was wir kaufen. Von extrem stark verarbeiteten Produkten mit unfassbar vielen Zutaten und Inhaltsstoffen lasse ich persönlich eh die Finger.

---

31   Bericht der Kommission an das Europäische Parlament und den Rat über die verpflichtende Angabe des Ursprungslands oder Herkunftsorts bei unverarbeiteten Lebensmitteln, Erzeugnissen aus einer Zutat und Zutaten, die über 50 % eines Lebensmittels ausmachen, Brüssel. COM(2015) 204 final. Bericht der Kommission an das Europäische Parlament und den Rat über die obligatorische Angabe des Ursprungslands oder des Herkunftsorts im Falle von Milch, von Milch, die als Zutat in Milchprodukten verwendet wird, und von anderen Fleischsorten als Rind-, Schweine-, Schaf-, Ziegen- und Geflügelfleisch, Brüssel. COM(2015) 205 final.

Und bei dem Trend „Regionalität" bin ich besonders wachsam, seit mir klar ist, dass nicht alles bei uns um die Ecke angebaut werden kann. Da die Heimatverbundenheit beim Einkauf aber eine immer größere Rolle zu spielen scheint, wird uns dieses Phänomen im Supermarkt auch in Zukunft begegnen! Nach zahllosen Gesprächen mit Herstellern und Industrie-Verbänden bin ich mir zum Beispiel sehr sicher, dass deutsche Erdbeeren nur in den allerseltensten Fällen als TK-Ware verkauft werden. Die deutsche Erdbeerernte wird fast vollständig frisch in der Saison verzehrt. Das muss man wissen, um entsprechend zu handeln! Statt auf Marketingstrategien hereinzufallen, sollten wir Kunden uns lieber schlaumachen. Manchmal hilft es auch, einfach nur den gesunden Menschenverstand einzuschalten: frische Erdbeeren im Winter? Nachtigall, ick hör dir trapsen!

Eine Überlegung der Hersteller macht auch für mich Sinn. Wenn aufgrund der Vielzahl der Herkünfte am Ende eine Auszeichnung „aus EU" und „nicht EU" herauskäme, dann wäre der Zusatznutzen für uns Verbraucher nur gering.

Zum Weiterlesen

Lebensmittelklarheit.de: www.lebensmittelklarheit.de
Auf dem Informationsportal der Verbraucherzentralen findet sich eine Auflistung aller gesetzlichen Kennzeichnungsvorschriften für Lebensmittel. Hier der Link: www.lebensmittelklarheit.de/informationen/herkunftsangaben

Bundesministerium für Ernährung und Landwirtschaft: www.bmel.de
Auch auf der Seite des Bundesministeriums für Ernährung und Landwirtschaft werden die EU-Kennzeichnungsvorschriften ausführlich erläutert. Hier der Link: www.bmel.de/DE/Ernaehrung/Kennzeichnung/kennzeichnung_node.html

Verbraucherzentrale Bundesverband: www.vzbv.de
Auf der Seite des Bundesverbands der Verbraucherzentralen gibt es Ergebnisberichte und Studien der Verbraucherzentralen zur Kennzeichnung von Lebensmitteln zum Runterladen und Nachlesen. Hier der Link: www.vzbv.de/11625.htm

EU-Schnellmelderegister RASFF: ec.europa.eu/food/safety/rasff/index_en.htm
In dieser Datenbank kann jeder einsehen, welche Lebensmittel den EU-Kontrolleuren aufgefallen sind und warum.

2.5.1 Herkunftskennzeichnung mit EU-Gütezeichen

Traditionelle Spezialitäten genießen innerhalb der Europäischen Union seit 1992 einen besonderen Status. Drei Gütesiegel vergibt die EU an solche Produkte, um die Namen dieser Erzeugnisse gegen Nachahmer zu schützen. Sie müssen einen besonderen geografischen Ursprung haben oder auf traditionelle Weise zusammengesetzt oder verarbeitet werden. Anhand der Siegel können Verbraucher zum Teil Rückschlüsse auf die Herkunft der Produkte ziehen.

Das Problem: Die drei Siegel unterscheiden sich in den Standards enorm, die Logos aber sehen sich zum Verwechseln ähnlich! Insgesamt tragen 89 deutsche Produkte die Gütesiegel, EU-weit sind es 1.384.[32]

---

32 Stand: Februar 2017.

Das Zeichen für „GESCHÜTZTE URSPRUNGSBEZEICHNUNG" (G. U.) tragen 621 europäische Produkte, davon 12 deutsche. Sie müssen in einem bestimmten geografischen Gebiet nach einer anerkannten und festgelegten Methode erzeugt, verarbeitet oder hergestellt werden. Die Milch für den „Allgäuer Emmentaler" muss aus dem Allgäu stammen und die „Lüneburger Heidschnucke" muss in der Region gegrast haben. Andere Siegelträger sind beispielsweise italienischer Parmaschinken oder Grana Padano und griechischer Feta.

Beim Gütezeichen „GESCHÜTZTE GEOGRAFISCHE ANGABE" (G. G. A.) muss nur eine Produktionsstufe im Herkunftsgebiet stattfinden. Das Fleisch für den Schwarzwälder Schinken oder das Gemüse für die Spreewälder Gurken kann also durchaus aus anderen Regionen, sogar aus anderen Ländern stammen. Insgesamt tragen 709 europäische Produkte die Kennzeichnung, darunter 77 deutsche, wie Lübecker Marzipan, Frankfurter Grüne Soße und Kölsch.

Produkte, die das Gütesiegel „GARANTIERT TRADITIONELLE SPEZIALITÄT" (G. T. S.) verwenden, sind traditionell zusammengesetzt oder hergestellt. Das heißt, sie müssen schon seit mindestens 25 Jahren auf dem europäischen Markt etabliert sein und Eigenschaften aufweisen, die gleichartige Lebensmittel nicht besitzen. Über die Herkunft sagt das Zeichen allerdings nichts aus. Die Produkte können theoretisch überall in der EU produziert werden. Der spanische Serrano-Schinken und der italienische Mozzarella etwa tragen das Gütezeichen. Insgesamt erfüllen nur 54 europäische Lebensmittel diesen Standard. Darunter ist kein deutsches.

© European Union, 2017

Zum Weiterlesen

EU-Datenbank DOOR:
ec.europa.eu/agriculture/quality/door/list.html?locale=de
In der europäischen Datenbank DOOR (Database of Origin and Registration) sind alle Produkte eingetragen, die eines der drei EU-Gütesiegel tragen dürfen oder die dies beantragt haben.

TOP

Genau hinschauen bei Siegeln und Labels

3. Genau hinschauen bei Siegeln und Labels

Verpackungen verwirren uns Verbraucher. Und das ist Absicht, denn sie sollen – wie im ersten Kapitel beschrieben – nicht nur ihren Inhalt aufbewahren. Die bunten Schachteln und Tüten sind auch dazu da, besonders verführerisch auszusehen. Unerwünschte Zutaten oder Herstellungsmethoden können mit einer hübschen Verpackung und einer geschickten Aufmachung perfekt verschleiert, sogar verschwiegen werden.

Verbraucherfreundliche, klare und deutliche Angaben auf den Verpackungen sind daher nicht die Regel. Eine Orientierungshilfe, um – neben dem Preis – Qualität zu erkennen, bieten Siegel oder Logos. Darauf achten viele von uns bewusst oder unterbewusst beim Einkauf, versprechen die Zeichen doch, dass wir etwas besonders Gutes in den Einkaufswagen legen.[1] Doch hier ist Vorsicht geboten, denn viele Produzenten schmücken ihre Produkte mit Phantasie-Labels oder Testsiegeln, bei denen sie selbst die Kriterien festlegen. Das Landwirtschaftsministerium von Mecklenburg-Vorpommern ist nach einer Verbraucherumfrage zu verpackten Lebensmitteln zu folgendem Schluss gekommen:[2]

Landwirtschaftsministerium Mecklenburg-Vorpommern: „Auch ist die Kennzeichnung durch die Vielfalt der Siegel und Labels hier häufig nicht eindeutig und vergleichbar. Die unterschiedlichen Qualitäten sind nicht immer erkennbar und die vielen verschiedenen Angaben können für den Verbraucher verwirrend sein."

Ach echt? Das ist ja mal ne Neuigkeit! Seit Jahren forsche ich im Siegel- und Label-Dschungel und finde mich trotzdem nicht zurecht.

Wichtig zu wissen ist folgende Unterscheidung: Ein Siegel ist nicht das gleiche wie ein Label oder ein Logo. Ein Siegel ist in der Regel ein Gütezeichen, das klar definierte Anforderungen an die Qualität eines Produktes stellt. Meist wird es von einer übergeordneten Behörde oder einer staatlichen Stelle vergeben und unterliegt Prüfkriterien, die stetig überwacht werden. Beispiele hierfür sind das TÜV-Siegel, das Biosiegel oder das

---

1 BMEL (Hrsg.) (2016): Ernährungsreport 2017, Deutschland, wie es isst, Berlin.
2 Ministerium für Landwirtschaft, Umwelt und Verbraucherschutz Mecklenburg-Vorpommern (2013): Verbraucherumfrage Lebensmittelkennzeichnung, Schwerin.

MSC-Siegel für nachhaltigen Fischfang. Ein Siegel ist in den meisten Fällen eine freiwillige Auszeichnung, für die ein Hersteller entsprechende Prüfungen beauftragt. Dafür zahlt er Geld. Label oder Logos dagegen unterliegen keinen speziellen Kriterien oder unabhängigen Kontrollen. Hier können die Hersteller ihrer Phantasie freien Lauf lassen, mit Eigenlabels, Firmenlabels, Produktlabels oder Testlabels, wenn sie nicht gegen bestimmte gesetzliche Regelungen verstoßen, wie beispielsweise den Irreführungsparagraphen oder die Health-Claims-Verordnung.

Ich könnte beispielsweise ein „Yvonne Willicks getestet"-Logo erstellen und nach meinem eigenen Geschmack Produkte bewerten. So ungefähr arbeiten viele Hersteller, die sich in ihren Fachabteilungen seriös aussehende Labels designen lassen, um sich selber damit auszuzeichnen (mehr dazu: **3.1 Test- und Lebensmittel-Siegel**).

Aber auch bei Siegeln heißt es: Spitz, pass auf! Denn die Fallstricke liegen – wie so oft – im Kleingedruckten. Was genau beinhaltet das Zertifikat „Für mehr Tierschutz", das der Deutsche Tierschutzbund an Produzenten in der industriellen Fleischindustrie vergibt? Wie viel mehr bedeutet das „mehr" genau? Und ist das ausreichend (mehr dazu: **3.3 Tierschutzlabel** ab Seite 152)?

Und auch beim „Fairtrade"-Siegel (mehr dazu: **3.2 Fairtrade-Siegel** ab Seite 140) läuft meiner Meinung nach nicht alles so fair, wie es sein sollte.

3.1 Test- und Lebensmittel-Siegel

Ob mit „Goldener Preis DLG-prämiert" für Würstchen aus dem Glas, mit „geprüfter Spitzenqualität" für Schinken aus dem Kühlregal oder mit Prüfsiegeln von wissenschaftlichen Einrichtungen wie dem Institut Fresenius oder dem Fraunhofer-Institut: Viele Lebensmittel werben mit Labels und Prüfzeichen für ihre angeblich besondere Qualität. Und das kommt an: Jeder dritte Verbraucher

(35 Prozent) orientiert sich beim Einkauf an Siegeln oder Labels.[3] Mehr als 1.000 solcher Zeichen gibt es in Deutschland, und zwei Drittel aller Verbraucher halten die Lebensmittel mit Gütesiegeln für vertrauenswürdiger als Alternativprodukte ohne Auszeichnung. Dabei weiß aber noch nicht mal jeder Zweite, was die Logos überhaupt über das jeweilige Produkt aussagen.[4]

Die Vielfalt der Siegel ist das Resultat von zwei widersprüchlichen Trends, weiß Verbraucherschutzexpertin Britta Klein vom aid infodienst, einem unabhängigen Verein, der vom Ministerium für Ernährung und Landwirtschaft mitfinanziert wird.

Britta Klein, aid infodienst: „Auf der einen Seite steht der Wunsch vieler Verbraucher nach möglichst naturbelassenen Produkten, die am liebsten auch noch einen regionalen Bezug haben. Gleichzeitig wollen die Menschen sich aber nach dem Stand der Wissenschaft absichern. Dazu orientieren sie sich an Prüf- und Testsiegeln. Davon erhoffen sie sich in einer kaum noch nachvollziehbaren Lebensmittelwelt eine größtmögliche Sicherheit. Durch die Flut von Siegeln ist aber auch das nicht mehr möglich."

Echten Mehrwert haben nur wenige Siegel!

Viele Kennzeichen sind seriös und halten, was sie versprechen, beispielsweise das deutsche und das europäische Biosiegel oder das MSC-Siegel für Fisch. Aber der Großteil der Zeichen ist absolut wertlos. Einige sind von den Herstellern selbst entwickelt worden, nur um die eigenen Produkte besser zu vermarkten. Und viele Prüfsiegel bestätigen lediglich, dass gesetzliche Vorgaben eingehalten werden. Hier wird der Anschein der Wissenschaftlichkeit bemüht, um einem Produkt eine besondere Wertigkeit zu verleihen. Einige Beispiele:

DLG-prämiert

Bei dem „DLG-prämiert"-Zeichen handelt es sich um eine Auszeichnung der Deutschen Landwirtschaftsgesellschaft (DLG). Hersteller reichen ihre Produkte freiwillig zur Prüfung ein. Die Tester aus Wissenschaft, Lebensmittelkontrolle und der Lebensmittelwirtschaft prüfen vor allem nach Geschmacks-

---

3   BMEL (Hrsg.) (2016): Ernährungsreport 2017, Deutschland, wie es isst, Berlin.
4   Buxel, H. (2010): Akzeptanz und Nutzung von Güte- und Qualitätssiegeln auf Lebensmitteln. Ergebnisse einer empirischen Untersuchung, Münster. Und SGS (2014) SGS-Verbraucherstudie 2014. Vertrauen und Skepsis: Was leitet die Deutschen beim Lebensmitteleinkauf, Hamburg.

kriterien. Im Zentrum steht die sensorische Qualität der Lebensmittel, wie Geschmack, Aussehen, Konsistenz und Geruch.

Aber: Geschmack ist subjektiv! Nur weil es den Prüfern schmeckt, muss es den Verbrauchern noch lange nicht schmecken. Auch wenn sensorische Prüfungen oft Rückschlüsse auf die Qualität der verwendeten Rohstoffe und den Produktionsprozess zulassen. Weitere Kriterien sind Verpackungs-, Kennzeichnungs- und Laborprüfungen. Diese entsprechen aber den gesetzlichen Anforderungen, nur in einigen Fällen gehen sie darüber hinaus. Die DLG-Medaille sagt außerdem nichts über die Herkunft oder die Haltungsform der Tiere (bei Fleischwaren) aus.

Erfüllt ein Produkt alle Testkriterien fehlerfrei, darf es die Prämierung in Gold tragen. Produkte mit einer geringen Abweichung erhalten Silber. Bronze bekommen Lebensmittel, die mehrere Abweichungen aufweisen, aber alle Testkriterien bestehen. Genauso wie bei allen anderen Siegeln heißt eine DLG-Auszeichnung nicht, dass die getesteten Produkte besser sind oder besser schmecken als andere Produkte, denn vielleicht wurden die anderen Produkte nie geprüft. Die Siegel gelten für zwei Jahre – Nachprüfungen sind möglich, aber nicht verbindlich.

> Ich dachte früher wirklich, dass alle Lebensmittel durch so eine Prüfung gehen und nur die tollsten das Siegel kriegen … Kann man mal sehen!

SGS Institut Fresenius Qualitätssiegel

Das private Testlabor „SGS Institut Fresenius" prüft für sein Qualitätssiegel, ob drin ist, was draufsteht. Neben den Inhaltsstoffen sind das Rohstoffe, Zutaten, Lieferanten, Verpackungen und Verschlüsse, Produktionsstätten und zum Teil auch die landwirtschaftlichen Vorstufen. Die Prüfungen gehen über die üblichen Hersteller-Prüfungen hinaus. Das Institut schreibt auf unsere Anfrage:

SGS Institut Fresenius: „Nicht jede sinnvolle Untersuchung ist auch gesetzlich vorgeschrieben, mit unserem Expertenwissen können wir unsere Kunden beraten, weitere Untersuchungen empfehlen und durchführen. Alles, um die Qualität des Produktes im Sinne der Verbraucher zu sichern."

So werden auch Sonderauslobungen wie „mit extra vielen Vitaminen" oder Nährwertangaben auf ihre Richtigkeit gecheckt. Von der Verbraucherinitiative, die das Internetportal **www.label-online.de** betreibt und Labels aller Art bewertet, erhält das Qualitätssiegel des Instituts Fresenius ein „sehr empfehlenswert". Dennoch: Fresenius prüft in erster Linie das, was der Kunde in Auftrag gibt.

Wichtig zu wissen: Das Qualitätssiegel ist kein Gesundheitssiegel! Es findet keine Beurteilung statt, ob das Produkt besonders gesund oder bekömmlich ist. Auch Fett- und Zuckergehalt werden nicht bewertet. Das Siegel bestätigt lediglich, dass es sich um ein qualitativ einwandfreies und sicheres Produkt handelt. Das sollte der Hersteller aber eigentlich ohnehin gewährleisten. Denn qualitativ nicht einwandfreie Ware dürfte nach den gesetzlichen Standards nicht in Verkehr gebracht werden.

Produzenten können selbst entscheiden, ob sie die Qualität intern oder extern prüfen lassen. Mit einem Testsiegel vom SGS Institut Fresenius sieht das Produkt aber gleich viel besser aus.

Es wird mit Selbstverständlichkeiten gesiegelt, was das Zeug hält!

Bewusst wählen – auf Basis internationaler Ernährungsempfehlungen

Das Logo „Bewusst wählen" kennzeichnet Lebensmittel, die gut für eine ausgewogene Ernährung sein sollen: weniger gesättigte Fette, Transfette, Salz und Zucker. Die Mengenvorgaben basieren auf den Ernährungsrichtlinien der Weltgesundheitsorganisation (WHO). Verantwortlich für das Programm ist die Choices International Foundation. Die Organisation vergibt über ihre nationalen Ableger das Zeichen an die „gesunden" Produkte der eigenen Mitglieder – vor allem Lebensmittelproduzenten und -konzerne – und kontrolliert diese auch selbst.

Das ist ja nicht so richtig unabhängig, oder?

Warum wird das eine Olivenöl ausgezeichnet, ein anderes aber nicht? Keine Ahnung!

Geprüfte Spitzenqualität

Mit Standards warb 2012 auch die Edeka-Eigenmarke „Gut & günstig". Die Kriterien für das Siegel „Geprüfte Spitzenqualität" gingen über die gesetzlichen Anforderungen nicht hinaus. Das räumte die Handelskette 2012 auf Anfrage ein:

Edeka, 2012: „Angaben wie ‚Spitzenqualität', ‚Delikatesse' oder ‚1a' sind Synonyme für ein hohes Qualitätsniveau, das in den Leitsätzen für Fleisch- und Fleischerzeugnisse der Deutschen Lebensmittelbuch-Kommission festgelegt ist."

Das Siegel ist mittlerweile von den Wurst- und Schinkenverpackungen verschwunden. Von der Konzernzentrale heißt es nun:

Edeka: „Detaillierte Informationen zum Produkt und zu den Inhaltsstoffen finden die Kunden weiterhin auf der Verpackung – zum Beispiel in der Zutatenliste oder in der Nährwerttabelle."

Gut so: ein Phantasie-Siegel, das sich in Luft aufgelöst hat.

Vollkorn-Häkchen

Hersteller Nestlé wirbt auf seinen Frühstücksflocken mit dem „Vollkorn-Häkchen", einem stilisierten Haken mit einer Ähre. Das Logo zeigt an, dass in den Flocken Vollkorn enthalten ist. Der genaue prozentuale Anteil ist links neben dem Siegel vermerkt. Das klingt gesund, war es aber 2012 längst nicht bei jedem Produkt.

Das süße Frühstück „Cookie Crisp Chokella Toasts" zum Beispiel bestand damals zu 35 Prozent aus Zucker, mehr als das enthaltene Vollkorn mit 30 Prozent. Dazu kamen knapp 10 Prozent Fett. Ein ausgewogener Start in den Tag sieht anders aus! Hersteller Nestlé war 2012 nicht der Ansicht, dass dem Verbraucher dank Vollkorn-Häkchen suggeriert wird, dass es sich um ein gesundes Produkt handelt.

Nestlé, 2012: „Wir verwenden kein Lebensmittel-Siegel (...). Stattdessen finden Sie auf unseren Cerealien-Produkten unser Vollkorn-Logo als Hinweis für die Konsumenten, dass in diesem Produkt Vollkorn enthalten ist."

Der größte Lebensmittelproduzent der Welt hatte eigentlich schon damals die Zeichen der Zeit erkannt. Im Rahmen einer internationalen Selbstverpflichtung reduziert das Unternehmen bereits seit 2003 schrittweise den Zuckergehalt und erhöht den Vollkornanteil in seinen Frühstücksflocken. Mittlerweile ist das gesamte Sortiment überarbeitet worden. Auch bei dem betreffenden Produkt wurde die Zuckermenge gesenkt – von 35 auf knapp 29 Prozent. Der Vollkornanteil ist von 30 auf 31 Prozent angestiegen. Nach Auskunft des Herstellers reduzierte sich allein für dieses Produkt in Deutschland der Zuckergehalt durchschnittlich pro Jahr um 7 Tonnen und der Vollkorn-Anteil erhöhte sich um 11 Tonnen.

Nestlé: „Cookie Crisp Chokella Toasts enthält derzeit pro Portion 8,6 g Zucker. Das entspricht einer Zucker-Gesamtreduktion von 18 Prozent."

Nichtsdestotrotz weist Nestlé weiter darauf hin, dass mit dem firmeneigenen Vollkorn-Logo kein „Bezug zwischen Vollkorn und Gesundheit bzw. anderen Nährstoffen" hergestellt werde. Fragt sich nur, warum der Hinweis dann überhaupt auf den Produkten steht?

Abraham Qualitätskontrolle

Der Schinken-Fabrikant Abraham adelte 2012 seine Produkte mit der „Abraham Qualitätskontrolle", einem Zeichen, das auf die firmeneigene Qualitätskontrolle verweist. Inwieweit diese über die gesetzlich vorgegebenen Normen zur Lebensmittelsicherheit hinausgeht, ist aus dem Siegel und auch aus dem Internetauftritt nicht ersichtlich. Dass diese Qualitätssicherung besonders gut ist, muss der Verbraucher in Abwesenheit näherer Informationen einfach mal glauben. Für Verbraucherschützer ein reiner Marketinggag. Der Hersteller sieht das erwartungsgemäß anders.

Abraham-Schinken: „Hinter diesem Versprechen stehen unsere über vierzigjährige, hochspezialisierte Produktionserfahrung im Bereich Rohschinken einerseits und ein umfangreiches Qualitätsmanagement andererseits. Letzteres umfasst fortwährende, den gesetzlichen Vorgaben entsprechende Kontrollen (...) Zudem sind unsere Produktionsstätten ebenso wie die dort gefertigten Waren – und damit bewegen wir uns über den vom Gesetzgeber geforderten Normen – regelmäßig Gegenstand von Auditierungen durch unabhängige Prüfstellen."

Die „Abraham Qualitätskontrolle" kontrolliert also die ausgezeichneten Produkte den gesetzlichen Vorgaben entsprechend. Immerhin liegen die Anforderungen an die Produktionsstätten über den vom Gesetzgeber geforderten Vorgaben. Die aktuellen Packungen tragen im übrigen kein Zeichen mehr, das auf eine firmeneigene Qualitätskontrolle verweist. Geschmückt werden die Produkte nun mit einem „Qualitätsversprechen", das – so der Hersteller – „nicht ausschließlich durch unsere eigenen, sondern auch die dokumentierten Qualitätskontrollen unabhängiger Prüfstellen legitimiert ist."

Mit welchem Mehrwert für Verbraucher nochmal?

Prima! Aber welche Maßnahmen dahinterstehen, könnte man ja auch auf das Siegel schreiben. Dann würde es jeder Kunde verstehen.

Wie es auch anders geht, zeigt etwa das Qualitätszeichen „Bio + Fair – Qualität aus der Mühle" vom Öko-Hersteller Spielberger Mühle. Auf der Produktpackung sind ausführliche Informationen über Herkunft und Verarbeitung des Getreides mit einem Hinweis auf die Internetseite der Firma. Dort finden sich nicht nur Angaben zur Qualitätssicherung und -kontrolle der Produkte, sondern auch zur Herkunft des Getreides inkl. Hofporträts der Landwirte und Links zu den Züchtern des Saatguts. Interessierte Verbraucher erfahren so alles, was sie wissen möchten.

Lebensmittelhersteller erfinden ihre eigenen Prüfzeichen

In Deutschland gibt es nur wenige gesetzliche Bestimmungen, die festlegen, welche Prüfzeichen und Logos auf Lebensmittelverpackungen gedruckt werden dürfen. Und die Hersteller wissen, wie unwiderstehlich Kunden diese Auszeichnungen finden. Umfragen belegen, dass Verbraucher beim Einkauf auf Siegel achten. Dazu kommt, dass die EU die Verwendung von sogenannten „Health Claims" (mehr dazu: **1.2 Health Claims** ab Seite 26), also von Werbeaussagen, die positive Auswirkungen auf die Gesundheit versprechen, stark eingeschränkt hat. Somit fällt diese beliebte Methode, die eigenen Produkte zu bewerben, weg. Um sich weiter von der Konkurrenz positiv abzusetzen, greifen Produzenten deshalb gerne auf Qualitätszeichen zurück. Was aber welches Zeichen tatsächlich aussagt, hängt davon ab, wer die Standards festlegt.

Mit fremden Siegeln schmücken

Besonders Testsiegel haben auf Käufer Magnetwirkung. „Testsieger" oder „Note sehr gut" und „Note gut" bieten Orientierung im Wahnsinn der Warenwelt. Dreiviertel aller Kunden suchen gerne und regelmäßig Rat bei unabhängigen Verbraucherschützern.[5]

Am beliebtesten ist dabei die Stiftung Warentest, vor den Verbraucherzentralen oder dem Verbraucherministerium. Die Stiftung Warentest ist für viele Kunden die oberste Instanz. Egal, ob es um Lebensmittel, Kosmetik, Möbel oder Haushaltsgeräte geht: Das Testsiegel der Stiftung steht für gut geprüfte Qualität. Ein verlässlicher Produkt-Richter aus Verbrauchersicht ist auch der Konkurrent Öko-Test. Herstellern und Händlern bringt ein gutes Testergebnis der beiden Institutionen bares Geld.

Siegel der Stiftung Warentest erhöhen den Umsatz

Doch 2010 war hier akut Vorsicht geboten. Testsiegel wurden gefälscht oder so dreist zweckentfremdet, dass man nicht auf den ersten Blick erkennen konnte, ob ein Produkt wirklich Testsieger ist oder nicht. Während unserer

---

5   Nach einer Umfrage des Stern vom Juli 2010 lassen sich 74 Prozent der Deutschen regelmäßig von unabhängigen Verbraucherschützern beraten. 67 Prozent der Befragten vertrauen den Konsumwächtern.

Dreharbeiten fanden wir beispielsweise eine Augencreme für Männer, die groß und deutlich mit dem Siegel der Stiftung Warentest auf der Verpackung warb. Erst auf den zweiten Blick wurde klar, dass nicht das Produkt, sondern eine andere Creme des Herstellers getestet worden war. Die eigentliche Augencreme wurde als „ideale Ergänzung zum Testsieger" beworben. Damals noch legal, aber für den Kunden erst im Kleingedruckten zu erkennen. Ein Fein-Waschmittel trug ein Testsiegel der Stiftung, das sich auf das Color-Waschmittel des Herstellers bezog. Nur wer den danebenstehenden Text las, kam hinter den Werbetrick.

Alte Tests für neue Produkte

War ein Produkt erst mal offiziell für gut befunden worden, so setzten Hersteller alles daran, möglichst lange davon zu profitieren. Sie ließen Testsiegel auch auf Verpackungen, obwohl die Produkte nach der Prüfung verändert worden waren. Laut Stiftung Warentest war das schon damals nicht zulässig.

Ein Beispiel aus 2010 war ein Discount-Olivenöl der Sorte „Extra vergine". Es erhielt die Note „gut". Da auch noch der Preis stimmte, fand das Öl reißenden Absatz. Um die Nachfrage zu stillen, kaufte der der Händler Discounter Öle aus anderen Anbaugebieten und füllte sie in die mit der Note „gut" ausgezeichneten Flaschen. Der Qualitätsunterschied war so groß, dass Verbraucher sogar bei der Stiftung Warentest anriefen, um sich über das misslungene Urteil zu beschweren.

Lizenzen für Marketing mit Testsiegeln

Rund einhundert Betrugsfälle mit Siegeln der Stiftung Warentest fielen jährlich auf. Der Stiftung wurde es zu bunt. 2013 führte sie ein Logo-Lizenzsystem ein. Wer seitdem mit dem Testsiegel werben will, muss einen Lizenzvertrag unterschreiben. Danach darf nur noch zwei Jahre mit dem Siegel geworben werden, in Ausnahmefällen drei Jahre. Werbung mit veralteten Tests ist damit passé. Hersteller, die ihre Produkte mit den Testsiegeln schmücken wollen, müssen nun zahlen – 7.000 Euro pro Jahr, für Fernsehwerbung sogar 15.000 Euro. Die Abwicklung hat die Stiftung an das unabhängige RAL-Institut vergeben. Dieses kümmert sich um die Vergabe, die Überwachung, Verfolgung und Ahndung vertragswidriger und missbräuchlicher Verwen-

dung des Logos. Die erstaunliche Folge: Nicht weniger, sondern sogar mehr Hersteller werben aktuell mit dem Siegel der Stiftung Warentest. Aus ihrer Sicht hat sich offenbar die Wertigkeit durch die Lizenzvermarktung erhöht. Auch Betrug wird nun schneller und rigoroser geahndet. Knapp 280 Fälle von missbräuchlicher Werbung fanden die Fahnder des RAL 2016. Zusätzlich landeten noch 31 Fälle beim Bundesverband der Verbraucherzentralen. Auch die Kollegen von Öko-Test in Frankfurt sind erfolgreich im Kampf gegen die missbräuchliche Nutzung ihres Siegels. Allerdings auf eigene Faust. 2016 wurden sie 50-mal fündig. Insgesamt haben sie bereits rund 800 Abmahnungen an Hersteller geschickt, die das Öko-Test-Siegel missverständlich, falsch oder in betrügerischer Absicht auf ihre Produkte klebten.

Lustigerweise haben wir bei der Recherche in unseren Badezimmern ein neues Deo gefunden, das mit einem Öko-Test von 2005 warb, und eine Fußcreme, die 2007 mal gut abgeschnitten hat ...

Was hat sich seit der Ausstrahlung getan?

Die Anzahl der Labels, Logos, Kennzeichen, Siegel und Auszeichnungen steigt und steigt. Das Internetportal **www.label-online.de** hat aktuell 600 Zeichen beschrieben und beurteilt. Und die Arbeit ist noch lange nicht geschafft: etwa 1.000 solcher Auslobungen gibt es auf dem deutschen Markt. Der Siegel-Dschungel ist also längst nicht eingedämmt. Alleine für den Bereich Lebensmittel registriert die Internetseite aktuell 160 Logos. „Auf dem Label-Markt ist viel in Bewegung", sagt Georg Abel von der Verbraucherinitiative, die das Portal seit dem Jahr 2000 verantwortet.

Georg Abel, Label-online: „Der Verbraucher ist gefordert, sich schlauzumachen. Wenn er das aber tut, dann können Labels durchaus ein schneller und guter Ratgeber sein."

Ja sicher, was soll ich denn noch alles machen. Als wenn einer im Laden die Kriterien der Siegel parat hat ...

So positiv bewertet der Verbraucherzentrale Bundesverband (vzbv) den fröhlichen Wildwuchs im Label-Labyrinth nicht. Verbraucher kämen einfach nicht mehr hinterher.

Ingmar Streese, Leiter Abteilung Verbraucherpolitik beim vzbv: „Viele dieser Zeichen kommen und gehen ganz schnell wieder, denn oft sind sie nicht gut durchdacht oder reine Marketingtricks. Außerdem sind immer noch viele Labels auf dem Markt, die nie gut waren und schon seit Jahren in der Kritik stehen. Wir fordern, dass unklare oder missverständliche Labels überarbeitet werden; wenn das nicht freiwillig geschieht, dann muss der Gesetzgeber endlich handeln."

Doch vor verbindlichen gesetzlichen Beschränkungen scheut die Politik nach wie vor zurück. Aber die Rechtsprechung stärkte erst kürzlich die Verbraucherseite. Der Bundesgerichtshof (Az.: I ZR 26/15) entschied, dass bei Werbung mit Prüfsiegeln dem Verbraucher die Prüfkriterien transparent gemacht werden müssen, beispielsweise über einen Verweis auf eine Internetseite. Denn:

Bundesgerichtshof-Urteil vom 21.07.2016: „Der Verbraucher erwartet, dass ein mit einem Prüfzeichen versehenes Produkt von einer neutralen und fachkundigen Stelle auf die Erfüllung von Mindestanforderungen anhand objektiver Kriterien geprüft worden ist und bestimmte, von ihm für die Güte und Brauchbarkeit der Ware als wesentlich angesehene Eigenschaften aufweist."

Die Verantwortung zur Umsetzung dieser Regelung liegt beim Unternehmen, das die Produkte in Verkehr bringt.

Klarheit und Wahrheit auf www.lebensmittelklarheit.de

Bereits im Sommer 2011 ist eine Plattform online gegangen, an die sich Verbraucher wenden können, die sich von der Aufmachung von Lebensmitteln getäuscht fühlen. „Öffentlicher Pranger" wurde die Internetseite **www.lebensmittelklarheit.de** von Kritikern gescholten. Getragen und koordiniert wird das Projekt von der Verbraucherzentrale Bundesverband und der Verbraucherzentrale Hessen. Geld fließt auch vom Bundesministerium für Ernährung. In dem Portal können Konsumenten Lebensmittel melden, die ihnen irreführend vorkommen. Gut 9.500 Beschwerden erreichten das Portal seit seinem Start. Etwa 50 Meldungen erhalten die Experten der Verbraucherzentrale Hessen im Monat. Sie geben eine Einschätzung der Beschwerden ab und bitten die Hersteller der Produkte um eine Stellungnahme. Etwa ein Drittel der beanstandeten Waren bekommt daraufhin bereits eine neue Verpackung verpasst – ohne dass eine Abmahnung oder eine Klage erfolgt. Die Produzenten haben kein Interesse an Negativwerbung in der Rubrik „Getäuscht?", so die Macher der Webseite. Lieber rutschten sie in die Rubrik „Geändert", das sieht weniger schlimm aus! Denn landet ein Produkt erst mal auf der Seite des Portals, wird es nicht mehr gelöscht. *Das Internet vergisst nie!*

Aktuell stehen mehr als 870 Produkte auf der Plattform, viele der Beschwerden beziehen sich auf Siegel, Labels & Co. Im Unterschied zur Lebensmittelüberwachung, die nur stichprobenartig prüfen kann, ob Hersteller gegen Gesetze verstoßen, gibt das Portal kritischen, genervten und empörten Verbrauchern eine Stimme – und zwar eine laute.

Yvonnes Notiz

Das Ganze ist im Grunde ein echter Dauerbrenner. Schon für die Dreharbeiten 2010 haben wir uns ein eigenes Testsiegel gebastelt, auf eine Rolle Alufolie aufgeklebt und eine Verbraucherumfrage durchgeführt. Kein einziger der von uns befragten Kunden hatte Zweifel an der Echtheit unseres Phantasie-Siegels. Der Glaube an die Wissenschaft ist beim Einkauf stärker als der kritische Geist. Kein Wunder, denn Konsumenten fällen innerhalb von Sekunden eine Kaufentscheidung. Ein Siegel schafft Vertrauen. Zack – landet das Produkt im Einkaufswagen. Dabei ist gerade im Supermarkt eine gesunde Skepsis immer ein guter Einkaufsbegleiter.

Auch bei den Testurteilen von Stiftung Warentest und
Öko-Test, die gute und wichtige Entscheidungshilfen liefern können, sollte sich jeder ein paar Fragen stellen: Was
wurde genau wann getestet? Welche Kriterien wurden
angelegt? Und sind diese Kriterien die für mich entscheidenden? Das kann ganz leicht auf den Internetseiten der
Tester nachgeprüft werden. Und auch für alle anderen
Labels lohnt sich der Blick ins Netz. Dann wird meist ganz
schnell klar, was hinter dem schönen Schein steckt. Aber
es ist ehrlich gesagt mal wieder extrem unbefriedigend,
dass diese ganze Arbeit auf uns abgewälzt wird. Denn
eigentlich soll die Siegelei uns ja genau das abnehmen!

Das war beim
Fotoshooting für
dieses Buch im WDR
Studio, 2017.

Zum Weiterlesen

Label-online: www.label-online.de

Label-online bietet das europaweit größte Label-Informationsangebot. Auf
der Website der Verbraucherinitiative werden Siegel, Labels und Gütezeichen,
die auf deutschen Produkten, Dienstleistungen oder Internetangeboten prangen, erläutert und bewertet.

aid infodienst: www.aid.de

Der aid infodienst in Bonn bietet umfassende Informationen zum Thema
Ernährung, Lebensmittel-Kennzeichnung und Siegeln.

Verbraucherzentrale Bundesverband: www.vzbv.de

Auf der Seite des Bundesverbandes der Verbraucherzentralen können
Verbraucher Betrug mit Testsiegeln melden.

Stiftung Warentest: www.test.de

Auf der Seite der Stiftung Warentest finden sich fast alle durchgeführten Test
auch online.

Öko-Test: www.oekotest.de

Auch auf der Internetseite des Verbrauchermagazins Öko-Test sind viele Tests
einsehbar.

3.2 Fairtrade-Siegel

 ®

Vor vierzig Jahren wurde der erste fair gehandelte Kaffee in Deutschland verkauft. Seit 1992 tragen fair gehandelte Produkte ein Fairtrade-Siegel. Mittlerweile sind es mehr als 3.000, die in Weltläden, Supermärkten, Biogeschäften, bei Discountern, sogar an Tankstellen zu kaufen sind. Bis heute ist Kaffee das meistverkaufte Fairtrade-Produkt. Die Palette der Waren reicht von Schokolade über Früchte, Baumwolle, Blumen, Kosmetik und Getränke bis hin zu Sportbällen. Vergeben wird das blau-grüne Gütesiegel vom Verein Transfair, dem nationalen Ableger des Dachverbandes Fairtrade International. 2015 lag der Umsatz der als Fairtrade zertifizierten Produkte in Deutschland bei 978 Millionen Euro. Rund 151 Millionen über dem Vorjahr, ein Plus von satten 18 Prozent.[6]

Die absatzstärksten Produkte sind Kaffee, Bananen, Blumen und Kakao. Der faire Handel ist ein kontinuierlicher Wachstumsmarkt. In den vergangenen zehn Jahren hat sich der Umsatz mehr als verzehnfacht.

---

6   Die Zahlen für 2016 liegen noch nicht vor. Stand: 2017.

Höhere Preise für Erzeuger

Fairer Handel bedeutet, dass die Produzenten in Afrika, Lateinamerika und Asien höhere Preise als auf dem Weltmarkt üblich für ihre Waren erhalten. Meist handelt es sich um Kleinbauern, die sich zu Genossenschaften zusammengeschlossen haben. Allerdings gibt es auch gewaltige Plantagen, die im großen Stil für den fairen Markt produzieren. Wer seine Waren mit dem Sozial-Siegel auszeichnen möchte, muss strenge Kriterien erfüllen. Von den zertifizierten Landwirten wird verlangt, dass sie ausreichende Sozialstandards einhalten, Umweltschutz und Nachhaltigkeit bei Anbau und Produktion berücksichtigen und menschenwürdige Arbeitsbedingungen schaffen. Verboten sind Sklaven- und Kinderarbeit sowie ausbeuterische Löhne. Mindestens einmal im Jahr überprüfen Inspektoren der Zertifizierungsgesellschaft Flocert, ob die Vorgaben vor Ort tatsächlich eingehalten werden. Mit dem Siegel auf ihrer Ernte können die Bauern deutlich höhere Preise erzielen. Und weil die Geschäfte direkt und ohne Zwischenhändler laufen, erhöhen sich die Einnahmen noch zusätzlich. Dazu gibt es Extra-Prämien für die Genossenschaften, etwa für Bildungseinrichtungen, Brunnenbau oder medizinische Versorgung.

Wie fair ist der faire Handel?

Den höheren Preis für faire Waren nehmen die Konsumenten aus den reichen Industrienationen offensichtlich gerne in Kauf. Nach Angaben von Fairtrade Deutschland wurde 2016 mehr als eine Milliarde Euro umgesetzt. 12 Euro geben Kunden hierzulande für faire Waren aus. Damit liegen sie hinter den Schweizern (58 Euro), den Briten (30 Euro) und den Österreichern (22 Euro). Aber der deutsche Fairtrade-Markt hat sich im weltweiten Vergleich in den vergangenen zehn Jahren im weltweiten Vergleich äußerst positiv entwickelt. Kein Wunder, schließlich zahlen die Kunden doch auch für die Gewissheit, etwas für den guten Zweck zu tun. So weit, so gut.

Absatz Fairtrade-Produkte

2014	2015
827	**978**
Mio. Euro	Mio. Euro*

* Zahlen von 2016 liegen noch nicht vor.

Quelle: Transfair e.V.

Doch der Begriff „fair" ist nicht geschützt – und die Fairtrade-Standards sind in der Vergangenheit immer wieder in die Kritik geraten. 2011 verabschiedete sich die GEPA, die „Gesellschaft zur Förderung der Partnerschaft mit der Dritten Welt", schrittweise vom Fairtrade-Gütesiegel. Dabei gehörte der größte europäische Importeur fairer Waren zu den Gründungsmitgliedern des fairen Handels. Die Organisation zeichnet ihre Produkte mittlerweile mit einem eigenen Logo aus, Fair+ heißt es und ersetzte sukzessive das Fairtrade-Siegel im Warensortiment.

Bereits 2013 berichteten wir in einem Beitrag darüber. Zum Zeitpunkt unserer Dreharbeiten war Thomas Speck noch Geschäftsführer der GEPA. Mittlerweile ist der langjährige Fairness-Vorkämpfer im Ruhestand. Als Grund für das Eigenlogo nannte er damals das besondere Selbstverständnis der GEPA.

Thomas Speck, Geschäftsführer GEPA, 2013: „Das Fairtrade-Siegel ist ein Produktsiegel. Es bezieht sich ausschließlich auf den Anbau und den Verkauf der Rohware. Die GEPA ist aber eine zu 100 Prozent faire Organisation, das heißt, alle Gewinne unseres Unternehmens kommen den Produzenten zugute."

Auch der aktuelle Geschäftsführer der GEPA Robin Roth betont, dass „Fair+" über fairen Handel im engeren Sinn hinausgeht. Das fange bei nachhaltiger Verpackung an und gehe bis zur finanziellen Unterstützung der Mitarbeiter beim Bildungsurlaub. Es sei „eine ganzheitliche Vorstellung davon, wie eine Firma sein kann."

Dazu muss man wissen, dass die Gesellschafter der GEPA kirchliche Hilfswerke wie Misereor und Brot für die Welt sowie kirchliche Jugenddachverbände sind. Zwar ist die GEPA eine GmbH und muss sich selber tragen, sie verfolgt aber keine kommerziellen, sondern soziale Ziele und kann sich so, im Gegensatz zu anderen Herstellern, auch mehr Fairness leisten.

Mein Kamerateam und ich mit Thomas Speck, damaliger Geschäftsführer der GEPA, 2013.

Fairtrade-Produkte als Billigware beim Discounter

Die hohe Nachfrage nach den fairen Waren lockt aber auch viele Hersteller, die mit dem guten Gewissen ihrer Kunden Geld verdienen wollen. Noch vor ein paar Jahren unvorstellbar, werden heute auch bei Lidl, Netto und Aldi fair gehandelte Waren über den Kassenscanner gezogen. Das ist ganz im Sinne vieler Gründerorganisationen, die den fairen Handel in den Alltag überführen wollen, um die Umsätze für die Produzenten dauerhaft und langfristig zu erhöhen. Die GEPA sah im Einstieg ins Discountgeschäft aber eine Abwärtsspirale hin zum billigsten Fairtrade-Produkt.

Generell finde ich es schwierig, dass wir überhaupt Produkte kaufen können, die NICHT fair gehandelt sind.

Thomas Speck, GEPA-Geschäftsführer, 2013: „Die Idee des fairen Handels spielt kaum noch eine Rolle. Oft werden nur noch Mindestanforderungen erfüllt."

Dieser Kritik widerspricht Fairtrade Deutschland entschieden. Fairness für die Produzenten im Süden war von Anfang an und ist noch immer der Schwerpunkt von Fairtrade, so der nationale Verband. Die Standards zur Vergabe des Siegels entschieden zudem zu 50 Prozent die Produzenten selber und diese profitierten enorm von der hohen Nachfrage – auch durch die Discounter. Neue Absatzmärkte seien eben nötig, damit Erzeuger mehr faire Waren verkaufen könnten.

Fairtrade Deutschland: „Der Einstieg in den Discountermarkt sichert vielen hundert Bauern eine bessere Existenz."

Wie fair können Discounter-Produkte überhaupt sein?

Fairtrade-Siegel, aber nur 20 Prozent fairer Inhalt?

Die Öffnung zum Billigsegment ist nur einer von mehreren Kritikpunkten, mit denen sich der sozial engagierte Verein in den letzten Jahren auseinandersetzen musste. Für die Angleichung internationaler Standards im Jahr 2011 etwa hagelte es Schelte. Die Bemessungsgrenze für sogenannte „Mischprodukte" wie Eis, Schokolade, Kekse oder Müsli wurde vereinheitlicht. Zuvor galten in verschiedenen Ländern unterschiedliche Mindestanforderungen. Gegen den Willen der deutschen Sektion wurde festgelegt, dass Mischprodukte nur noch zu 20 Prozent aus Fairtrade-zertifizierten Zutaten bestehen müssen, um das Siegel tragen zu dürfen.

20 Prozent! Leute, das ist nicht euer Ernst!

Während bei Monoprodukten – wie Kaffee, Tee, Bananen oder Honig – immer 100 Prozent faire Zutaten in der Packung stecken, enthalten Mischprodukte auch Bestandteile, die nicht aus Übersee kommen, wie Weizen, Eier oder Ähnliches. Diese Zutaten sind nicht fair gehandelt auf dem Markt erhältlich. Auf diese Weise gelangen konventionelle Zutaten in Verpackungen, die prominent auf der Schauseite das Fairtrade-Siegel tragen.

Wusste kein Mensch bei meiner Straßenumfrage!

Zwar müssen alle Rohwaren, die es als faire Variante gibt, auch als faire Variante enthalten sein, aber der Anteil ist manchmal erstaunlich gering. Negativ aufgefallen sind uns bei unseren Recherchen beispielsweise die süßen Gummis „Fairnaschen Supermix" von Katjes mit einem Fairness-Anteil von 27,5 Prozent – nicht mal einem Drittel!

Den Vogel abgeschossen haben aber die „Dinkel-Butterkekse" von Rewe-Bio, die 21 Prozent faire Zutaten beinhalten. Das liegt nur haarscharf über der Mindestmenge von 20 Prozent.

Fair-Anteil in der Zutatenliste versteckt

Erst ein Blick auf die Zutatenliste verrät dem Kunden, wie viel Fairness tatsächlich in den Mischprodukten steckt. Denn dort muss der Anteil fair gehandelter Zutaten aufgeführt werden. *Immerhin!*

Auch Dieter Overath, langjähriger Geschäftsführer von Fairtrade Deutschland, ist mit dieser Regelung nicht glücklich.

Dieter Overath, Fairtrade Deutschland: „Wir haben bei den Verhandlungen über die Mischprodukte darauf gedrungen, genauer zu kennzeichnen, welche Zutaten fair gehandelt sind und welche nicht. Wir konnten uns leider nicht durchsetzen, weil die Kunden in anderen Ländern mit dieser Art der Kennzeichnung weniger Probleme haben."

Mal wieder sind die Deutschen die Pingeligsten!

Mittlerweile gibt es eine internationale Arbeitsgruppe, die die Kennzeichnung überarbeiten soll.

Mischprodukte können aber auch so aussehen wie die „Bitter-Schokolade" von Fairglobe, der Fairtrade-Marke von Lidl. Weil nicht alle Zutaten als

Fairtrade-Variante erhältlich sind, gehört die Süßigkeit zwar zu den Misch-produkten, der Anteil der fair gehandelten Waren liegt aber bei 99,5 Prozent. Denn lediglich den Emulgator Sonnenblumenlecithin gibt es nicht als Fair-trade-Zutat.

Wichtig zu wissen ist außerdem, dass Mischprodukte gerade mal 16 Prozent aller Fairtrade-Waren ausmachen. Und nur bei 1 Prozent der Mischprodukte liegt der Fair-Anteil unter 50 Prozent.

Aber trotzdem!

Kritikpunkt Mengenausgleich

Ein weiterer heftig umstrittener Kritikpunkt ist der sogenannte „Mengen-ausgleich". Das ist ein kompliziertes und wohl unvermeidliches Prinzip im fairen Handel, das bei den Produkten Kakao, Rohrzucker, Fruchtsäfte und Tee angewendet wird. *Das muss jetzt mal ganz genau erklärt werden:*

Zum Hintergrund: Bei etwa 80 Prozent der Fairtrade-Umsätze lassen sich die Produkte direkt zum Bauern zurückverfolgen. Bei sämtlichen Früchten, Rosen, Kaffee, Reis, Honig und Nüssen, Gewürzen und Baumwolle ist dies der Fall. Diese Rückverfolgbarkeit ist das erklärte Ziel von Fairtrade. Sie lässt sich aber nicht immer umsetzen, wenn in der Verarbeitung keine Trennung zwischen fairen und konventionellen Rohwaren erfolgt. Und das ist oft der Fall.

Nehmen wir einen Fairtrade-Zuckerbauern und einen Süßwarenhersteller, der für seine Fairtrade-Schokolade Zucker benötigt. Der Bauer bringt seine Ernte zur örtlichen Mühle. Zuckerrohr muss sofort nach dem Schnitt verarbeitet werden, deswegen bringen alle Bauern der Umgebung ihr Zuckerrohr hierher. Aber nicht alle Landwirte arbeiten nach Fairtrade-Standards.

Die Mühle läuft im Dauerbetrieb. Mal wird zertifizierter Zucker herge-stellt, mal konventioneller Zucker. Die Zuckerladungen werden zwar in den Büchern nach fair und konventionell erfasst, aber physisch nicht getrennt. Es kommt alles in einen großen Topf! Der Süßwarenhersteller zahlt nun der Zucker-Kooperative den fairen Preis für die gelieferte Menge, bekommt aber von der Mühle nicht genau den fairen Zucker aus der Kooperative, sondern die entsprechende Menge vom großen Ganzen.

Für die Kunden, die schließlich in die fertige Schokolade beißen, heißt das, sie verspeisen eventuell eine Süßigkeit, die zwar ein Fairtrade-Siegel trägt, aber keinen fairen Zucker enthält.

Wer das nicht möchte, der kann auf 100 % faire Alternativen zurückgreifen, etwa bei GEPA oder Kolping ...

Das Prinzip des Mengenausgleichs ist im internationalen Fairtrade-Verband zwar auch umstritten, aber – so die offizielle Meinung – notwendig, damit möglichst viele Produzenten am Fairtrade-System teilnehmen können. Der Mengenausgleich sei eine schlichte Kosten-Nutzen-Rechnung. Ohne den Mengenausgleich wären faire Produkte um ein Vielfaches teurer, nicht weil die Rohwaren mehr kosten würden, sondern weil die Produktion so viel aufwendiger wäre. Die Bauern hätten von den höheren Preisen also gar nichts. Sogar im Gegenteil. Für viele kleine Genossenschaften wäre es aufgrund der geringen Produktionsmengen gar nicht mehr möglich, unter fairen Bedingungen anzubauen.

Hm, da ist auch was Wahres dran ...

Fairtrade Deutschland: „Aus Produzentensicht ist (...) nicht die physische Identität eines Produktes entscheidend, sondern dass sie dank Fairtrade einen Marktzugang haben, stabilere und höhere Preise erzielen können und dadurch eine Verbesserung der Lebensverhältnisse überhaupt erst erreicht werden kann."

Mit dem Mengenausgleich verhält es sich aus Sicht der Siegel-Organisation wie mit dem Ökostrom. Aus der Steckdose des Kunden kommt nicht nur Strom aus Sonne, Wind und Wasser, sondern ein Energiemix. Ein guter Vergleich und alles nachvollziehbare Argumente, aber Verbraucher ohne viel Hintergrundwissen sind doch bass erstaunt, wie differenziert das bekannte Fairtrade-Siegel betrachtet werden muss.

Fairtrade übernimmt Pflichten der Verwaltung vor Ort

Wirtschaftswissenschaftler Friedel Hütz-Adams vom unabhängigen Forschungsinstitut „Südwind" sieht im fairen Handel viel grundsätzlichere Probleme als Mischprodukte, Mengenausgleich oder die Öffnung hin zum Niedrigpreis.

So, nun wird das aber spannend!

Friedel Hütz-Adams, Forschungsinstitut „Südwind": „Wenn wir fair definieren als die Möglichkeit, sich aus der Abhängigkeit und der Armut zu befreien, dann gelingt dies in vielen Bereichen leider nicht. Dazu sind die Einkünfte der Bauern oft noch viel zu gering. Bauern benötigen in vielen Fällen höhere Weltmarktpreise, Zugang zu Trainingsmaßnahmen, um die Produktivität zu verbessern, oder auch schlicht Unterstützung, um ganz andere Produkte anzubauen."

Problematisch findet der Forscher vor allem, dass Zertifizierungsstellen häufig Aufgaben übernehmen müssten, die eigentlich hoheitlich sind, also vom Staat zu leisten wären. Denn die Sozial- und Arbeitsstandards, die der faire Handel anlegt, sind in vielen Bereichen dieselben, die ohnehin schon in den Produzentenländern gelten. Ausbeuterische Löhne, unbezahlte Überstunden oder Kinderarbeit sind in keinem Land der Welt gesetzlich erlaubt. Viele Staaten aber bemühen sich nicht, diese Standards durchzusetzen oder konsequent zu kontrollieren. So gewährleistet und überprüft Fairtrade als private Organisation, dass nationale Gesetze vor Ort eingehalten werden. Ein unhaltbarer Zustand.

Die lassen ihre Arbeiter einfach im Stich! Und die Menschen müssen unter unwürdigen Bedingungen ihr Geld verdienen ...

Friedel Hütz-Adams, Forschungsinstitut „Südwind": „Da sind die Regierungen der Staaten, aus denen die Produkte kommen, genauso in der Pflicht wie die Regierungen der Länder, aus denen die Konzerne kommen, die Rechtsbrüche in ihrer Lieferkette dulden."

Auch Fairtrade Deutschland berichtet uns von Kleinbauern und Genossenschaften, die sich nur haben zertifizieren lassen, um eine Anlaufstelle für Beschwerden zu haben und jemanden, der sich für ihre Belange interessiert und einsetzt.

Das darf eigentlich nicht so sein!

Nicht alle fair angebauten Produkte werden fair verkauft

Das dritte große Problem sieht Hütz-Adams darin, dass nicht alle fair angebauten Waren als Fairtrade-Produkte in den Handel gehen, weil sich keine Abnehmer für diese finden. Und für die wird dann nicht der Mindestpreis gezahlt.

Hütz-Adams Forschungsschwerpunkt ist der Handel mit Kakao. Er erzählt von einer Plantage, auf der nur zehn Prozent der Ernte mit Siegel verkauft werden konnten. Die restlichen neunzig Prozent wurden zum damals niedrigen Weltmarktpreis verkauft. Die Zertifizierungsgebühren musste die Genossenschaft trotzdem zahlen. Ein hoher Preis für die Landwirte. Doch laut Fairtrade Deutschland rechne sich die Zertifizierung für die Produzenten dennoch.

Fairtrade Deutschland: „2015 machten die Kosten der Zertifizierung weniger als 3 Prozent der Prämienzahlung aus. Für schwächere Kooperativen haben wir außerdem einen Fonds, der in solchen Fällen bis zu 75 Prozent der Zertifizierungskosten übernimmt."[7]

Fairtrade verbessert die Lebensbedingungen

Trotz aller Kritik ist sich die Wissenschaft einig: Der faire Handel verändert die Lebensbedingungen der Menschen in den Erzeugerländern positiv.[8] In einer Studie, die Fairtrade Deutschland zusammen mit den Kollegen aus der Schweiz in Auftrag gegeben hat, wurden die Lebensstandards von Menschen in Regionen ohne fairen Handel verglichen mit den Lebensbedingungen von Bauern, die einer Fairtrade-Kooperative angeschlossen sind.[9] Auch die Entwicklung der **Fairtrade-Gemeinden** wurde über mehrere Jahre hinweg wissenschaftlich begleitet. Das Ergebnis überrascht nicht: Die Bauern profitieren vom höheren Preis. Die Armut geht zurück. Doch aus Sicht der Fairtrader kann das nur der Anfang sein.

Dieter Overath, Fairtrade Deutschland: „Wir leben immer noch in einem kolonialen System. Wir müssen dahin kommen, dass die Erzeuger nicht nur Rohwaren an die Industrieländer liefern, sondern dass sie die Produkte im Land verarbeiten. Erst dann bliebe ein großer Teil der Wertschöpfung bei den Menschen vor Ort."

---

7 Zahlen für 2016 liegen noch nicht vor. Stand: April 2017.
8 Dragusanu, R., Giovannucci, D., Nunn, N. (2014): The Economics of Fair Trade, Journal of Economic Perspectives. 28 (3): 217-236.
9 Klier, S., Possinger, S. (2012): Fairtrade Impact Study, Assessing the Impact of Fairtrade on Poverty, Saarbrücken. Im Auftrag von TransFair Germany und Max Havelaar Foundation Schweiz.

Damit liegt der Geschäftsführer von Fairtrade Deutschland auf einer Linie mit all seinen Kritikern. Weniger Armut heißt nämlich noch lange nicht Wohlstand. Und die verbesserten Arbeits- und Sozialstandards in den Anbauländern haben immer noch wenig gemein mit denen in den Industriestaaten. Klar ist, dass der faire Handel auch unsere Gesellschaft im reichen Deutschland verändert hat, das belegt eine aktuelle Studie.[10] Kunden zeigen ein nachhaltigeres Bewusstsein und Kaufverhalten und auch für die öffentliche Hand ist der sozialverträgliche Einkauf relevanter als noch vor 15 Jahren. Das ist natürlich bei Weitem nicht genug, gerade im Lebensmitteleinzelhandel hat sich Fairness längst noch nicht flächendeckend durchgesetzt. Aber immerhin: das Thema ist auf dem Tisch.

Für einen wirklich gerechten Handel haben die westlichen Staaten eine Reihe von Handelshemmnissen aufgebaut, die es den südlichen Nachbarn erschweren, sich auf dem Weltmarkt zu behaupten. So dürfen etwa Rohwaren zollfrei in die EU eingeführt werden. Für verarbeitete Produkte dagegen fallen Importzölle an. Das macht es dem Süden ungleich schwerer, in die Märkte vorzustoßen, wo das große Geschäft gemacht wird.

Was hat sich seit der Ausstrahlung getan?

2014 hat Fairtrade sogenannte Rohstoffprogramme für Kakao, Zucker und Baumwolle eingeführt – und dafür gleich wieder Kritik einstecken müssen. Aufweichung der Kriterien, sinkende Glaubwürdigkeit, Handreichung für die Industrie, so die Vorwürfe.

Egal was man auch anstößt: Es gibt immer Kritik.

Die Rohstoffprogramme, für die ein von dem bekannten Fairtrade-Logo abweichendes Siegel gilt, zertifizieren nicht die Endprodukte wie die Schokolade oder die Kekse, sondern die Unternehmen, die die fairen Waren verwenden. Die Hersteller kaufen einzelne Rohstoffe zu Fairtrade-Bedingungen ein und dürfen

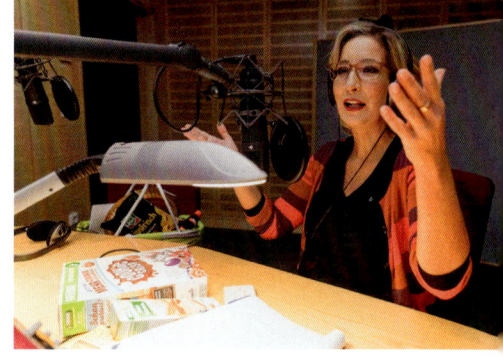

Beim Nachvertonen in der Sprecherkabine des WDR in Köln, 2017.

10   Bäthge, S. und Silvestrini, S. (2016): Verändert der Faire Handel die Gesellschaft? Trend- und Wirkungsstudie, Saarbrücken. Im Auftrag von Fairtrade Deutschland, Servicestelle Kommunen in der Einen Welt, Brot für die Welt, Misereor und Forum Fairer Handel.

dies dann auf ihren Produkten kennzeichnen. Die Bedingungen: Die gesamte Menge der (für das jeweilige Produkt benötigten) Zutat wie Kakao oder Zucker muss vollständig fair bezogen werden und die Menge des fairen Rohstoffeinkaufs muss schrittweise erhöht werden. Für die Hersteller heißt das, sie können faire Zutaten verwenden und damit werben, ohne ihre Produkte oder das Sortiment grundlegend verändern zu müssen. Entsprechend positiv sind die Reaktionen aus der Lebensmittelwirtschaft.

Fairtrade Deutschland: „Lidl, Kaufland und Rewe haben mit der Umstellung kakaohaltiger Eigenmarken auf Fairtrade-Kakao begonnen, Mars wird die Kakaomenge für Twix umstellen. Die Confiserie Riegelein wird ab Weihnachten 2016 den Kakaobedarf aller Produkte der Marke Riegelein auf das Fairtrade-Kakao-Programm umgestellt haben."

Auch Schoko-Riese Ferrero hat sein Fairtrade-Engagement ausgeweitet. Bis 2019 ist eine Verdopplung der Fairtrade-Kakao-Menge auf insgesamt 40.000 Tonnen geplant. Auch Zucker kauft der italienische Süßwarenhersteller seit Mitte 2016 (zumindest teilweise) zu fairen Bedingungen. Doch trotz solcher Erfolgsmeldungen betrachten Kritiker wie die GEPA die Rohstoffprogramme mit Skepsis.

Robin Roth, Geschäftsführer GEPA: „Das neue Programmsiegel verspricht zwar einerseits mehr Absatz, ist aber andererseits aus unserer Sicht sehr intransparent. Das könnte bei Verbrauchern zu Missverständnissen und daher zur Enttäuschung führen – wodurch die Absätze wieder sinken könnten. Wir hätten uns bessere Absatzchancen für unsere Partner zu den bisherigen klaren Regeln gewünscht."

Für die Fairtrade-Landwirte jedenfalls haben sich die Rohstoffprogramme schon im ersten Jahr als Absatzmotor entpuppt. Die neue Einkaufsoption ließ den Einsatz von fair gehandeltem Kakao 2014 um das Sechsfache in die Höhe schnellen, von 1.000 auf gut 6.000 Tonnen. 2015 wurden 12.600 Tonnen allein über das Kakao-Programm verkauft, 2016 sogar 27.000 Tonnen. Mehr als 300 Produkte konnten 2014 neu eingeführt werden, 2015 noch mal mehr als 500. Die Kakaobauern, die ihre faire Ernte nun auch zu fairen Bedingungen verkaufen können, wird es freuen!

Yvonnes Notiz

Wenn man mich nach meiner ehrlichen Meinung fragt, dann finde ich es unglaublich, dass wir in Deutschland überhaupt Kaffee, Tee, Kakao usw. im Handel finden, die eben nicht fair gehandelt sind. Die Arbeits- und Sozialstandards, die unsere Altvorderen für uns erfochten haben, müssen in allen Ländern gelten, die für uns Waren produzieren. Und das ist eigentlich noch nicht mal im Ansatz der Fall. Im Grunde erwarte ich als Konsument ohnehin das, was Fairtrade von seinen Produzenten vor Ort einfordert: faire Arbeitsverhältnisse. Da ist die Industrie in der Pflicht, dafür zu sorgen, dass das auch eingehalten wird! Unglaublich, aber wahr: Rein juristisch sind Hersteller dafür nicht verantwortlich. Im Gegensatz zur Qualität ihrer Produkte. Da ist es selbstverständlich, dass man Lieferanten bei schlechter Ware auf Schadensersatz verklagen kann. Bei Sozial- und Umweltdingen aber fehlt das bislang. Da sollte der Gesetzgeber ran – und ich bin überzeugt, dass es dafür auch in der Bevölkerung eine große Akzeptanz gibt. Denn die Mehrkosten sind wirklich überschaubar.

Für Schokolade hat Hütz-Adams mal ausgerechnet, wie hoch der Preisaufschlag für Fairtrade-Ware in konventionellen Produkten wäre. Die Menge Kakao für eine Tafel Vollmilch-Schokolade kostet als Standard-Ware 6,5 Cent. Zertifizierter Kakao kostet etwa 7,5 Cent. Also 1 Cent mehr!   *1 Cent!!!*

Und was die ganze Kritik angeht: Ja, vermutlich werden Standards herabgesenkt und mit den Rohstoffprogrammen strenge Vorgaben aufgeweicht. Aber mal ehrlich,

An der Rezeptur gedreht: 2013 waren es 21 Prozent Fairness-Anteil. 2015 verringert sich der Anteil noch mal auf 20,9 Prozent!

für die Bauern vor Ort ist es doch egal, ob sie für den Discounter oder die Confiserie ihre Kakaobohnen anbauen und ob am Ende ein Produktlabel draufklebt oder ein Rohstoffprogramm-Label. Je mehr Ware zu fairen Bedingungen gehandelt wird, desto besser ist es für die Leute in den Produzentenländern – und darum geht es doch eigentlich!

Aber das Thema Fairtrade hat mich auch wieder darin bestärkt, dass wir Verbraucher immer auf der Hut sein und uns nicht blenden lassen sollten von Siegeln. Besser: genau informieren und nachhaken. Denn meist ist doch nicht alles so einfach, wie es scheint. Im Übrigen hat sich auch bei den Butterkeksen etwas geändert. Die haben ihren Fairness-Anteil von 21 auf 20,9 Prozent gesenkt ...   *Unglaublich!*

Zum Weiterlesen

Transfair e. V.: www.fairtrade-deutschland.de
Auf den Internetseiten von Transfair e. V. finden sich ausführliche Informationen rund um den fairen Handel und das Fairtrade-Siegel. Auch zu allen oben beschriebenen Kritikpunkten nimmt die Organisation dort Stellung.

GEPA: www.gepa.de
Die „Gesellschaft zur Förderung der Partnerschaft mit der Dritten Welt" hat auf ihrer Webseite Informationen über ihre Produzenten, Produkte und das „Fair+"-Logo zusammengefasst.

Südwind-Institut: www.suedwind-institut.de
Auf der Seite des Südwind-Instituts finden sich viele Beiträge zu einer gerechteren Weltwirtschaft.

3.3 Tierschutzlabel

Seit Anfang 2013 liegen Produkte mit einem blau-weißen Tierschutzlabel in den deutschen Supermarktkühltruhen. „Für mehr Tierschutz" steht auf dem Zertifikat, das vom Deutschen Tierschutzbund vergeben wird. Die Fleischprodukte, die das zweistufige Label tragen, garantieren bessere Haltungsbedingungen als gesetzlich vorgeschrieben: mehr Platz im Stall, mehr Auslauf und mehr Beschäftigung für die Tiere.

Das Tierschutz-Plus

· Bei **Masthühnern** sind Tageslicht und frische Luft im Stall Pflicht, außerdem Sitzstangen, Strohballen und Picksteine.

· **Legehennen** erhalten zusätzlich einen Außenklimabereich und Beschäftigungsmöglichkeiten wie ein Sandbad. Das Kupieren ihrer Schnäbel ist nicht erlaubt.

· **Schweine** haben mit 0,7 bis 2,3 Quadratmetern Stallfläche pro Tier (je nach Gewicht des Tieres) etwa doppelt so viel Platz wie ihre Artgenossen in konventionellen Mastställen. Die „Tierschutz"-Ställe verfügen über Ruhe-, Fress- und Futterbereiche. Die intelligenten Allesfresser können sich hier mit Spielzeugen, wie Bällen oder Ketten, und Futterautomaten und Strohpellets beschäftigen. Im günstigsten Fall haben sie sogar einen Außenauslauf und Stroheinstreu. Zertifizierte Höfe verzichten auf die Kastration von männlichen Ferkeln ohne Betäubung und auch auf das Kupieren der Ringelschwänze.

· **Milchkühe** dürfen nicht angebunden gehalten werden. Sie haben eine Liegebox und einen Fressplatz, in der Premiumstufe auch Zugang zu einer Weide. Das Veröden der Hörner ist nur mit Betäubung erlaubt.

Dr. Heinz Schweer, der Tierschutzbeauftragte des Fleischproduzenten Vion, und ich im Gespräch, 2013. „Wir wollen ja noch in Zukunft Fleisch verkaufen", so Schweer über das Engagement seiner Firma für bessere Haltungsbedingungen, 2013.

Für alle Tiere, deren Fleisch nach den Richtlinien des Tierschutzlabels vermarktet wird, gelten vier Stunden als die maximale Transportdauer zum Schlachthof. Ausnahmen hiervon sind nur in begründeten Einzelfällen möglich. Verstößt ein Landwirt gegen die Richtlinien, verliert er sein Zertifikat, versichert der Präsident des Deutschen Tierschutzbundes Thomas Schröder.

Thomas Schröder, Deutscher Tierschutzbund: „Von uns geschultes, aber unabhängiges Fachpersonal kontrolliert regelmäßig und unangekündigt, ob die Kriterien eingehalten werden. Darüber hinaus finden stichprobenartig unangekündigte Kontrollen durch Mitarbeiter und Beauftragte des Deutschen Tierschutzbundes statt."

Hört sich erst mal gut an, oder?

Einstiegsstufe noch nicht streng genug

So weit, so gut, aber das Tierschutzlabel ist zweistufig.

 steht für die **EINSTIEGSSTUFE**

⭐⭐ steht für die **PREMIUMSTUFE**

Sie hat noch deutlich höhere Tierschutz-Anforderungen, unter anderem sind noch mehr Platz und ein Außenbereich vorgeschrieben.

Die Zweistufen-Lösung wurde gewählt, um den Landwirten den Umstieg in eine tiergerechtere Haltung zu erleichtern.

Hoffentlich ruht sich dann niemand dauerhaft auf Stufe 1 aus.

Thomas Schröder, Deutscher Tierschutzbund: „Das Wort ‚Einstiegsstufe‘ sagt es schon ganz klar: Es ist ein Einstieg. Das Tierschutzherz will wesentlich mehr, aber wir müssen Tierschutz auch in Systeme hineintragen, bei denen Verbesserungen aus baulichen Gründen Grenzen gesetzt sind – das gilt insbesondere in der Schweinehaltung. Durch die Einstiegsstufe schaffen wir auch in solchen Systemen Verbesserungen und damit eine Soforthilfe für Millionen von Tieren in der Intensivtierhaltung.“

Natürlich sind auch die Kosten für die Produkte unterschiedlich hoch. Die Preise für Fleisch aus der Premiumstufe liegen je nach Händler zwischen 30 und 40 Prozent über dem Standardpreis. Das ist etwas günstiger als das Fleisch vom Biobauern. Produkte aus der Einstiegsstufe kosten etwa 10 Prozent mehr.

Verbraucher wollen vernünftig hergestelltes UND bezahlbares Fleisch.

Im ersten Jahr beteiligten sich fünfzig Hühnermast- und fünfzehn Schweinemastbetriebe bundesweit an dem Label „Für mehr Tierschutz“. Mit dabei Deutschlands größter Geflügelzüchter Wiesenhof und der niederländische Fleisch-Riese Vion.

Kritik am Tierschutzlabel

Dass die Fleischindustrie bessere Haltungsbedingungen anstrebt, wäre eigentlich ein Grund zum Jubeln für alle Tier- und Verbraucherschützer. Doch nach der Einführung des Labels im Januar 2013 hagelte es erst einmal Missbil-

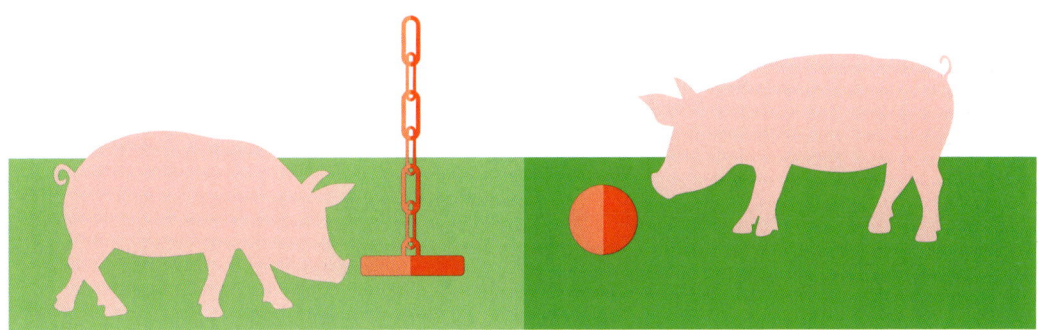

ligung von allen Seiten. Die Standards des Einstiegslabels seien zu niedrig, Schweinehaltung ohne Auslauf nicht tiergerecht. Berechtigte Argumente. Aber sicher ist auch, dass es den Tieren in der Einstiegsstufe immer noch besser geht als ihren Artgenossen im herkömmlichen Massenbetrieb.

Aber ein bisschen arm dran ist ja nicht viel besser als total arm dran.

Schweine aus zertifizierten Ställen haben mehr Platz, Spielzeugbälle, Spielketten und Futterautomaten.

Zusammenarbeit Tierschutzbund und Fleischindustrie

Angreifbar hat sich der Tierschutzbund aber nicht nur wegen der Kriterien des Einstiegslabels gemacht, sondern vor allem deswegen, weil er eine ungewöhnliche Partnerschaft eingegangen ist. Gemeinsam mit dem skandalträchtigen Hähnchenhersteller Wiesenhof und einem der größten Fleischproduzenten auf dem deutschen Markt Vion hat der Verein die Richtlinien für das Siegel erarbeitet. Sie basieren auf einer mehrjährigen Forschungsarbeit der Initiativgruppe Tierwohl-Label an der Georg-August-Universität Göttingen[11]. In der Runde saßen Vertreter des Tierschutzes, der Landwirtschaft, Wissenschaft, Verarbeitung und des Lebensmitteleinzelhandels an einem Tisch, um gemeinsam Vorgaben zu erarbeiten. Denn die Fleischindustrie hat mittlerweile erkannt, dass die intensive Massentierhaltung beim Verbraucher nicht gut ankommt.   *Richtig!*

Fleisch-Riese Vion sah das Tierschutzlabel deshalb als Chance und Investition in die Zukunft. Während unserer Dreharbeiten 2013 sagte uns

---

11 In der Forschungsgruppe arbeiteten Wissenschaftler der Universitäten Göttingen und Kassel mit dem Deutschen Tierschutzbund, dem Friedrich-Loeffler-Institut, dem Verein Neuland und Unternehmen der Schlacht- und Lebensmittelbranche zusammen. 2012 wurde die Arbeit beendet.

Dr. Heinz Schweer, der Tierschutzbeauftragte von Vion, dass mit dem Label auch überprüft werden solle, ob Verbraucher wirklich bereit seien, mehr Geld für mehr Tierschutz auszugeben.

Den Test haben wir wohl leider nicht bestanden.

Der Fleischproduzent verstand das Pilotprojekt als Qualitätsoffensive. Denn die Preise für die Label-Produkte liegen deutlich über denen der konventionellen Pendants. Das Schweinefleisch kostet bis zu 40 Prozent mehr, das Hühnerfleisch sogar bis zu 50 Prozent. Ganz schön viel, wenn man bedenkt, dass die meisten Kunden preiswert einkaufen wollen.[12] Dennoch beteiligten sich fast alle großen Händler an dem Projekt. Mit dabei: Rewe, Edeka, Lidl, Famila, Real, Karstadt, Kaiser's Tengelmann und Hit.

Gute Startvoraussetzungen eigentlich …

Bessere Tierhaltung als Chance

Beim Kampf um den günstigsten Preis wollte Schweinemäster Keno Jantzen aus Rickling bei Neumünster nicht mehr mitmachen. Deswegen hat er seinen Hof von „Für mehr Tierschutz" zertifizieren lassen. Um das Tierschutzlabel der Einstiegsstufe zu ergattern, musste er aufwendige Umbauarbeiten vornehmen. Und bei unseren Dreharbeiten 2013 standen dreißig Prozent weniger Schweine in seinem Stall als vor der Zertifizierung.

Keno Jantzen, Schweinemäster: „Die Tiere haben jetzt mehr Platz und auch Spielgeräte zur Verfügung. Ob sie „glücklicher" sind, das kann ich nicht sagen. Das ist ja eine menschliche Projektion, dass Tiere glücklich oder unglücklich sind. Aber sie sind in jedem Fall aktiver als vorher. Sie spielen viel mit den Beschäftigungsmaterialien, die wir im Stall eingebaut haben."

Mehr Platz für die Tiere ist nicht alles, aber eine Voraussetzung für mehr Tierwohl. Bauer Jantzen verkaufte sein Schlachtvieh mit Label deutlich teurer als zuvor. Für den Fleischvermarkter Vion, für den er seine Schweine mästet, war das Tierschutzlabel von

Hier war ich im Stall von Keno Jantzen. Der Schweinemäster aus Schleswig-Holstein hat seinen Hof zertifizieren lassen. Danach stand ein Drittel weniger Schweine auf der gleichen Stallfläche, 2013.

12 BMEL (Hrsg.) (2016): Ernährungsreport 2017, Deutschland, wie es isst, Berlin.

Wie viele Nutztiere werden in Deutschland geschlachtet?

3,6 Mio.

19 Mio.

37 Mio.

59,3 Mio.

633 Mio.*

* davon 601 Mio. Masthühner
  und 32 Mio. Suppenhühner

Quelle: Statistisches Bundesamt. Zahlen für 2016.

Anfang an ein Zuschussgeschäft. Denn die höheren Preise wurden nicht komplett an die Kunden weitergegeben. Das Unternehmen unterstützte außerdem die Bauern finanziell beim Umbau ihrer Ställe. Auch deswegen hat sich Keno Jantzen entschieden, an dem Projekt teilzunehmen.

Keno Jantzen, Schweinemäster: „Ich bin Landwirt und mache das nicht zum Spaß oder als Hobby. Ich muss meine Familie mit der Schweinemast ernähren. Die Preise für konventionelles Schweinefleisch sind so niedrig, dass wir Bauern gar nicht anders wirtschaften können, als die Ställe vollzumachen. Da wir aber für das Fleisch mit dem Tierschutzlabel höhere Preise bekommen, haben wir keine finanziellen Einbußen, obwohl wir weniger Tiere verkaufen."

Tierschutzgesetz reicht nicht aus

Für uns Verbraucher stellt sich die berechtigte Frage: Warum gibt es überhaupt ein Tierschutzlabel? Sollte nicht das Tierschutzgesetz dafür sorgen, dass es unserem Nutzvieh gut geht? Mit tiergerechter Haltung hat das Tierschutzgesetz wenig zu tun, findet Thomas Schröder vom Tierschutzbund.

Thomas Schröder, Deutscher Tierschutzbund: „Es beschreibt einen Kompromiss zwischen unterschiedlichen Interessen und verhindert lediglich die schlimmsten Tierquälereien. Es erlaubt die Intensivtierhaltung, Manipulationen am Tier wie Kupieren, die Haltung auf engstem Raum, ohne Tageslicht mit sehr langen Transportzeiten zum Schlachthof. Diese geringen Standards verursachen sehr viel Tierleid."

Deshalb fordert der Tierschutzbund seit langem eine gesetzliche Pflicht zur Haltungskennzeichnung – ähnlich dem Erfolgsmodell „Ei". Eier sind derzeit die einzigen tierischen Produkte, auf denen verpflichtend und für den Verbraucher verständlich das Haltungssystem aufgedruckt sein muss. Diese Kategorisierung hat die Eierbranche umgekrempelt (mehr dazu: **2.2 Versteckte Käfigeier** ab Seite 72). Würde das Prinzip auch in der Fleischerzeugung eingeführt, dann hätten die Produzenten einen starken Anreiz, die Haltung ihres Viehs zu verbessern, ist sich Schröder sicher.

Bewusst Fleisch von Tieren aus der Intensivhaltung zu kaufen oder eben „nicht so genau zu wissen" sind schließlich zwei paar Schuhe!

Unterstützung erhält der Tierschutzbund bei dieser Forderung von den Verbraucherverbänden. Auch sie befürworten rechtsverbindliche Kriterien und eine obligatorische Kennzeichnung für die verschiedenen Haltungsformen.

Sabine Klein, Verbraucherzentrale NRW: „Wenn Hersteller angeben müssen, aus welcher Haltung ihre Tiere kommen, ob aus Intensivmast oder von der Weide, dann wüssten Verbraucher überhaupt erst einmal, was sie da jeden Tag kaufen. Bei so einer Kennzeichnung würde sich der Markt schnell regeln – zugunsten der Tiere."

Vier von fünf Kunden (79 Prozent) würden eine solche Kennzeichnung im übrigen befürworten und fast jeder deutsche Verbraucher wünscht sich eine bessere Haltung der Nutztiere (87 Prozent).[13]

Verbraucher wollen mehr Tierschutz

Fast alle Studien zum Thema legen nahe, dass viele Verbraucher bereit wären, mehr Geld für Lebensmittel auszugeben, die aus einer tiergerechten Haltung stammen.[14] Dementsprechend müssten die Produkte mit dem blauen-weißen Tierschutzlabel echte Verkaufsrenner sein. *Eigentlich ...*

Nach dem aktuellen BMEL-Ernährungsreport 2017 sind neun von zehn Verbrauchern (88 Prozent) bereit, für mehr Tierschutz zu zahlen. Angeblich achtet bereits fast die Hälfte aller Kunden (47 Prozent) auf Tierwohl-Angaben auf ihren Einkäufen.[15] Wie und wo sie diese tiergerechten Einkäufe aber tätigen, ist schleierhaft. Denn zwischen Wunsch und Wirklichkeit klafft eine Riesenlücke.

13   BMEL (Hrsg.) (2016): Ernährungsreport 2017, Deutschland, wie es isst, Berlin.
14   Etwa: Zühlsdorf, A., Spiller, A., Gauly, S., Kühl, S. (2016): Wie wichtig ist Verbrauchern das Thema Tierschutz? Präferenzen, Verantwortlichkeiten, Handlungskompetenzen und Politikoptionen, Göttingen. Im Auftrag des vzbv. Infas (2016): Ökobarometer 2016, Bonn. Im Auftrag des BMEL. Heinrich-Böll-Stiftung und BUND (Hrsg.) (2016): Fleischatlas 2016 Deutschland Regional, Daten und Fakten über Tiere als Nahrungsmittel, Berlin. Heinrich-Böll-Stiftung, BUND und Le Monde Diplomatique (Hrsg.) (2014): Fleischatlas 2014, Daten und Fakten über Tiere als Nahrungsmittel, Berlin.
15   BMEL (Hrsg.) (2016): Ernährungsreport 2017, Deutschland, wie es isst, Berlin.

TIERSCHUTZSIEGEL

FÜR MEHR TIERSCHUTZ

Die Tierschutzlabel des Deutschen Tierschutzbundes versprechen bessere Haltungsbedingungen. Ein Stern steht für die Einstiegsstufe, zwei Sterne für die Premiumstufe. Besonders die Premiumkategorie verspricht eine tiergerechte Haltung mit viel Platz, Auslauf, Einstreu und einer möglichst stressfreien Schlachtung.

NEULAND

Eine tiergerechte Haltung garantieren auch die Produkte der Marke „Neuland". Dort wird Tierschutz von der Geburt bis zur Schlachtung berücksichtigt. Allerdings müssen Kunden für diese Produkte tief in die Tasche greifen, sie sind deutlich teurer als konventionelle Fleischwaren.[1]

BIO

Die Haltungsstandards in der Herstellung von Biolebensmitteln entsprechen etwa denen der Premiumstufe des Tierschutzlabels. Deswegen könnten alle Biobetriebe auch das Siegel erhalten. Allerdings reichen die Anforderungen des Tierschutzlabels von der Aufzucht über den Transport bis hin zur Schlachtung. Und da können Bioverbände nicht immer mithalten. Der Tierschutzbund geht aber davon aus, dass Biobetriebe ohne größere Probleme die Premiumstufe des Tierschutzlabels erreichen können, wenn sie wollen.

TIERSCHUTZ-KONTROLLIERT VIER PFOTEN

Genauso wie beim Tierschutzlabel ist das „Tierschutz-kontrolliert"-Siegel der Organisation Vier Pfoten zweistufig und die erste Stufe als Einstiegsstufe deklariert. Die angelegten Tierschutzkriterien betreffen Haltung, Transport und Schlachtung. In der Premiumstufe ist der Standard in der Haltung höher, die Tiere haben Auslauf im Freien und je nach Tierart auch Weidegang. Außerdem gibt es Vorgaben für eine artgerechte Tierzucht.

---

1 Allerdings schützen auch diese Label nicht vor Betrug. 2014 gab der größte Hähnchenlieferant von Neuland zu, über viele Jahre betrogen zu haben und mindestens fünf Jahre lang konventionell gehaltenes Geflügel eingekauft, geschlachtet und als Neuland-Hähnchen deklariert weiterverkauft zu haben.

Was hat sich seit der Ausstrahlung getan?

Die Produkte aus artgerechterer Haltung sind leider kein Verkaufsschlager.
Diplomtisch heißt es von fast allen Beteiligten, die Nachfrage durch Handel
und Kunden könnte besser sein.

Geringes Angebot im Handel

Die Verbraucherzentrale NRW sieht neben dem hohen Preis vor allem die
geringe Verfügbarkeit als Problem, da die Kunden die Produkte im Lebensmittelgeschäft nicht finden. Verbraucher würden öfter zu dem Fleisch aus
verbesserter Haltung greifen, wenn es denn in den Läden läge. Der wachsende
Bedarf werde aber durch den Handel nicht befriedigt.

Tatsache ist, dass die Alternative zur anonymen Massenproduktion in der
Nische verharrt. Und das, obwohl eine deutliche Mehrheit der Verbraucher
eine artgerechtere Tierhaltung bei der Lebensmittelerzeugung für besonders
wichtig hält.[16] Geld dafür wollen die Kunden aber – entgegen den Umfragen –
offensichtlich nicht ausgeben. Zumindest nicht im großen Stil.

Zahl der zertifizierten Schweinemäster steigt langsam

Nichtsdestotrotz wächst die Zahl der zertifizierten Ställe langsam, aber stetig.
Die Zahl der Schweinemastbetriebe ist von 15 im Jahr 2013 auf aktuell 36
angestiegen. Besonders stark in der Premiumstufe, von drei im Jahr 2013 auf
29 im Jahr 2017. Darunter sind auch neun Biolandwirte, die sich zusätzlich
labelzertifiziert haben. Seit Anfang 2016 tragen auch Eier aus insgesamt
zwölf Betrieben das Tierschutzlabel (10 Premiumstufe in Freilandhaltung/
2 Einstiegsstufe in Bodenhaltung). Von ehemals 50 in der Einstiegsstufe
zertifizierten Hühnermastställen vermarkten aktuell noch 29 ihre Produkte
mit dem Tierschutzlabel.[17]

---

16 Etwa: Zühlsdorf, A., Spiller, A., Gauly, S., Kühl, S. (2016): Wie wichtig ist Verbrauchern das Thema Tier-
    schutz? Präferenzen, Verantwortlichkeiten, Handlungskompetenzen und Politikoptionen, Göttingen.
    Im Auftrag des vzbv. Deutscher Bauernverband (Hrsg.) (2015): Situationsbericht 2014/15. Trends und
    Fakten zur Landwirtschaft, Berlin. BMEL (Hrsg.) (2015): Ernährungsreport 2016, Deutschland, wie es
    isst, Berlin.

17 Stand: Januar 2017.

Rindfleisch mit dem Label gibt es noch nicht zu kaufen. Das soll sich aber bald ändern. Seit Anfang 2017 hat Lidl als erster deutscher Händler Frischmilch mit der Premiumstufe des Tierschutzlabels im Angebot. Ausgezeichnet werden die Produkte der regionalen Eigenmarke „Ein gutes Stück Bayern" in Bayern. Das Angebot soll aber wachsen, bis zu 50 Ställe will das Unternehmen aus Neckarsulm dafür zertifizieren lassen. Auch Aldi wird ab Mitte 2017 – je nach Region – Trinkmilch mit Premiumstufe und Einstiegsstufe einführen. Mehr als 100 Ställe sind für die Zertifizierung vorgesehen. Auch das Fleisch der Milchkühe soll dann zukünftig im Handel erhältlich sein. Eine positive Entwicklung also, aber noch lange nicht genug aus Sicht des Tierschutzbundes.

Tierschutz-Fleisch zu teuer für Kunden

Fleischproduzent Vion bewertet die Einführung des Tierschutzlabels trotz begrenzter Nachfrage als Erfolgsgeschichte, schon allein aufgrund der praktischen Erfahrungen in der Umsetzung und des Dialogs mit dem Tierschutzbund. Der Fleischproduzent hatte sich allerdings eine deutlich höhere Kundennachfrage erhofft. Gegen die wöchentliche Aktionsware sei es schwer mit einem teuren Premiumprodukt zu punkten, heißt es aus dem Konzern. Zwar liege der Verkaufspreis manchmal nur zehn Prozent über dem des normalen Sortiment-Fleischs, im Vergleich zu den Sonderangeboten sind es dann aber bis zu vierzig Prozent

Ein Pfund Hack für 1 Euro plus eine Bratpfanne dazu halte ich auch für problematisch!

Vion: „Da muss die Liebe zum Tierschutz beim Verbraucher schon sehr ausgeprägt sein, wenn ihm dann gleich vier Euro mehr für ein Kilo abverlangt werden."

Mittlerweile nehmen aber immer mehr Supermarktketten und Discounter und auch Wurst- und Schinkenhersteller Vion die Ware mit dem Tierschutzlabel ab. Langsam verbessert sich das Geschäft mit dem Fleisch aus artgerechterer Haltung.

Geflügelproduzent Wiesenhof zufrieden mit der Nachfrage

Geflügelproduzent Wiesenhof ist mit dem Absatz seines (mit der Einstiegsstufe ausgezeichneten) „Privathof-Geflügels" durchaus zufrieden. Seit der

Mit einem Tierschutzlabel zertifizierte Ställe

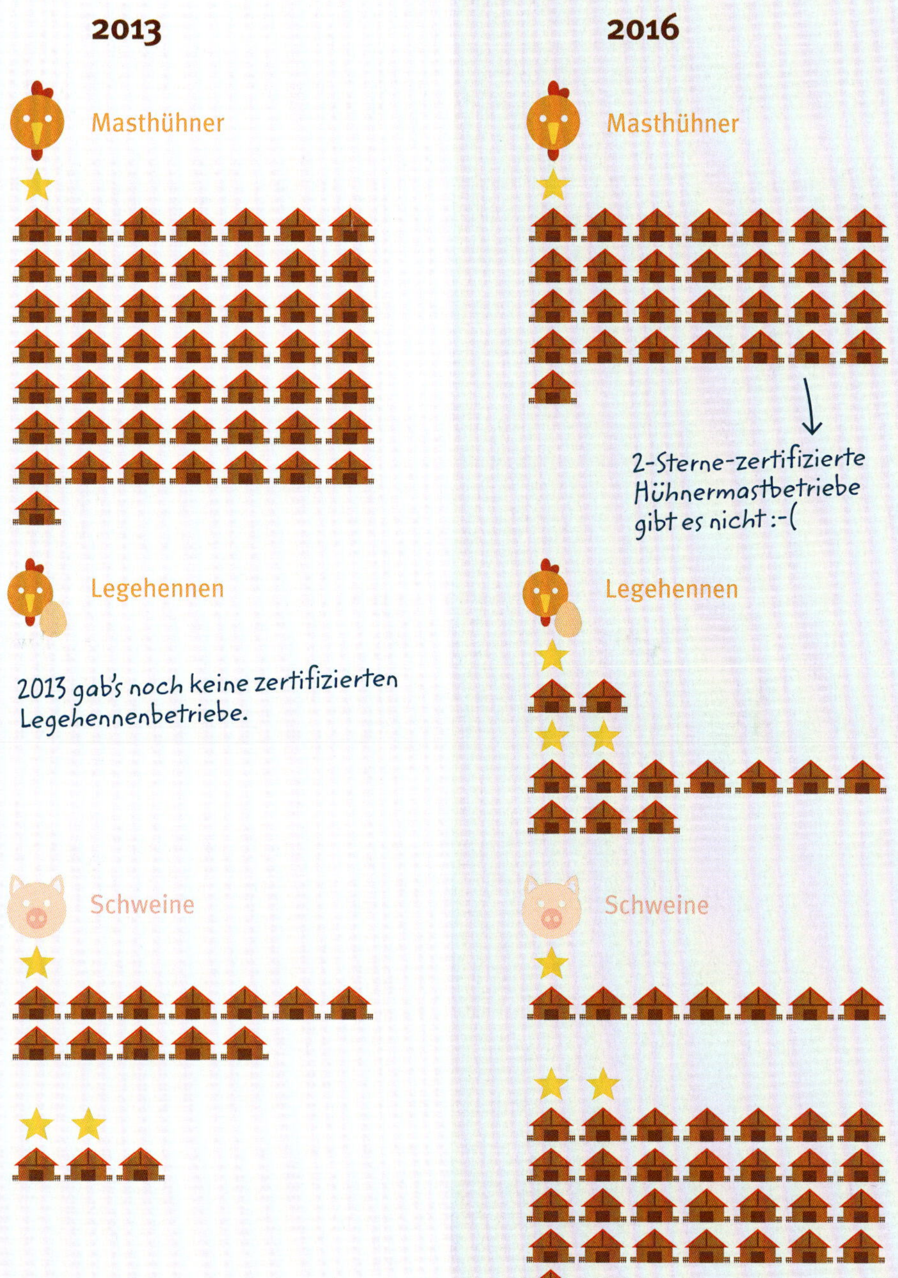

2013

Masthühner
⭐

Legehennen

2013 gab's noch keine zertifizierten Legehennenbetriebe.

Schweine
⭐

⭐ ⭐

2016

Masthühner
⭐

↓

2-Sterne-zertifizierte Hühnermastbetriebe gibt es nicht :-(

Legehennen
⭐

⭐ ⭐

Schweine
⭐

⭐ ⭐

Quelle: Deutscher Tierschutzbund e. V.

Einführung dieser tiergerechteren Haltung 2011 hat sich der Absatz der Hähnchen aus diesem Aufzuchtkonzept verachtfacht.

Wiesenhof: „Das Privathof-Konzept ist unser dritter Anlauf, Verbrauchern Geflügelfleisch aus einem alternativen Aufzuchtkonzept zu bieten. (...) Wir vermarkten saisonbedingt zwischen 120.000 und 160.000 Tiere pro Woche. Gemessen am gesamten Markt mögen das kleine Mengen sein. Mit Privathof-Geflügel sprechen wir heute jedoch eine bedeutend größere Nische an, als wir es in der Vergangenheit mit vergleichbaren Konzepten (...) schafften."

Eine tiergerechtere Haltung ist laut Wiesenhof ein Zukunftsmodell. Theoretisch wäre das Unternehmen nach eigenen Angaben in der Lage, einen Großteil der konventionellen Landwirte auf die Einstiegsstufe umzustellen, wenn Verbraucher und Handel „diese neue Form der Tierhaltung in Deutschland wünschen" – und auch bezahlen.

In der Wirtschaft und in der Politik hat sich seit dem Ende der Dreharbeiten einiges bewegt. Im September 2014 stellte Bundeslandwirtschaftsminister Christian Schmidt Pläne für eine Tierwohl-Offensive vor. Überschrift: „Eine Frage der Haltung". Der Minister setzte auf freiwillige Maßnahmen der Wirtschaft, schloss aber auch eine „Änderung des Rechtsrahmens" nicht aus, wenn es nicht zu notwendigen Reformen käme. Als größten Erfolg der Aktion kann der Minister den Ausstieg aus dem routinemäßigen Schnabelkürzen bei Legehennen und Mastputen verbuchen. Eine freiwillige Vereinbarung, die seit Januar 2017 gilt.

Initiative Tierwohl

Anfang 2015 ging die Fleischbranche mit ihrer lang angekündigten „Initiative Tierwohl" mit viel Tamtam an den Start. Alle großen Supermarktketten beteiligen sich an dem freiwilligen Aktionsbündnis. Der Einzelhandel zahlt vier Cent pro verkauftem Kilogramm Schweine- oder Geflügelfleisch in einen Fonds ein. Rund 85 Millionen Euro jährlich sollten so zusammenkommen. Aus dem Topf können Schweine- und Geflügelwirte Geld erhalten, wenn sie die Bedingungen in ihren Ställen verbessern – etwa mehr Platz schaffen oder Beschäftigungsmaterialien verwenden. Je engagierter der Landwirt, desto mehr Förderung kann er beantragen. Das Interesse der Tierhalter war von Anfang an riesig. Rund 2.300 schweinehaltende und etwa 900 geflügelhaltende Betriebe sind bislang zertifiziert.[18] Wegen der hohen Nachfrage wurden die Teilnehmer per Los ausgewählt, der Rest kam auf eine Warteliste.[19]

Rund 13 Millionen Schweine, 230 Millionen Hähnchen und rund 10 Millionen Puten profitieren von den Maßnahmen der Initiative.

Mit den Grundanforderungen, die über die rechtlichen Vorgaben des Tierschutzgesetzes hinausgehen, und unabhängigen Kontrollen soll sichergestellt werden, dass es den Tieren in den Ställen tatsächlich besser geht als ihren Artgenossen in der konventionellen Massentierhaltung. Einmal jährlich werden die Teilnehmer unangekündigt überprüft. Seit Beginn der Registrierung (im Mai 2015) wurden mehr als 6.000 Kontrollen durchgeführt.[20] Das Projekt war zunächst auf drei Jahre angelegt, ist aber mittlerweile bis 2020 gesichert.

Auf unsere Anfrage spricht die Initiative von einem überaus erfolgreichen Start. Innerhalb kürzester Zeit sei ein bislang einmaliges System etabliert worden, das Tierwohl effektiv in der Breite fördere und zugleich verlässlich kontrolliert werde.

Initiative Tierwohl: „Mit der Initiative Tierwohl bekennt sich die Wirtschaft zu ihrer Verantwortung und setzt sich dafür ein, Tierwohl in der Nutztierhaltung objektiv messbar und vor allem in der Breite zu verbessern. Diese komplexe Aufgabe kann nur gelingen, wenn alle Partner in der Wertschöpfungskette – Landwirtschaft, Fleischwirtschaft, Lebensmitteleinzelhandel und letztlich auch der Verbraucher – kooperativ zusammenarbeiten."

Stimmt irgendwie.

So weit, so gut. Irritierend aber ist, dass die Händler unabhängig von ihrem Angebot mit dem Logo in ihren Geschäften werben dürfen. Das heißt, Verbraucher können nicht erkennen, ob das Fleisch mit Tierwohl-Hinweis, das sie kaufen, aus einem Tierwohl-Betrieb stammt oder nicht.

Äh, bitte was?

---

18 Stand: Januar 2017.
19 Knapp 600 schweine- und geflügelhaltende Betriebe konnten bereits nachrücken. Doch noch immer befinden sich etwa 2.300 Schweinehalter und etwa 160 Geflügelhalter auf der Warteliste.
20 Stand: Januar 2017.

Eine Kennzeichnung der Produkte war zunächst überhaupt nicht vorgesehen. Doch seit April 2016 dürfen die Einzelhändler auch Packungen mit Etiketten der Initiative auszeichnen. Das heißt aber noch lange nicht, dass die so gekennzeichneten Fleischprodukte tatsächlich aus einem an der Initiative teilnehmenden Betrieb stammen.

Das ist ähnlich dem Prinzip Mengenausgleich im Kapitel Fairtrade.

Für Verbraucher ist auf der Packung nicht zu erkennen, ob das Fleisch tatsächlich von einem Tierwohl-Betrieb stammt – und noch weniger, was konkret für die Tiere verbessert wurde. Es ist also Zufall, ob Kunden, die ein so gelabeltes Produkt kaufen, Standardware erhalten oder Ware aus etwas besserer Tierhaltung.

Das ist alles andere als transparent …

Die Verbraucherzentrale NRW hat die Branchen-Initiative zunächst begrüßt. Jede noch so kleine Verbesserung der Tierhaltungsbedingungen sei gut für die Tiere, heißt es aus Düsseldorf. Die Kommunikation der Initiative Tierwohl und der beteiligten Handelsunternehmen sehen die Verbraucherschützer aber äußerst kritisch. So fällt die Bewertung nach 1½ Jahren durchwachsen aus.[21]

Die Initiative mache große Versprechungen, greife aber viel zu kurz. Die verpflichtenden Grundanforderungen seien „weit von einer wirklich tiergerechten Haltung entfernt". Die teilnehmenden Landwirte – so die Verbraucherschützer – wählten ihre Verbesserungsmaßnahmen wohl eher danach aus, was möglichst unkompliziert und mit geringen Kosten umsetzbar sei, statt spürbare Verbesserungen für ihre Tiere zu schaffen. Sinnvoll aufeinander abgestimmte Maßnahmenpakete fehlten völlig.

So weit, so mittelmäßig. Aber trotz der niedrigen Anforderungen rührt die Initiative Tierwohl lauthals die Werbetrommel und suggeriert, dass es den Tieren aus ihren Betrieben deutlich besser geht als denen in der konventionellen Haltung. Die Verbraucherschutz-Experten halten die Werbekampagne für völlig überzogen. Dazu kommt, dass nur ein kleiner Teil des gekennzeichneten Fleisches überhaupt aus den teilnehmenden Betrieben stammt.

---

21 VZ NRW (2016): Initiative Tierwohl. Kritische Position und Forderungen der Verbraucherzentrale NRW zur Brancheninitiative Tierwohl, Düsseldorf.

Bernhard Burdick, Verbraucherzentrale NRW: „Die pauschale Werbung des Handels erweckt den Eindruck, das gesamte Angebot stamme aus „tiergerechter Haltung". Doch die Anforderungen der Initiative Tierwohl stellen keine wirklich tiergerechte Haltung sicher. Zudem können die Kunden nicht erkennen, ob ein Produkt aus einem Betrieb der Initiative stammt. Die Initiative Tierwohl bietet Verbrauchern, die Fleisch aus deutlich besserer Tierhaltung kaufen möchten, keine Alternative."

Die Initiative sieht das naturgemäß anders. Auf unsere Nachfrage bezüglich der Kritik der Verbraucherzentrale heißt es:

Alexander Hinrichs, Geschäftsführer Initiative Tierwohl: „Die Initiative Tierwohl lebt auch von der Akzeptanz und der Bekanntheit der Verbraucherinnen und Verbraucher. Denn sie waren es, die mit einer sich ändernden Einstellung zum Fleischkonsum die Initiative in Gang gesetzt haben. Aus unserer Sicht haben die Verbraucherinnen und Verbraucher nun einen Anspruch darauf, über die Initiative und ihre Maßnahmen informiert zu werden."

Mein Kameramann Jan und ich bei den Dreharbeiten zur Mogelpackung „Tierschutzlabel", 2013.

Diesem Anspruch komme die Initiative mit ihrer Kommunikation nach. Es sei aber nicht auszuschließen, dass die Kennzeichnung von Verbrauchern missverstanden werde, deswegen wird im Informationstext darauf hingewiesen, dass es sich bei dem Logo nicht um ein Produktlabel handelt und das Produkt nicht unbedingt aus einem an der Initiative Tierwohl teilnehmenden Betrieb stammen muss.

Diese Werbemaßnahmen sind schlicht daneben und schaffen so sicher kein Vertrauen beim Verbraucher. Und auch die Anforderungen der Initiative Tierwohl gehen nur ein wenig über die gesetzlichen Vorgaben hinaus. Sie sind bei weitem nicht so hoch wie beim Tierschutzlabel. Aber: Es ist festzuhalten, dass die Fleischindustrie umdenkt und zumindest versucht, zu ihrer Verantwortung zu stehen. Das ist ein kleiner Schritt vorwärts.

Mühsam ernährt sich das Eichhörnchen!

Die beteiligten Tierschutzorganisationen (Deutscher Tierschutzbund und Pro Vieh) haben allerdings den Beraterausschuss der Initiative Tierwohl im Herbst 2016 verlassen. Der Tierschutzbund sieht „keine langfristige Perspektive für den Tierschutz" in der Initiative, da weiterhin auf „Quantität statt Qualität" gesetzt werde. Außerdem bleibe die Transparenz für den Verbraucher auf nicht absehbare Zeit auf der Strecke.

Schade, das ist echt ein Armutszeugnis!

Gutachten des Agrarbeirats

Im März 2015 ist der Wissenschaftliche Beirat für Agrarpolitik im Bundesministeriums für Ernährung und Landwirtschaft (WBA) in einem Gutachten zu dem Ergebnis gekommen, dass ein radikaler Umbau der Tierhaltung in Deutschland im Sinne des Tierschutzes erforderlich ist.[22] Auf knapp 400 Seiten bezeichnen die Forscher die derzeitigen Haltungsbedingungen von Nutztieren als „größtenteils nicht zukunftsfähig". Die notwendigen Veränderungen würden, so errechneten die Wissenschaftler, zu Kostensteigerungen von bis zu 23 Prozent jährlich führen. Das entspricht etwa einer Summe von zwei bis fünf Milliarden Euro. Die Gutachter schätzen, dass ein Kilo Fleisch 20 bis 30 Cent mehr kosten würde. Und entgegen der Erfahrung sind sie der Ansicht, dass 70 Prozent der Verbraucher bereit wären, diesen Mehrpreis zu bezahlen.

Das haben beim Tierschutzlabel auch alle gesagt und keiner gemacht!

Konkret bemängeln die Agrarexperten das Amputieren von Schnäbeln bei Hühnern und von Schwänzen bei Schweinen. Sie fordern mehr Auslauf, weniger Medikamente und – Achtung! – ein mehrstufiges staatliches Tierschutzlabel! Das Bundesministerium folgt seinen Wissenschaftlern inhaltlich. Das Gutachten lege überzeugend dar, „dass die gesellschaftliche Akzeptanz der Nutztierhaltung deutliche Verbesserungen beim Tierwohl erfordert", heißt es auf unsere Anfrage. Allerdings sei das ein langfristiges Ziel, das erst in 15 bis 20 Jahren erreicht werden könne. Aktuell setzt das BMEL Gespräche mit den Verbänden der Rinder- und Schweinehalter fort, um – ähnlich wie in der Ge-

---

22   BMEL (Hrsg.) (2015): Wege zu einer gesellschaftlich akzeptierten Nutztierhaltung. Gutachten. Wissenschaftlicher Beirat für Agrarpolitik beim BMEL, Berlin.

flügelbranche – auf freiwilliger Basis die Bedingungen für die Tiere schnellst-möglich zu verbessern. Auch die Initiativen des Tierschutzbundes ("Für Mehr Tierschutz"-Label) und der Wirtschaft (Initiative Tierwohl) begrüßt Bundes-minister Schmidt und "unterstützt sie im Rahmen seiner Möglichkeiten."

Verbraucherzentralen fordern Haltungskennzeichnung

Leider fehlt bislang auf Bundesebene im Bereich Tierschutz eine schlüssige Strategie. Es gab Nischenlösungen und halbherzige politische Ansätze, die sich oft aus verschiedenen Gründen nicht durchsetzen ließen. Verbraucher-verbände fordern ein **obligatorisches** staatliches Tierschutzlabel mit unter-schiedlich hohen Tierschutz-Stufen. Damit – wie bei der Eierkennzeich-nung – die Produkte transparent, aber auch für weniger zahlungskräftige Verbraucher bezahlbar sind. Ein solches staatliches Pflichtkennzeichen ist aber weder in der EU noch in Deutschland in Sicht.

Ein **freiwilliges** staatliches Tierschutzsiegel dagegen ist bereits in der Mache. Auf der Grünen Woche im Januar 2017 präsentierte der Bundeslandwirt-schaftminister Christian Schmidt (CSU) ein mehrstufiges Tierwohllabel – wie im WBA-Gutachten gefordert. "Ich will Trendsetter sein", sagte der Minister dem Deutschlandfunk, und: "Das ist eine konsequente Fortsetzung dessen, was ich seit Jahren anstrebe. Das heißt, dass wir die Nachhaltig-keit und die besseren Standards in der Produktion umsetzen müssen, aber nicht durch Verbote." Nur ein staatliches Siegel könne garantieren, dass ein Produkt, unter transparenten und überprüfbaren Bedingungen entsteht. Mit dem freiwilligen Kennzeichen ist es den Tierhaltern weiterhin selbst über-lassen, wie sie ihre Tiere halten. Wer aber mehr Tierschutz in den Ställen betreibt, kann seine Produkte mit dem Siegel auszeichnen, ähnlich wie es bereits jetzt bei dem "Für mehr Tierschutz"-Label des Tierschutzbundes der Fall ist. Mit 70 Millionen Euro will der Landwirtschaftminister das freiwillige staatliche Siegel auf den Weg bringen. Die Verbraucherschützer begrüßen die Minister-Initiative.

Klaus Müller, Vorstand vzbv: "Wir sagen – ja, ein freiwilliges staatliches Label in Deutschland wäre ein guter Schritt nach vorne. Was wir aber dringend brauchen, ist eine verbindliche europäische Haltungsverordnung. Und wir brauchen auch eine nationale Nutztierstrategie. Da geht es um die Frage gesetzlicher Tierschutzstandards und der entsprechenden Förderung. Alles drei zusammen macht Sinn, heißt aber, mit dem ersten Schritt anzufangen."

Nicht nur Verbraucherverbände, auch ein Großteil der Verbraucher unterstützt eher eine Pflichtangabe der Haltungsform als eine freiwillige Kennzeichnung. Eine von Foodwatch in Auftrag gegebene Umfrage belegt, dass 80 Prozent der Befragten verbindliche Regeln für mehr Tierschutz wollen.[23]

Doch in Brüssel hält man nichts von einer verpflichtenden Haltungsangabe. Landwirtschaftsminister Schmidt hat sich auf EU-Ebene bereits mehrfach für ein europäisches Label starkgemacht. Diese Initiativen seien jedoch nicht aufgenommen worden, so die Antwort des Ministeriums auf unsere Anfrage. Zusammen mit Dänemark, den Niederlanden und Schweden hat das BMEL bereits drei Erklärungen zur Verbesserung des Tierschutzes auf EU-Ebene unterzeichnet.

BMEL: „Wir wollen hier vor allem den Druck auf die Kommission und das Europäische Parlament für EU-einheitliche Standards erhöhen und um Unterstützung bei den anderen Mitgliedstaaten werben."

Bis sich in Brüssel etwas bewegt, hat der Minister für Deutschland bereits Fakten geschaffen. Ähnlich wie beim Biosiegel, das es in Deutschland bereits lange vor der Einführung des europäischen Biosiegels gab. Aus Sicht der Verbraucherverbände ist zurzeit das „Für mehr Tierschutz"-Label des Deutschen Tierschutzbunds (ebenso wie das der Tierschutzorganisation Vier Pfoten) die beste verfügbare Lösung, um die europäische Kennzeichnungslücke zu überbrücken.

---

23 TNS Emnid (2017): Repräsentative Befragung. Im Auftrag von Foodwatch. Nach dem richtigen Ansatz für mehr Tierschutz gefragt, stimmten 80 Prozent der Befragten der Aussage zu: „Mehr Tierschutz sollte für die Tierhalter verbindlich vorgegeben werden, damit alle Nutztiere tiergerecht und gesund gehalten werden".

Yvonnes Notiz

Es gibt Hoffnung! Wir bewegen uns alle gemeinsam in die richtige Richtung. Das ist gut so. Denn natürlich sind die verschiedenen Maßnahmen noch lange nicht ausreichend, damit unser Nutzvieh artgerecht gehalten wird. Aber wir sollten abwägen: Jede noch so kleine Verbesserung ist eine Verbesserung für die Tiere. Wir Deutschen haben einen immensen Fleischhunger. Jeder von uns isst in seinem Leben im Durchschnitt 1.094 Tiere. 1.094! Und zwar vier Rinder, vier Schafe, 12 Gänse, 37 Enten, 46 Schweine, 46 Puten und 945 Hühner. Jährlich essen wir pro Kopf 60 Kilogramm Fleisch. 60 kg![24]

Fleisch in solchen Mengen kann nicht auf idyllischen Weiden produziert werden. Wer das glaubt, der verkennt die Realität. Solange die westlichen Staaten (und zunehmend auch die Schwellenländer) Fleisch in solchen Mengen konsumieren, wird die Intensivhaltung fortbestehen. Deswegen sind alle noch so kleinen Bemühungen um mehr Tierschutz bei Nutztieren als ein Schritt in die richtige Richtung zu begrüßen, ob ein staatliches Tierschutzsiegel, die Einstiegsstufe des Labels „Für mehr Tierschutz" vom Tierschutzbund oder die „Initiative Tierwohl". Natürlich ist das alles nicht ausreichend, um unseren Nutztieren ein Leben ohne Leiden zu ermöglichen. Aber vielleicht gelingt es tatsächlich mittelfristig, mit den verschiedenen Maßnahmen bessere Haltungsbedingungen in der gesamten Fleischproduktion umzusetzen. In den Niederlanden waren 2015 bereits zwanzig Prozent des Fleisches im Handel mit einem Tierschutzlabel ausgezeichnet – das zeigt, in welche Richtung es gehen kann.[25]

Die Politik ist weiter gefragt, das Thema konsequenter zu verfolgen. Die Kosten von 2 bis 5 Milliarden Euro, die der Agrarbeirat für den benötigten Umbau in der Nutztierhaltung veranschlagt hat, hören sich immens an. Wenn man allerdings bedenkt, dass der deutsche Lebensmitteleinzelhandel mehr als 210 Milliarden Euro im Jahr umsetzt, dann stehen die Kosten in einer anderen Relation. Dann sind 2 Milliärdchen nur noch ein Bruchteil von dem, was Kunden für Lebensmittel insgesamt ausgeben.[26]

---

24 Heinrich-Böll-Stiftung, Bund und Le Monde Diplomatique (Hrsg.) (2014): Fleischatlas 2014, Daten und Fakten über Tiere als Nahrungsmittel, Berlin.

25 Für 2016 rechnet der niederländische Tierschutzbund Dierenbescherming sogar mit signifikant höheren Zahlen.

26 BLL (Hrsg.): Unsere Lebensmittelwirtschaft – eine starke Kraft für Deutschland, Berlin.

Und nun zu uns Verbrauchern: Für mehr Tierschutz müssen wir bezahlen. Wir können nicht nur wollen, sondern müssen auch tun. Und bessere Haltungsbedingungen wollen neun von zehn Verbrauchern![27] Deswegen müssen wir mehr Geld für ein besseres Leben für unsere Nutztiere in die Hand nehmen. So einfach ist das. Die Tierhalter können die Kosten schließlich nicht alleine bezahlen. Und auch der Handel muss uns mal was zutrauen.

Stichwort Eierkennzeichnung. Da haben Verbraucher auch die (billigen) Eier aus der Käfighaltung liegen gelassen.

Die Fokussierung des Einzelhandels auf den niedrigsten Preis für Fleisch muss aufhören. Sicher, es kann sich nicht jeder leisten, das teure **Tierschutz-Fleisch zu kaufen. Aber zwischen Premium und Massenware ist ja wohl noch viel Platz. Da haben bestimmt viele Hersteller oder Händler noch Ideen und Möglichkeiten, Alternativen zu schaffen.

Im Schnitt gibt jeder deutsche Haushalt nach Angaben des Statistischen Bundesamtes etwa 225 Euro im Monat für Lebensmittel aus. Wer finanziell dazu in der Lage ist, kann mit der richtigen Wahl an der Fleischtheke seinen Beitrag zu mehr Tierschutz leisten. Dann schmeckt es gleich doppelt so gut! Und den Fleischkonsum einschränken sollten wir alle ohnehin – schon allein aus gesundheitlichen Gründen.

Dabei auf die richtigen Siegel achten: Premium-Tierschutzlabel, Neuland, Vier Pfoten oder Bio.

 PS: Der von uns besuchte Landwirt Keno Jantzen musste wegen geringer Nachfrage im Handel die Label-Produktion beenden, obwohl er gerne weitergemacht hätte.

---

27   BMEL (Hrsg.) (2016): Ernährungsreport 2017, Deutschland, wie es isst, Berlin.

Zum Weiterlesen

Deutscher Tierschutzbund: www.tierschutzlabel.info

Auf dieser Internetseite hat der Deutsche Tierschutzbund ausführlich alle Informationen rund um das „Für mehr Tierschutz"-Label zusammengestellt. Hier finden sowohl Verbraucher als auch interessierte Landwirte oder Vermarkter Antworten auf ihre Fragen.

Lebensmittelklarheit: www.lebensmittelklarheit.de

Auf dem Informationsportal der Verbraucherzentralen findet sich ein ausführlicher Themenschwerpunkt zu Tierschutz und Kennzeichnung.

Bundesministerium für Ernährung und Landwirtschaft: www.bmel.de

Auf der Seite des Bundesministeriums für Ernährung und Landwirtschaft können Informationen, Positionspapiere, Reden und Interviews des Ministers zum Thema nachgelesen werden.

Initiative Tierwohl: www.initiative-tierwohl.de

Auf der Seite finden Verbraucher und interessierte Landwirte Informationen über die branchenübergreifende Initiative für mehr Tierwohl in der Fleischproduktion.

Neuland: www.neuland-fleisch.de

Verbraucher, Landwirte und Fleischer finden alle Informationen und Richtlinien zum Neuland-Siegel und tierschutzgerechter Haltung im Internetauftritt von Neuland.

Vier Pfoten Deutschland: www.vier-pfoten.de

Informationen rund um das Gütesiegel Vier Pfoten – „Tierschutz-kontrolliert" sind auf der Seite des Tierschutzvereins Vier Pfoten zusammengefasst. Hier der Link: www.vier-pfoten.de/themen/nutztiere/guetesiegel/

FALSCHE VERSPRECHEN

und gutgläubige Verbraucher!

4. Falsche Versprechen und gutgläubige Verbraucher!

Auch wenn Hersteller immer wieder aufs Neue versuchen, uns mit der Aufmachung ihrer Produkte zu verführen, zu umschmeicheln und manchmal auch hinters Licht zu führen, willenlose Opfer sind wir Verbraucher nicht. Im Gegenteil! Wir haben Macht. Denn was wir nicht kaufen, verschwindet über kurz oder lang aus den Regalen des Einzelhandels. Diese Macht ist uns im Alltag kaum bewusst und darum nutzen wir sie viel zu selten. Wir sind zu unkritisch, zu gutgläubig und viel zu oft auch zu bequem. Wir schmeißen Produkte in den Einkaufswagen, ohne zu schauen, was drinsteckt. Wir kaufen Zuckerbomben, die wir erst zu Hause beim Auspacken als solche erkennen. Regen uns über Chemie in Fertigprodukten auf, kochen aber immer weniger Mahlzeiten selber. Statt Fleisch aus tiergerechter Haltung landet zu 95 Prozent anonymes Fleisch aus der Massenproduktion auf unseren Tellern. Ist billig, ist unkompliziert, geht schnell. So einfach sollten wir es uns aber nicht machen. Denn mit der Macht unseres Konsums tragen wir Kunden auch Verantwortung. Natürlich ist es bequemer, bei Missständen den Schwarzen Peter der Lebensmittelindustrie zuzuschieben. Nach dem Motto: Die Hersteller sind die Bösen, die Verbraucher ihre Opfer. Aber ist es zu viel verlangt, sich zu informieren? Ein mündiger Verbraucher, ein kritischer Konsument zu sein oder zu werden? Es gibt viele Möglichkeiten, sich schlauzumachen. Zutatenlisten und das Internet sind nur zwei davon.

Wenn wir Verbraucher wissen, was erlaubt ist und was nicht, können wir geschönte Abbildungen, fadenscheinige Werbeslogans und Produktversprechen am Rande der Legalität schnell entlarven. Wer sich auskennt, fällt seltener auf Mogelpackungen herein als derjenige, der unbedarft und uninformiert durch die Gänge der Supermärkte stolpert. Das muss – bei aller Kritik an den Machenschaften von Herstellern und Handel – auch mal in aller Deutlichkeit formuliert werden.

Ich schließe mich selbst da übrigens keinesfalls aus. Wenn ich unter Zeitdruck und total gestresst einkaufen gehe, dann bin ich auch ganz und gar nicht vor Mogelpackungen gefeit. Und dazu kommt, dass Hersteller sich immer wieder neue Maschen ausdenken, die selbst die kritischsten Kunden nicht auf den ersten Blick erkennen.

So etwa die Auslobungen zur regionalen Herkunft, mit der Produzenten ihre Waren gerne schmücken. Man könnte doch meinen, dass ein Produkt, das verspricht „von regionalen Höfen" zu stammen, vom Bauern um die Ecke kommt, oder?

Regionale Produkte stehen für kurze Transportwege, transparente Produktionslinien und natürlich Frische! Und das kommt an. Die Nachfrage nach regionalen Lebensmitteln steigt seit Jahren kontinuierlich. Darum setzen nicht nur Supermärkte, sondern auch Discounter auf den heimatlichen Touch. Das fängt an mit der Gestaltung der Ladenräume und endet noch lange nicht am Regal oder bei der Verpackung.

Doch was genau ist regional? Die meisten Kunden verstehen darunter den Landkreis oder einen Naturraum, wie das Allgäu oder den Spreewald. Für viele zählt auch noch das eigene Bundesland dazu.[1] Welches Regionalverständnis allerdings Hersteller bei ihren vermeintlichen Regionalprodukten haben, ist auf vielen Verpackungen nur schwer oder gar nicht zu erkennen. Das staatlich initiierte „Regionalfenster" soll hier Abhilfe schaffen und Produkte aus der Umgebung eindeutig kennzeichnen. Aber kann das Label wirklich halten, was es verspricht? Und brauchen wir überhaupt noch ein weiteres Lebensmittel-Logo im bereits vorhandenen Siegel-Dschungel (mehr dazu: **4.1 Regionaler Schwindel** ab Seite 178)?

---

1 Stiftung Warentest (2013): Ergebnisse Umfrage regionale Lebensmittel: Das erwarten die Verbraucher, Berlin.

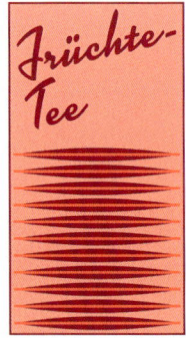

Ähnlich wie beim regionalen Schwindel sind auch Luftverpackungen nicht immer leicht zu erkennen. Viele Hersteller blasen ihre Produkte wie einen Luftballon auf, damit sie im Supermarktregal und im Einkaufswagen mehr hermachen. Manchmal fällt schon beim Einpacken im Laden auf, dass die Einkaufstüten zwar voll sind, aber nicht viel wiegen. Oft entdecken Kunden aber erst zu Hause, etwa beim Griff in die Chips-Tüte, dass diese nur bis zur Hälfte gefüllt ist (mehr dazu: 4.2 **Luftverpackungen** ab Seite 194).

Ein alter Hut, ich weiß. Aber ein Thema für die Ewigkeit ...

Trotz besseren Wissens fällt es manchmal sehr schwer, den Versprechen und Verlockungen des Handels zu widerstehen. Wenn Schnäppchenmärkte mit einmaligen Tiefstpreisen und unschlagbaren Sonderangeboten werben, zieht das viele Kunden wie ferngesteuert in die Geschäfte. Dabei ist längst nicht alles günstiger, was im Schnäppchen-Shop angeboten wird (mehr dazu: 4.3 Schnäppchenlüge ab Seite 202).

Aber so funktionieren wir Verbraucher halt. Schließlich wollen wir uns beim Einkauf auch belohnen. Geld ausgeben ist ja erst mal schlecht fürs Portemonnaie. Aber etwas beim Kauf zu sparen, das ist dann doppelt gut. Und zack: hängen wir in der Schnäppchenfalle!

4.1 Regionaler Schwindel

Wir Deutschen decken unseren Frühstückstisch gerne mit „heimischen Fruchtsorten", kaufen Joghurt mit „Pflaumen aus der Region" und essen Brot aus der Umgebung, wie „Rheinisches Landbrot" oder „Westfälisches Vollkornbrot". Wir lieben regionale Lebensmittel. Knapp drei Vierteln aller Verbraucher (73 Prozent) ist es wichtig, dass ihre Lebensmittel aus der Region kommen.[2] Etwa genauso viele sind bereit, für Regionalprodukte einen höheren Preis in Kauf zu nehmen.[3] Toleriert werden dabei in der Regel Preisaufschläge von bis zu 10 Prozent.[4]

---

2   Bundesministerium für Ernährung und Landwirtschaft (BMEL; Hrsg.) (2016): Ernährungsreport 2017, Deutschland, wie es isst, Berlin.

3   TNS Emnid (2013): Ökobarometer 2013. Repräsentative Bevölkerungsbefragung im Auftrag des BMEL, Bielefeld.

4   Quelle: AT Kearney (2014): Lebensmittel: Regional ist keine Eintagsfliege, Düsseldorf.

Das Prinzip ist simpel: Regionalität steht für Frische, Qualität und Nachhaltigkeit. Viele Kunden gehen davon aus, mit dem Kauf regionaler Ware die umliegende Wirtschaft zu fördern und durch kurze Wege die Umwelt zu schonen. Das war bei unseren Dreharbeiten zum Thema das Nr.-1-Argument für den Kauf von Regionalprodukten. Heimat hat aber auch viel mit Gefühl zu tun. So ist der Griff zur Regionalware nicht nur eine rationale Entscheidung, sondern auch hochemotional besetzt.

Werbung mit Regionalität

Und das nutzen die Hersteller schamlos aus. Dutzende Markennamen, Produktsiegel, Handelsmarken und auch Länderzeichen werben mit der vermeintlich frischen Ware aus der unmittelbaren Umgebung. Und auch in den Geschäften selbst lächeln uns heimische Spargel-, Obst- und Kartoffelbauern freundlich an und vermitteln das Gefühl: Den könnten wir kennen, den guten Mann! Verbraucherschützer sehen das kritisch. Die Werbung mit dem regionalen Ursprung der Lebensmittel sei meist unspezifisch und im schlimmsten Fall sogar irreführend.[5]

Regionalität als Kassenschlager

Mit dem Regio-Hype lässt sich viel Geld verdienen. Denn Informationen über die Herkunft von Lebensmitteln schaffen Vertrauen. Und Vertrauen ist die wertvollste Währung in der Lebensmittelbranche. Da aber nur wenige deutsche Verbraucher direkt beim Bauern (5 Prozent) oder auf dem Markt (8 Prozent) einkaufen, erwarten sie die regionalen Produkte im bevorzugten Supermarkt (62 Prozent) oder beim Discounter (43 Prozent).[6]

Deswegen werben alle mit Regionalität ...

Für die Kunden ist die Herkunft aus der Umgebung mittlerweile so wichtig, dass sie sogar das Geschäft wechseln würden, wenn der eigene Händler kein ausreichendes Angebot hat.[7] Wer als Händler also wenig oder keine Regionalwaren in seinem Sortiment führt, hat einen klaren Wettbewerbsnachteil. Dabei ist längst nicht immer regional drin, wo regional draufsteht. Die Zeitschrift Öko-Test hat 2011 und 2013 jeweils rund einhundert vermeintliche Regionalprodukte unter die Lupe genommen. Mit dem Ergebnis, dass mehr

70 Prozent!!!

als 70 Prozent die Bezeichnung nicht verdienen.[8] Dazu muss man wissen, dass der Begriff „regional" nicht gesetzlich geregelt ist. So kann jeder Hersteller ganz legal einen Heimatbezug herstellen und seine Produkte als regional

---

5 VZ Niedersachsen (2016): Lebensmittel mit Regionalangaben –
Verwirrspiel oder wichtige Einkaufshilfe? Hannover.

6 BMEL (Hrsg.) (2016): Ernährungsreport 2017, Deutschland, wie es isst, Berlin.

7 AT Kearney (2013): Lebensmittel-Trendstudie 2013. Regional ist gefragter als bio, Düsseldorf.

8 Öko-Test (2011): Regionale Lebensmittel. Der große Schwindel. Frankfurt. Öko-Test Ratgeber Essen und
Trinken (2013): Regionale Lebensmittel – Globale Regionen, Frankfurt.

Verbraucher kaufen gerne regional

mehr als **80 %** mehrmals im Monat

mehr als **60 %** wöchentlich

Besonders bei frischen Lebensmitteln legen Verbraucher Wert auf Regionalität.

Quelle: AT Kearney (2014): Lebensmittel: Regional ist keine Eintagsfliege, Düsseldorf. Die Umfrage fand in Deutschland, Österreich und der Schweiz statt.

Die **Top 5**

1. Eier   **2.** Gemüse   **3.** Obst   **4.** Fleisch   **5.** Milchprodukte

Gründe für den Kauf regionaler Waren

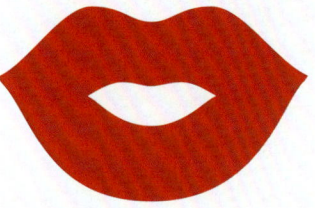   

1. Geschmack **2.** Qualität **3.** Herkunft **4.** Preis **5.** Verbraucherfreundlichkeit

Quelle: AT Kearney (2013): Lebensmittel-Trendstudie 2013. Regional ist gefragter als bio, Düsseldorf. Die Umfrage fand in Deutschland, Österreich und der Schweiz statt.

kennzeichnen. Egal, ob die Rohwaren aus einem Umkreis von 50 Kilometern, aus mehreren Bundesländern oder sogar aus dem Ausland stammen.

Es reicht sogar, dass Früchte theoretisch bei uns gedeihen können ...

Und im Prinzip haben die Hersteller ja auch recht: Irgendwo ist jedes Produkt ja regional. Stammen zum Beispiel die Äpfel für ein Kompott aus einer bestimmten Gegend, in der sie auch verarbeitet werden, dann handelt es sich um ein Kompott aus der Region. Entscheidend aber ist, wo das Kompott vertrieben und verkauft wird. Ein „echtes" Regionalprodukt – oder zumindest das, was die Verbraucherverbände dafür halten – wird nur im Umkreis der Ursprungsregion vermarktet. Ist unser Apfelkompott aber bundesweit in den Supermarktregalen zu finden, wird aus dem Regionalprodukt eine Mogelpackung.

Grenzenlos regional!

2011 haben wir uns bei den Recherchen für die Rubrik Mogelpackung über einige angebliche Regionalprodukte besonders geärgert. Wir haben darüber in der WDR Servicezeit berichtet.

Schwartau Konfitüre – Hofladen, heimische Fruchtsorten

Der Begriff „Hofladen" ziert das Etikett einer Konfitüre aus dem Hause Schwartau. Die Aufschrift „Heimische Fruchtsorten" erzeugte den Eindruck, dass es sich hierbei um Früchte aus der Heimat, also zumindest aus Deutschland handelt. Tatsächlich kamen die Zutaten damals je nach Geschmacksrichtung unter anderem aus Österreich, Skandinavien, Ungarn, Polen und aus Deutschland. Nach heftigen Verbraucherreaktionen verschwand der Untertitel „Heimische Fruchtsorten" vom Etikett.

Rügenwalder Mühle – Pommersche, Schnittlauch

Mit dem Markennamen „Rügenwalder Mühle" und dem Sortennamen „Pommersche" suggeriert der Hersteller mehr Regionalität, als in dem Produkt steckt. Der Ort Rügenwalde liegt in Polen. Dort hat das Unternehmen seinen Ursprung. Heute liegt der Firmensitz samt Produktion in Bad Zwischenahn in Niedersachsen. Die Fleischlieferanten kamen 2011 aus Deutschland und Dänemark. Mit Polen hatte das Produkt nichts als den Namen gemein. Es ist heute noch genauso im Handel erhältlich.

Die Thüringer – Knackwurst, gegart

Auch bei der „Thüringer" ist es der Markenname, der eine Herkunftsbezeich-
nung trägt. Das Fleisch für diese Knackwurst stammte aus Nordrhein-Westfalen und Baden-Württemberg. Diese Bundesländer grenzen noch nicht einmal
an Thüringen. Auch dieses Produkt gibt es noch genauso zu kaufen.

Zentis – Aachener Pflümli

Der Hersteller des Pflaumenmuses bezog sich in der Ortsangabe Aachen auf
seine Produktionsstätte. Die Früchte aber stammten aus Serbien und Ungarn, „da hier [gemeint ist der Raum Aachen] kein typisches Anbaugebiet für
Pflaumen ist", wie Zentis auf unsere Anfrage schrieb. Der Klassiker steht noch
immer identisch in den Supermarktregalen.

Halberstädter Würstchen – 10 Maxxi Würstchen

Halberstadt liegt in Sachsen-Anhalt. Dort werden die Würstchen auf
traditionelle Weise über einem Kamin geräuchert. Dafür tragen sie sogar das
EU-Siegel „geschützte geografische Angabe". Das Siegel sagt aber, genauso
wie der Markenname, nichts über die Herkunft des Fleisches für die Würstchen aus. Und das kam damals nicht aus Halberstadt, sondern aus verschiedenen europäischen Ländern. „Das Rindfleisch (...) in Einzelfällen auch
aus Argentinien und Australien", so der Hersteller auf unsere Anfrage. Die
Halberstädter Würstchen sind noch immer so im Handel erhältlich.

Zum Dorfkrug – Sylter Salatfrische

Die Zutaten der Salatsoße „Sylter Salatfrische" stammen – anders als es das
Etikett vermuten lässt – allesamt nicht von der Insel Sylt, auch nicht aus der
unmittelbaren Umgebung. Das Produkt wird auch nicht auf der Insel hergestellt. Produktionsstätte ist Neu Wulmstorf bei Hamburg, etwa 250 Kilometer
von Sylt entfernt.

Zum Dorfkrug, 2011: „Bei unserer ‚Sylter Salatfrische' handelt es sich aus-
drücklich um eine phantasievolle Wortkombination. Mit dieser Namens-
gebung möchten wir keinesfalls einen geografischen Zusammenhang zum
Produktionsstandort oder der Rezepturentwicklung herstellen."

*Ach so! Deswegen ist auf der aktuellen Flasche auch explizit der
Hinweis auf die Produktionsstätte in Neu Wulmstorf. Schon klar!*

Viel Werbung, wenig Transparenz

Das Angebot an Regionalprodukten im Handel scheint groß, die Transparenz aber ist klein. Oft tragen **Marken** in ihrem Namen einen Herkunftsbezug. So wie die Milchprodukte der Marke „Mark Brandenburg", über die wir in unserem Beitrag in der WDR Servicezeit 2013 berichtet haben. Damals stammten unsere Beispielprodukte nicht aus dem Bundesland Brandenburg, sondern aus den Produktionsstandorten in Baden-Württemberg und in Köln.[9] Im Markengesetz gibt es für die regionale Herkunft der Zutaten oder die regionale Verarbeitung keine Regelungen.

Wer jetzt denkt, mit dem sogenannten Identitätskennzeichen die Herkunft der Waren entschlüsseln zu können, der irrt. Zwar tragen alle Lebensmittel tierischen Ursprungs (Fleisch, Milch, Milchprodukte) ein ovales Zeichen, das Auskunft darüber gibt, in welcher Produktionsstätte der letzte Verarbeitungsschritt des Produkts stattgefunden hat. Der Betrieb kann aber theoretisch die Ware auch nur portionieren und verpacken.

Ein herrliches Schlupfloch, um auch Waren aus Übersee einen regionalen Touch zu verpassen.

Über die Herkunft der Rohwaren sagt das Identitätszeichen also gar nichts aus. Auf die Spitze treibt es die Marke „Unser Norden" des norddeutschen Einzelhändlers Sky, die unter anderem Orangensaft, Tee und Kaffee im Angebot hat. Auf unsere Anfrage, nach welchen Kriterien diese Produkte „nordisch" seien, wollte sich der Händler nicht äußern.

Kurze Transportwege von Orangen, Kaffee und Schokolade innerhalb Norddeutschlands? Wer's glaubt, wird selig!

Auf der Marken-Webseite hieß es 2014: „Aus dem Norden – für den Norden. Immer mehr Menschen bevorzugen Produkte aus ihrer Region – aus guten Gründen. Denn kurze, schnelle Transportwege schonen die Umwelt und die Ware bleibt frischer."

Mittlerweile wurde der Text überarbeitet.

Nun heißt es: „(...) unsere beliebte Eigenmarke bietet ausschließlich Lebensmittel an, die hier hergestellt, veredelt oder nach traditionell norddeutschen Verfahren zubereitet werden. Klar, dass auch alle Lieferanten in der Region beheimatet sind. Dank der kurzen Transportwege haben Gemüse und Co länger Zeit zu reifen und kommen besonders frisch (...) an. Das ist nicht nur gut für den Geschmack, sondern auch für die heimische Wirtschaft und die Umwelt."

Aha!

---

9   Bei unseren aktuellen Testkäufen in Berlin im Jahr 2017 haben wir allerdings ausschließlich Produkte von „Mark Brandenburg" gefunden, deren letzte Stationen tatsächlich in Brandenburg waren.

Das Identitätskennzeichen

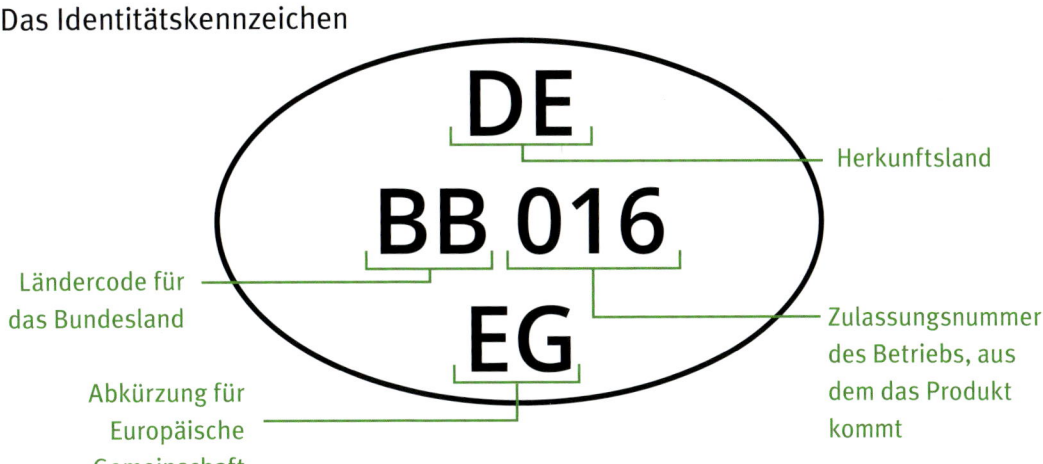

Herkunftsland

Ländercode für
das Bundesland

Abkürzung für
Europäische
Gemeinschaft

Zulassungsnummer
des Betriebs, aus
dem das Produkt
kommt

Auch die **Produktbezeichnungen** stellen oft einen Regionalbezug her, der relativ weit hergeholt ist. Das Fleisch für eine von uns gekaufte und bundesweit vertriebene „Rheinische Schinkenwurst" vom Discounter Lidl stammte nicht aus dem Rheinland, sondern aus Niedersachsen.

Diese drei Beispiele, über die wir in der WDR Servicezeit berichtet haben, sind keine Einzelfälle. Sie stehen für die große Anzahl vermeintlicher Regionalprodukte, die wir bei unseren Recherchen in den Supermärkten und bei den Discountern gefunden haben.

Achten Sie beim nächsten Einkauf mal selber auf die Regionalbezüge auf den Produkten!

Regionale Handelsmarken

Viele Händler werben mit eigenen **Regionalmarken**, wie etwa „Rewe regional" von Rewe oder „Unsere Heimat – echt & gut" von Edeka. Die Richtlinien und Standards der verschiedenen Anbieter sind dabei ganz unterschiedlich. Auf der Verpackung lassen sich die Anforderungen aber nur schwer oder gar nicht erkennen – und noch schwerer miteinander vergleichen.

Jeder Supermarkt kocht sein eigenes regionales Süppchen.

Was ist regional?

Doch was erwarten Kunden von einem regionalen Produkt? Soll es aus der Gemeinde kommen? Dem Landkreis? Oder zumindest aus dem Bundesland?

Was die Verbraucher laut einer repräsentativen Umfrage der Stiftung Warentest unter Region verstehen, zeigt die Grafik rechts.

Das Regionalfenster

Um für Verbraucher mehr Transparenz bei den Regionalprodukten zu schaffen, hat das Bundesministerium für Ernährung und Landwirtschaft (BMEL) im Januar 2014 das freiwillige Kennzeichen „Regionalfenster" eingeführt. Das Informationsfeld gibt Auskunft über die Herkunft der Zutaten und den Verarbeitungsort. Nach einer Testphase im Jahr 2013 wurde das Regionalfenster – unter Mitwirkung der Verbraucherzentralen – noch einmal überarbeitet.

Ein Informationsfeld! Kein Siegel!? Das Fenster ist als Marke eingetragen.

Auf dem Feld steht:

· welche Zutaten aus der Region kommen
· wo das Produkt verarbeitet wurde
· wie hoch der regionale Anteil ist

Hersteller können ihre Produkte bei einem unabhängigen Trägerverein zertifizieren lassen. Bis dato haben das bereits 710 Hersteller getan und für mehr als 4.000 Produkte das

Regional

√ **Wo kommt es her?**
√ **Wo wurde es verarbeitet?**
√ **Wie hoch ist der regionale Anteil?**

blaue Fenster beantragt.[10] Das hört sich viel an, allerdings sind die Waren mit dem Siegel bundesweit unterschiedlich verbreitet. Bei unseren Recherchen 2014 haben wir in Köln nur Möhren und Kartoffeln mit dem Regionalfenster gefunden. In Nordrhein-Westfalen ist das Regionalfenster auch aktuell immer seltener im Supermarktregal zu finden als etwa in Bayern und Baden-Württemberg.

Monoprodukte zu 100 Prozent aus der Region

Die Anforderungen an das Regionalfenster sind je nach Produktkategorie unterschiedlich streng. Das ist auch der Grund für die massive Kritik, die das Bundesministerium für Ernährung und Landwirtschaft (BMEL) bei der

---

10   Stand: Januar 2017.

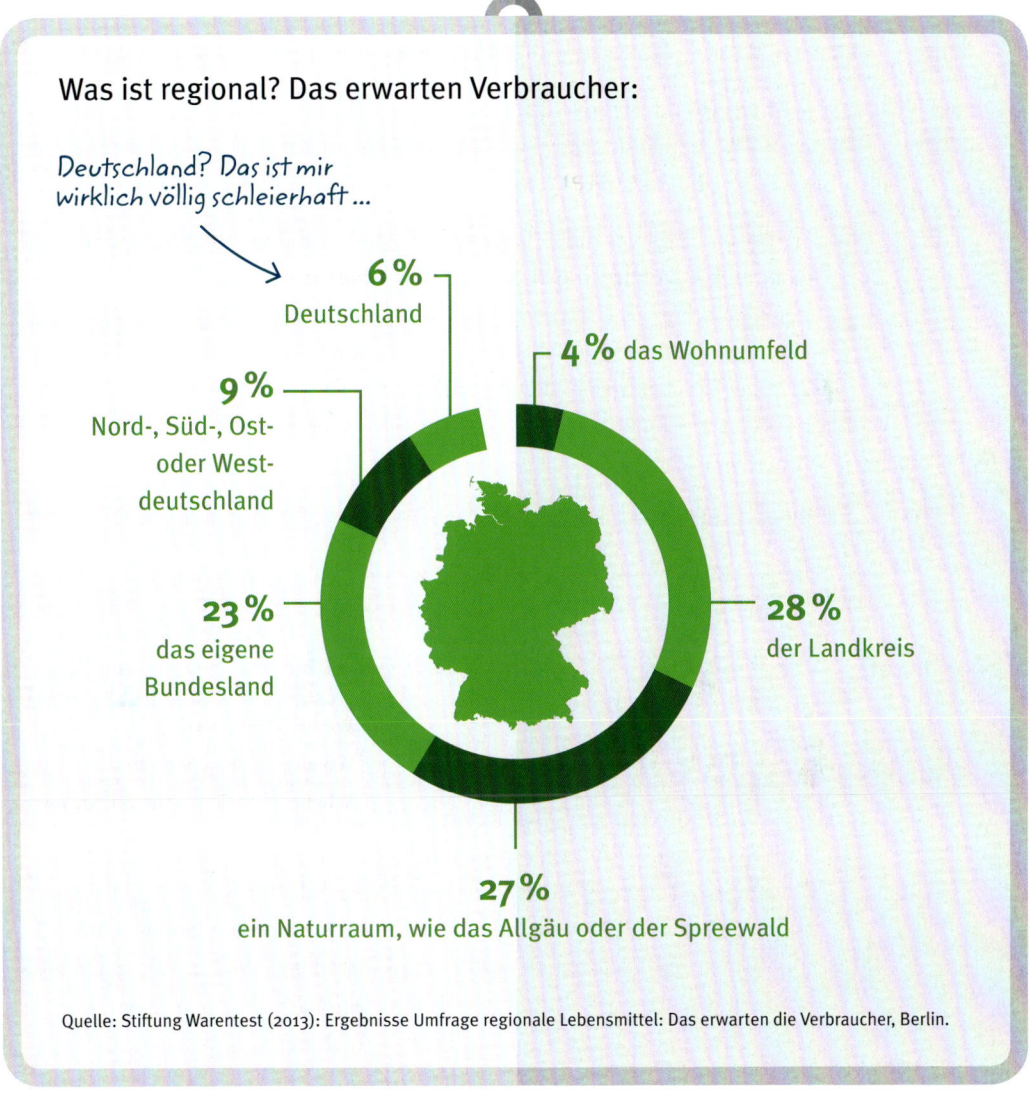

Was ist regional? Das erwarten Verbraucher:

Deutschland? Das ist mir wirklich völlig schleierhaft ...

6 %
Deutschland

4 % das Wohnumfeld

9 %
Nord-, Süd-, Ost-
oder West-
deutschland

28 %
der Landkreis

23 %
das eigene
Bundesland

27 %
ein Naturraum, wie das Allgäu oder der Spreewald

Quelle: Stiftung Warentest (2013): Ergebnisse Umfrage regionale Lebensmittel: Das erwarten die Verbraucher, Berlin.

Einführung einstecken musste. Monoprodukte, also Lebensmittel, die nur aus einer Zutat bestehen wie Kartoffeln und Möhren, müssen zu 100 Prozent aus der auf dem blauen Feld definierten Region stammen. Das heißt, bei Gemüse und Obst können Verbraucher sicher sein, dass diese in der Region angebaut und geerntet worden sind, die auf dem Regionalfenster steht. Das ist schon mal gut!

Aber das steht im Supermarkt oft sowieso schon drauf ...

Wann ist Fleisch regional?

Bei Fleisch und Fleischprodukten sieht es anders aus. Nach den Richtlinien des Regionalfensters müssen die Tiere in der Region geschlachtet und teilweise gemästet werden. Sie müssen dort aber weder geboren werden noch aufwachsen. Auch regionales Futter ist nicht vorgeschrieben.

Verbraucherschützer finden das nicht ausreichend. Für die Vermarktung von regionalem Fleisch – so die Kritik – sollten höhere Standards gelten. Ihrer Ansicht nach sind regionale Fleischprodukte nur dann wirklich regional, wenn sie von Tieren stammen, die in der Region aufgewachsen sind, geschlachtet und verarbeitet wurden.

Bei zusammengesetzten Produkten reichen 51 Prozent

Skeptisch sind Verbraucherverbände aber besonders bezüglich der Kriterien für zusammengesetzte Produkte. *Wie beispielsweise Fleischwurst ...*

... Schweinefleisch ...

... Rindfleisch, Speck etc.

Die erste Hauptzutat muss hier zu 100 Prozent aus der angegebenen Region stammen. Beträgt die erste Hauptzutat aber weniger als die Hälfte des Gesamtgewichts, so müssen die weiteren Zutaten (jeweils zu 100 Prozent) regional sein, bis 51 Prozent des Gesamtgewichts erreicht sind. Woher die restlichen Zutaten stammen, spielt keine Rolle. Das heißt, 51 Prozent Regionalität ist ausreichend für ein Regionalprodukt, das mit einem staatlich initiierten Kennzeichen ausgezeichnet werden kann. Viele Verbraucherschutzexperten finden das zu wenig! Sie fordern deutlich höhere regionale Anteile und *... und auch ic* endlich eine verbindliche Definition des Begriffs „regional", sodass jeder weiß, woran er eigentlich ist, wenn regional draufsteht.[11]

Gut gemeint ist eben noch lange nicht gut gemacht. Schade!

Wie groß ist eine Region?

Wenn man sich anschaut, wie die verschiedenen Regionen für das blaue Fenster definiert sind, sind wir beim dritten großen Kritikpunkt am Regionalfenster. *Das darf sich dann regional nennen ...* Nach den Richtlinien muss die Region kleiner als Deutschland sein und kann Staats- oder Ländergrenzen überschreiten. Zum Beispiel können Produkte aus

---

11 Verbraucherzentrale Bundesverband (vzbv) (2010): Verbrauchergerechte Kennzeichnung von regionalen Lebensmitteln. Positionspapier der vzbv und der Verbraucherzentralen, Berlin.

der „Städteregion Aachen" auch aus den Niederlanden kommen. Es gibt definierte Regionen wie beispielsweise das „Rheinland". Das weiß man zuzuordnen. Aber es gibt auch die definierte Region „Süddeutschland" oder „Norddeutschland", die aus sieben verschiedenen Bundesländern bestehen können.

Richtlinien Regionalfenster: „Die Region muss für den Rohwarenbezug eindeutig und nachprüfbar benannt werden (zum Beispiel Landkreis, Bundesland oder Angabe eines Radius in Kilometern) und kleiner als die Bundesrepublik Deutschland sein, sie kann jedoch Staats- oder Ländergrenzen überschreiten (zum Beispiel Getreide aus der Eifel oder 100 Kilometer um Aachen)."

**Qualität
aus Bayern**

*So ein Label
braucht doch echt
kein Mensch!*

Viele Kunden, mit denen ich bei den Recherchen und Dreharbeiten zum Thema gesprochen habe, hatten ganz andere Vorstellungen von Regionalprodukten. Aber ein staatlich initiiertes Label schafft eben Vertrauen – auch wenn keiner die Richtlinien so genau kennt.

Nach einer ersten Testphase im Jahr 2013 hatten die Verbraucherzentralen erfolglos versucht, einen höheren Regionalanteil in zusammengesetzten Produkten durchzusetzen. Eine Verbesserung für Verbraucher konnten sie bei den Verhandlungen mit dem Bundeslandwirtschaftsministerium aber doch erzielen: Der Anteil aller regionalen Zutaten muss mit einer Prozentzahl auf dem Informationsfeld angegeben werden. So kann jeder Verbraucher erkennen, wie viel Region tatsächlich in dem Produkt steckt.

BMEL zufrieden mit dem Regionalfenster

Trotz aller Kritik ist das BMEL stolz auf die „aussagekräftige und verlässliche Regionalkennzeichnung". Auf unsere kritischen Fragen zu den geringen Regionalquoten hieß es 2014:

BMEL: „Auf den ersten Blick kann jeder erkennen, wo das Produkt verarbeitet wurde, wie die Region definiert ist und dass die Hauptzutat und alle wertgebenden Zutaten zu 100 Prozent aus dieser Gegend stammen – garantiert. (…) Der Verbraucher bekommt verlässliche Informationen und kann so frei entscheiden, ob das Produkt seinen Ansprüchen an Regionalität entspricht."

Im Oktober 2014 zog der zuständige Bundesminister Christian Schmidt (CSU) eine erste Bilanz. Die Markteinführung der Regionalkennzeichnung sei ein Erfolg.

Christian Schmidt, Bundesminister für Ernährung und Landwirtschaft: „Das Regionalfenster setzt neue Maßstäbe – das hat viele Produzenten und Vermarkter zum Mitmachen bewogen."

Das Regionalfenster als freiwillige Herkunftskennzeichnung mag viele Hersteller überzeugen, reguliert aber noch lange nicht den kaum zu durchschauenden Markt, von echten Regionalprodukten vom Landwirt um die Ecke bis hin zu Mogelpackungen, die Regionalität nur suggerieren. Denn noch immer kann jeder Produzent machen, was er will, und regionale Bezüge herstellen, die gar nicht vorhanden sind. Erst eine verbindliche Regionalkennzeichnung würde das unterbinden. Doch diese ist nicht in Sicht. Dazu fehlen die gesetzlichen Grundlagen auf Bundes- und EU-Ebene. Auf der Webseite des Regionalfensters heißt es außerdem:

Für uns Verbraucher bleibt das Ganze undurchschaubar.

Regionalfenster e.V.: „Eine gesetzlich klare Definition der Region dürfte aufgrund der kulturellen Historie des Regionsbegriffes eher einer Sisyphosarbeit gleichen als einer praktikablen Lösung für den Verbraucher."

So einfach kann man es sich machen ...

Regionalbewegungen unter Druck

Die sogenannten **Regionalinitiativen** wünschen sich aber ganz dringend ein Regionalsiegel. Denn nicht nur für Verbraucher ist das Werben mit falscher Regionalität ärgerlich, sondern auch für die vielen kleinen Akteure des regionalen Wirtschaftens. Sie leiden zunehmend unter dem Druck der großen Konzerne. Regionalinitiativen sind Zusammenschlüsse von Kleinunternehmen, Bauern und lokalen Lebensmittelherstellern, die oft schon viele Jahre lang gemeinsam ihre Produkte vermarkten und so die Wirtschaft vor Ort stärken. Für sie wird es in Zeiten des Regio-Booms immer schwieriger, ihre Glaubwürdigkeit zu wahren. Deswegen plädiert der Verband der Regionalbewegungen für eine gesetzliche und für alle Beteiligten einheitliche Regelung auf Bundesebene, ähnlich wie bei Biowaren.[12]

Länderzeichen für Herkunft aus einem Bundesland

Neben dem Regionalfenster und den unzähligen Regionallabels gibt es auch noch offizielle **Ländersiegel**, die die Herkunft aus einzelnen Bundesländern

---

12 Bundesverband der Regionalbewegung (2011): Positionspapier Glaubwürdige Regionalvermarktung. Regionale Wirtschaftskreisläufe als Basis eines Regionalsiegels, Feuchtwangen.

auszeichnen. Mehr als ein Dutzend solcher Logos sind auf dem Markt, je nach Bundesland mit völlig unterschiedlichen Kriterien. Während es beispielsweise für das Qualitätssiegel aus Baden-Württemberg Standard ist, dass 100 Prozent der Hauptzutat aus dem Bundesland kommen, sind es in Thüringen nur 50,1 Prozent. Dem Verbraucher wird durch das jeweilige Siegel trotzdem suggeriert, dass es sich um ein echtes regionales Lebensmittel handelt. Noch ein Grund mehr, einheitliche Kriterien zu fordern.

Was hat sich seit der Ausstrahlung getan?

Der Regionalboom ist ungebremst – und er wird anhalten.[13] Anlass genug für die Verbraucherzentralen, 2015 einen bundesweiten Marktcheck durchzuführen und regionale Produkte mit und ohne Regionalfenster genauer anzuschauen.[14] Die Verbraucherschützer kommen zu dem Schluss, dass viele Regionalangaben auf Produkten und an den Supermarktregalen vor allem der Imagepflege des Handels und der Produzenten dienen. Sie bemängeln, dass Produkte mit dem Regionalfenster noch nicht bundesweit flächendeckend präsent sind und es große regionale Unterschiede im Sortiment und in der Angebotsmenge gibt. So können Verbraucher im Süden deutlich mehr Produkte mit dem Fenster einkaufen als im Norden. Große Unterschiede gibt es auch bei den Entfernungen der Abpack- oder Verarbeitungsorte von Fleisch- und Wurstwaren (mit Regionalfenster) bis zum Einkaufsort. Sie reichten von (vorbildlichen) 16 bis (unglaublichen) 474 Kilometern. Bei regionalen Waren ohne Regionalfenster wurden Entfernungen von 15 bis 482 Kilometern ermittelt. Kein großer Unterschied also!

Das Ergebnis ist jetzt nicht sooo überraschend ...

474 km – das ist mehr als eine Fahrt Köln–Hamburg!

Trotz aller Kritik an dem blauen Informationsfeld kommen die Verbraucherschützer aber zu dem Ergebnis, „dass durch die Angabe des Regionalfensters Transparenz in unvollständige oder unkonkrete Angaben gebracht werden kann." Denn mit dem Fenster müssen die Herkunft und der Anteil der regionalen Zutaten zumindest kenntlich gemacht werden. Ihr Fazit: Das Regionalfenster ist ein Schritt in die richtige Richtung, aber lange nicht der Weisheit letzter Schluss. *... und das auch noch freiwillig!*

Transparenz mit Minimal- anforderungen ...

---

13 Quelle: AT Kearney (2014): Lebensmittel: Regional ist keine Eintagsfliege, Düsseldorf.
14 VZ Niedersachsen (2016): Lebensmittel mit Regionalangaben – Verwirrspiel oder wichtige Einkaufshilfe? Hannover.

Transparente Herkunft, aber nicht immer aus der Region

Die Verbraucherverbände fordern ein größeres Angebot an Produkten mit Regionalfenster und strengere Vorgaben für das Fenster in Bezug auf

· den Mindestanteil regionaler Zutaten
· die Größe einer Region
· die Verwendung zusätzlicher Auslobungen

Außerdem plädieren sie für neutrale Kontrollen, Sanktionen und bessere gesetzliche Vorgaben auf europäischer und nationaler Ebene, damit die Anbieter nicht mehr auf unseren (Heimat-)Gefühlen herumtrampeln können.

Yvonnes Notiz

Gestern vom Feld geerntet und heute beim Bauern direkt eingekauft – so sehen regionale Lebensmittel für mich aus. Diese im Supermarkt oder beim Discounter zu finden, scheint mir per se schon mal schwierig. Allein aufgrund der Logistik. Deshalb: Augen auf beim Regio-Kauf! Hier gibt es eine Menge Mogelpackungen. Das offizielle Regionalkennzeichen ist hilfreich, besonders bei frischem Obst und Gemüse, das mit Abstand den größten Teil der für das Regionalfenster zertifizierten Produkte (rund 3.000 von etwa 4.000) ausmacht. Hier gibt es klare Kriterien, die erfüllt werden müssen und kontrolliert werden. Das ist schon mal gut – auch wenn es sich bislang nur um eine freiwillige Kennzeichnung handelt. Vielleicht sollten wir Kunden im Supermarkt öfter mal in der Gemüseabteilung nachhaken, welche der Produkte tatsächlich in der Nähe geerntet wurden.

Denn die Mindeststandards für das Regionalfenster halte ich für zu niedrig. Dass Lebensmittel aus sieben verschiedenen Bundesländern kommen dürfen und trotzdem mit einem staatlichen Kennzeichen als offizielle Regionalprodukte verkauft werden dürfen, finde ich nicht in Ordnung. Meiner Meinung nach hat das mit Regionalität nichts zu tun. Und auch dass bei zusammengesetzten Produkten nur etwas mehr als die Hälfte der Zutaten aus der Umgebung kommen muss, finde ich zu wenig. Ein verbindliches Regionalzeichen in dieser Form brauchen wir nicht, denn es würde den Wildwuchs auf dem Regional-Markt nicht eindämmen. Meiner Meinung nach sollte bei einem „regionalen Produkt" der Großteil der Zutaten aus einer Region stammen und diese sollte deutlich kleiner als sieben Bundesländer sein. Wer mit Regionalität werben will, der muss mehr leisten als andere und verpflichtend nachweisen, wo genau die Zutaten herkommen. Wenn Sie wollen, dass Ihre Lebensmittel zu 100 Prozent aus der Region kommen, dann kaufen Sie direkt beim Bauern. Da wissen Sie sicher, wo die Ware herkommt. Auch auf dem Wochenmarkt finden Sie viele Direktvermarkter. Wenn im Supermarkt aber mit „Heimat" oder der „regionalen Herkunft" vor allem bei stark verarbeiteten Produkten geworben wird, dann suchen Sie nach weiteren Informationen auf der Verpackung. Seriöse Anbieter geben klare Auskunft darüber, wo die Rohwaren herkommen. Werden Sie auf der Verpackung nicht fündig, haben Sie es vermutlich mit regionalem Schwindel zu tun!

Zum Weiterlesen

Regionalfenster: www.regionalfenster.de

Auf den Internetseiten des Trägervereins finden sich alle Informationen rund um das blaue Regionalfenster. Auch die Kriterien für die Vergabe können hier eingesehen werden.

Label-online: www.label-online.de

Die Kriterien vieler Regionallabels und -siegel wurden von der Verbraucherinitiative unter die Lupe genommen und bewertet.

Bundesverband Regionalbewegung: www.regionalbewegung.de

Auf der Seite des Bundesverbandes der Regionalbewegung finden sich viele Informationen und Hinweise auf Veranstaltungen der Initiativen.

Verbraucherzentrale NRW: www.vz-nrw.de

Auf der Seite der Verbraucherzentrale Nordrhein-Westfalen sind viele Informationen zum Regionalfenster und zu Lebensmitteln mit Regionalbezug zusammengefasst. Hier der Link: www.vz-nrw.de/regionale-lebensmittel

Verbraucherzentrale Hamburg: www.vzhh.de

Der Marktcheck der Verbraucherzentralen und die Bewertung des Regionalfensters sind auf der Seite der Verbraucherzentale Hamburg abrufbar. Hier der Link: www.vzhh.de/ernaehrung/462842/vzhh_Untersuchungsbericht_Regionalkennzeichnung.pdf

4.2 Luftverpackungen

Seit 2009 gilt innerhalb der EU die Fertigpackungsrichtlinie 2007/45/EG. Seitdem dürfen Hersteller ihre Waren in beliebig großen oder kleinen Packungen verkaufen. Viele nationale Standardgrößen sind damit weggefallen, etwa die Literpackung Milch oder das 250-Gramm-Paket Butter. Ziel der Richtlinie war, mehr Wettbewerb zwischen den Lebensmittelherstellern aus den verschiedenen europäischen Ländern zu ermöglichen. Egal ob Joghurt, Getränke oder Schokolade, Produzenten dürfen nun frei wählen, in welcher Menge sie ihre Produkte verpacken. Ausnahmen sind Wein, Sekt und Spirituosen (mehr dazu: **1.3 Verpackungsärger** ab Seite 38).

Luft in Tüten!

Viele Hersteller haben die Freigabe der Verpackungsgrößen genutzt, um Preise unauffällig zu erhöhen oder „anzupassen", wie es im Fachjargon heißt, durch kleinere Packungsgrößen oder eben durch gleich große Verpackungen

Das ist eine Masche, die uns immer wieder unterkommt. Hersteller ändern ihre Packungsgrößen ja praktisch ständig!

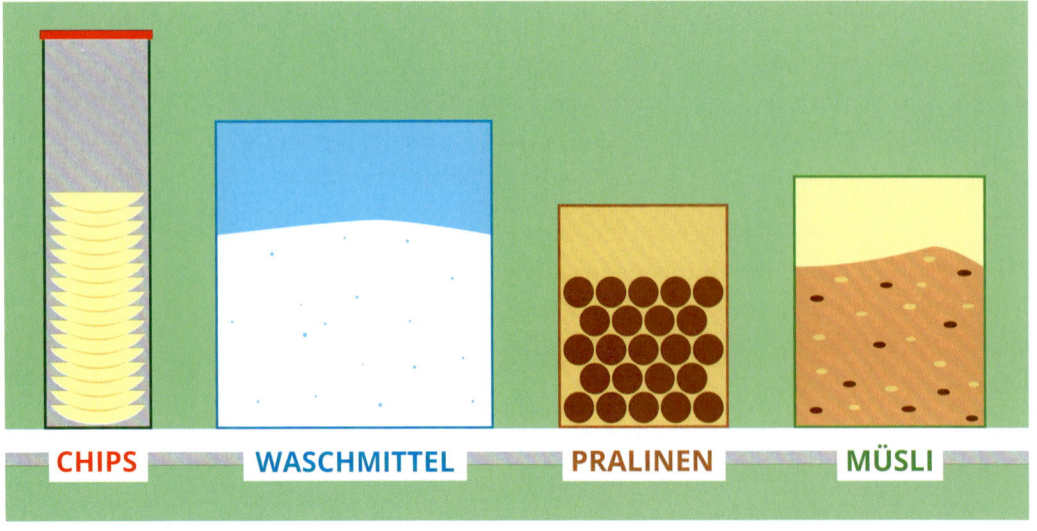

CHIPS   WASCHMITTEL   PRALINEN   MÜSLI

mit weniger Inhalt. Oft ist das für Kunden im Geschäft nur schwer zu erkennen – und fällt erst zu Hause beim Auspacken auf. Denn viele Verpackungen bieten optisch wenige Anhaltspunkte, an denen sich Verbraucher orientieren können. Zwar muss die Menge des Inhalts in Gramm oder Milliliter auf der Packung angegeben werden. Aber wer liest schon bei jeder Packung das Kleingedruckte, wie viel tatsächlich in der Tüte ist. In die Verpackung eingelassene Sichtfenster bieten zwar etwas Transparenz, doch wenn das Fenster unten an der Packung ist oder so klein, dass Kunden den Inhalt kaum erkennen können, oder wenn die Packung so trickreich bis knapp über den Sichtbereich hinaus befüllt ist, hilft diese Transparenz wenig.

Ob da wohl Absicht dahintersteckt?

Bei unseren Recherchen haben wir die unmöglichsten Verpackungen entdeckt, aufgeblasen wie Luftballons mit minimalem Inhalt. Unser Spitzenreiter hatte einen Luftanteil von mehr als 72 Prozent. Eines haben alle Luftnummern gemein: Die Verpackungen der Produkte versprechen mehr Inhalt, als vorhanden ist. 2011 haben wir uns in einem Mogelpackung-Beitrag zum ersten Mal mit der teuren Luft in Tüten beschäftigt. Damals haben wir uns über viele Produkte richtig geärgert.

Gille Schokokeks
Bei den Schokokeksen der Firma Gille war wegen der durchsichtigen Folie bereits beim Aufrichten zu erkennen, dass noch jede Menge Platz in der Schachtel ist. Von der 20,5 Zentimeter langen Verpackung waren 6,5 Zentimeter leer. Der Anteil der Luft in der Verpackung betrug 31,7 Prozent!

Immerhin sind es aktuell 1,5 Zentimeter weniger Luft und 10 Gramm mehr Inhalt in der Packung!

Finn Crisp Knäckebrot
Nicht erkennbar war dagegen der Luftanteil bei einem Knäckebrot der Marke Finn Crisp. Erst nach dem Öffnen haben wir gesehen, dass 2,8 Zentimeter der 13,8 Zentimeter hohen Verpackung leer waren. Anteil der Luft: 20,3 Prozent!

Weißer Riese Waschmittel
Das von uns gekaufte Waschmittel „Weißer Riese Kraftpulver" warb auf der Verpackung großzügig mit „+10% GRATIS". Die 32 Zentimeter hohe Verpackung war aber nur bis zu einer Höhe von 17,5 Zentimeter gefüllt. Anteil der Luft in der Verpackung: 45,3 Prozent.

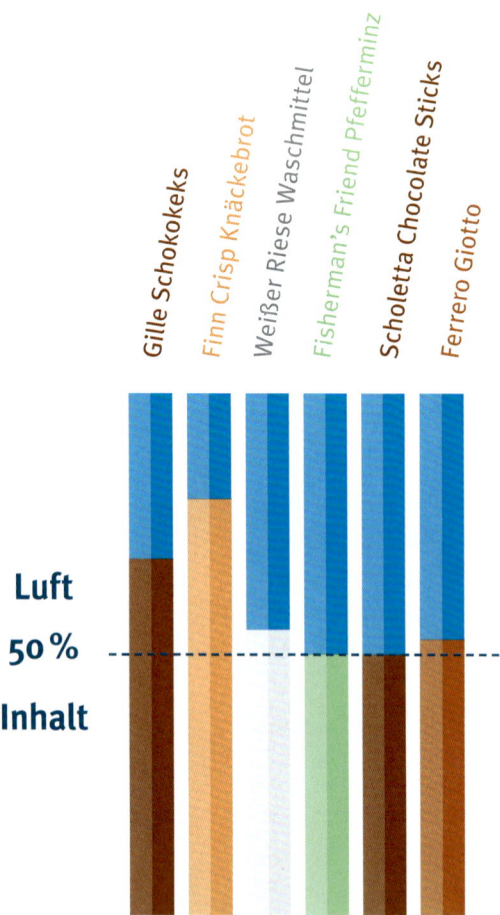

Luft

50 %

Inhalt

... wenn auch am äußersten Rand!

Fisherman's Friend Pfefferminz

In den 3er-Pack „Pfefferminz" der Marke Fisherman's Friend hätten unserer Ansicht nach doppelt so viele Lutschpastillen gepasst. Anteil der Luft in der Tüte: 50 Prozent.

Scholetta Chocolate Sticks

Ebenfalls noch Platz war in der Packung „Chocolate Sticks" der Marke Scholetta von Aldi. Jede Schokostange hatte eigentlich Platz für zwei. Anteil der Luft in der Verpackung: 50 Prozent!

Ferrero Giotto

Besonders dreist fanden wir die 9x3er-Packung „Giotto" des Süßwaren-Riesen Ferrero. Der Anteil der Luft in der Verpackung betrug 47,2 Prozent.

Jeweils drei der Waffelkugeln waren einzeln verpackt. Würde man auf diese Einzelverpackungen verzichten, wäre die Umverpackung sogar zu 72,2 Prozent leer!

Ist das überhaupt legal?

Kaum zu glauben, aber keines unserer Beispiele war eine echte Mogelpackung. Alle bewegten sich innerhalb des gesetzlichen Rahmens. Die Luft in Tüten ist im Eichgesetz geregelt. Das Eichamt ist die zuständige Prüfstelle für Verpackungstäuschungen. Im Eichgesetz § 43 (2) heißt es: „Fertigpackungen müssen so gestaltet und befüllt sein, dass sie keine größere Füllmenge vortäuschen, als in ihnen enthalten ist." Diese Regelung ist leider sehr vage. Um sie im konkreten Fall anwendbar zu machen, gibt es eine interne Richtlinie, die von der „Arbeitsgemeinschaft Mess- und Eichwesen" erstellt wurde, dem Koordinierungsorgan der Eichaufsichtsbehörden der sechzehn Bundesländer. Die Richtlinie besagt, dass nicht mehr als 30 Prozent Luft in der Packung sein sollten.

Doch bei Reklamationen muss immer der Einzelfall beurteilt werden. Das heißt, dem Hersteller muss nachgewiesen werden, dass er eine Täuschungsabsicht hat. Und das ist schwer. Denn es gibt Möglichkeiten, die 30-Prozent-Richtlinie geschickt zu umgehen. So können Hersteller sich zum Beispiel darauf berufen, dass Füllmengen „technisch bedingt" oder „produktionsbedingt" sind, wie etwa bei Waschmitteln.

Mehl- oder Zuckerproduzenten haben offenbar kein Problem damit, ihre Tüten bis oben hin zu füllen, obwohl sie auch pulverförmige Waren verpacken!

Auch ein Sichtfenster liefert Produzenten ein gutes Argument dafür, dass Kunden bereits im Laden die Füllhöhe erkennen könnten. Dazu kommt, dass nicht jede übergroße Verpackung automatisch verboten ist. So liegt zum Beispiel keine Täuschung vor, wenn Verbraucher mit einem Missverhältnis zwischen Inhalt und Umfang der Verpackung rechnen können. So dürfen etwa Pralinen so eingepackt werden, dass das Volumen der Verpackung sechsmal so groß ist wie das Gewicht der Praline. Beispiel: Wiegt das Konfekt 10 Gramm, darf es von einer sechsmal so großen Verpackung (bis zu 60 Milliliter) umgeben sein. Dann kann der zugelassene Luftanteil schon mal über 80 Prozent liegen. Die 30-Prozent-Marke ist also nur ein Orientierungswert. Und eine Orientierung ist eben nur das, was der Name sagt: eine Orientierung und kein Gesetz.

Gewicht ist ja nicht gleich Volumen!

Verbraucherschützer fordern konkrete Gesetzesregelung

Um Verbraucher vor Luftverpackungen zu schützen, reicht die Gesetzeslage nicht aus, bemängelt Nora Dittrich von der Verbraucherzentrale Nordrhein-Westfalen in Düsseldorf. Die Hersteller könnten Klagen leicht abwehren, etwa damit, dass die Packung ein Sichtfenster habe, der Inhalt tastbar sei oder es (klein gedruckte) Hinweise bezüglich der technisch bedingten Füllhöhe auf der Verpackung gebe.

Nora Dittrich, Verbraucherzentrale NRW: „Alle Beanstandungen müssen im Einzelfall überprüft werden. Die 30-Prozent-Regel ist da nur ein Ansatzpunkt. Es ist durch die unkonkrete Gesetzeslage teilweise extrem schwer, den Herstellern eine Täuschungsabsicht oder Irreführung nachzuweisen."

Eichämtern sind die Hände gebunden

Darüber ärgern sich auch Beamte in den Eichämtern. Ralf Tillekamp vom Landesbetrieb Mess- und Eichwesen Nordrhein-Westfalen beklagte bereits bei unseren Dreharbeiten 2011, dass die gesetzlichen Bestimmungen viel zu lasch und herstellerfreundlich sind. Seiner Meinung nach müsse das 40 Jahre alte Eichgesetz endlich nachjustiert werden, denn die Verbraucher würden durch die teilweise viel zu großen Verpackungen getäuscht. Den Eichämtern seien aber die Hände gebunden.

Viel Luft und wenig Inhalt   *Das Thema ist ein Dauerbrenner!!!*

Anfang 2015 haben wir uns in der WDR Servicezeit noch einmal des Themas angenommen. Mit dem traurigen Ergebnis, dass alles beim Alten geblieben ist. Nur noch viel schlimmer! „Luftverpackungen" tummeln sich noch immer zuhauf in unseren Supermarktregalen. In fast jeder Produktkategorie sind sie mittlerweile zu finden. Nicht nur bei Süßigkeiten und Knabbereien, sondern auch bei Heißgetränken und Kosmetika wird mit viel Luft weiter fröhlich mehr Inhalt vorgegaukelt. 2015 haben wir über einige Produkte ausführlich berichtet.

Senseo Kaffee-Pads
Gleiche Packung, gleicher Preis, aber unterschiedliche Menge. Während der Kaffee-Klassiker von Senseo 16 Pads pro Packung enthält, finden sich in dem Cappuccino-Beutel der Marke nur acht Pads, also die Hälfte! Von außen an der Packungsgröße ist das nicht zu erkennen.

Milka Knuspergebäck

Genau die gleiche Masche entdeckten wir bei den Knuspergebäck-Sorten „Cranchito" und „Daim". Gleiche Packung, gleicher Preis, aber unterschiedliche Inhaltsmenge. Das eine Produkt enthielt 145 Gramm Knusperkekse, das andere nur 105 Gramm. Ein Unterschied von fast 30 Prozent. Ersichtlich erst im Kleingedruckten auf der Rückseite der Verpackungen!

Komisch, solche krummen Mengen, oder?

Yogi Tea Teebeutel

Auch Tee wird gerne mit viel Luft in der Packung verkauft. Erst beim Öffnen des Kartons kommt das große Aha-Erlebnis. Beim Yogi Tea „Classic" hätten wir uns noch ein paar mehr Teebeutel gewünscht. Hersteller Yogi Tea schiebt es auf die Art der Herstellung.

Yogi Tea: „Da wir aus produktionstechnischen Gründen einheitliche Schachteln für alle Teesorten befüllen, ist es unvermeidlich, dass manche Packungen etwas weniger bzw. mehr gefüllt sind als andere."

Nachhaltig ist das ja. Aber warum werden die Schachteln nicht alle gleich gefüllt zu unterschiedlichen Preisen verkauft?

Twix Schokokugeln

Viel Platz für teure Luft ist in der Tüte für die Twix Schokokugeln. Äußerlich ist davon nichts zu sehen. Produzent Mars erklärt telefonisch sinngemäß, dass die luftige Verpackung dem Schutz der Kugeln diene. Eine schriftliche Antwort blieb aus.

Merci Krokant

Auf den ersten Blick transparent: das Sichtfenster unten an der Tüte des Knusperkrokants „Crocant" der Marke Merci. Schade nur, dass es an dieser Stelle so wenig Informationswert hat. Denn die gesamte Ware rutscht in dem Beutel automatisch nach unten, wenn man ihn in die Hand nimmt. So sieht die Packung gut gefüllt aus. Wer sich aber die Mühe macht, die Tüte auf den Kopf zu stellen, erkennt: Hier ist noch Luft nach oben.

Ferrero Giotto Kekskugeln

Auch 2015 wäre in der 9x3er-Tüte „Giotto" noch Platz für ein paar Kekskugeln mehr gewesen. Kunden mit sehr guten Augen können durch die transparente Verpackung aber bereits erahnen, dass sie auch hier eine große Portion Luft kaufen.

Zum Thema Luftverpackungen erhalten wir mit Abstand die meisten Zuschauerreaktionen.

Hersteller zeigen sich oft uneinsichtig

Ja, ist klar!

Die kontaktierten Hersteller verweisen sämtlich darauf, dass sie sich an geltende gesetzliche Bestimmungen halten. Verbraucher könnten sich durch die aufgedruckten Informationen auf der Verpackung ausreichend informieren.

Positiv aufgefallen ist uns bei unseren Recherchen der Müsli-Hersteller Kölln. Bis Anfang 2015 hatte das Unternehmen sein 500-Gramm-Müsli in Kartonverpackungen angeboten, die auf den ersten Blick deutlich mehr Inhalt vermuten ließen. Die Kartons waren so groß, dass ohne Probleme auch 600 Gramm und sogar 700 Gramm Müsli hineingepasst hätten. Zum Jahreswechsel 2014/2015 hat Kölln seine Verpackungen so angepasst, dass weniger Luft enthalten ist und der Verbraucher besser von der Größe der Umverpackung auf den eigentlichen Inhalt schließen kann. Aktuell werden die verschiedenen Füllmengen in erkennbar unterschiedlichen Packungen angeboten.

Was hat sich seit der Ausstrahlung getan?

Zum 01.01.2015 ist in Deutschland nach einer über zehnjährigen Diskussion ein überarbeitetes Mess- und Eichgesetz in Kraft getreten. Seitdem gilt auch eine neue europäische Mess- und Eichverordnung, die unter anderem regelt, dass künftig für alle Messgeräte in Europa die gleichen Anforderungen gelten. Das Bundesministerium für Wirtschaft und Energie (BMWi) verkündet stolz:

BMWi: „Das bringt eine deutliche Vereinfachung für die Wirtschaftsakteure."

Das ist schon mal gut. Aber für uns Verbraucher bringen das neue Gesetz und die EU-Verordnung zumindest in Bezug auf Luftverpackungen keine Verbesserung, denn der die Luftverpackungen betreffende Absatz wurde in der Überarbeitung gar nicht verändert. *Chance verpasst!*

Yvonnes Notiz

Für die Industrie ist die Verpackungsgestaltung ein wichtiges Marketinginstrument, denn die Verpackungsgröße hat einen entscheidenden Einfluss auf das Kaufverhalten von Konsumenten. Doch die sind zunehmend genervt von der teuren Luft in Tüten. Die übergroßen Verpackungen sind ein ärgerliches Phänomen. Aber die Hersteller machen munter weiter. Im Kosmetikbereich etwa arbeiten Produzenten gerne mit doppeltem Boden, um kleine Cremetiegel in der Packung größer erscheinen zu lassen. Offiziell dient der doppelte Boden natürlich einem anderen Zweck: dem Schutz des Produkts, wie beispielsweise Hersteller Olaz erklärt.

... und schlecht für die Umwelt dazu!

Olaz: „Insbesondere im ‚Beauty'-Bereich versuchen wir (...) Produktverpackungen zu bieten, die sowohl praktische Aspekte beim Transport und bei der Sicherheit berücksichtigen."

Gerade bei Pflegeprodukten sollten Kunden genau hinschauen – und zwar im wörtlichen Sinne. Denn auf vielen Pappverpackungen ist die Originalgröße des enthaltenen Tiegels schemenhaft dargestellt. Kunden, die das wissen, können sich so tatsächlich etwas besser orientieren. Ansonsten gilt: Aufmerksam einkaufen! Eine genaue Betrachtung von Sichtfenstern hilft im Alltag, sich gegen die Verpackungstricks der Industrie zu schützen. Auch (vorsichtiges) Schütteln kann Klarheit über den Inhalt einer Packung bringen und Sichtfenster entlarven. Ein Blick auf den Grundpreis schadet nie. Der muss an den Regalen im Geschäft angebracht sein. Der Grundpreis zeigt an, wie teuer 100 Gramm bzw. Milliliter der Ware sind. Nur so lassen sich Preise miteinander vergleichen (mehr dazu: 1.3 Verpackungsärger ab Seite 38).

Wer dennoch auf Luftverpackungen reingefallen ist, kann aktiv werden. Ein Anruf oder eine E-Mail an das örtliche Eichamt mit Foto und Produktnamen genügt, eventuell noch der Einkaufsort und die Chargennummer. So kann sich jeder ohne großen Aufwand gegen eine vermeintliche Verpackungstäuschung wehren. Und wir sollten uns wehren, denn die Luft in der Tüte ist nicht nur dreist, sondern verursacht auch Tonnen an überflüssigem Müll und belastet außerdem das Klima. Übergroße Verpackungen müssen ja auch per Lkw oder Flugzeug in unsere Supermärkte transportiert werden.

Verbraucher an die Macht!

Mein Tipp: Luftverpackungen nicht mehr kaufen und das dem Unternehmen auch mitteilen.

Zum Weiterlesen

Landeseichbehörden: www.eichamt.de
Eich- und Messwesen ist Ländersache. Alles rund ums Thema findet sich auf den Internetseiten der einzelnen Landesbetriebe.

Verbraucherzentrale NRW: www.vz-nrw.de
Die Verbraucherschützer aus Nordrhein-Westfalen haben Ende 2014 mehr als dreißig Heißgetränke zum Anrühren und Aufbrühen untersucht – und vor allem viel heiße Luft gefunden. Hier der Link: **www.vz-nrw.de/heisse-luft**

Verbraucherzentrale Hamburg: www.vzhh.de
Sehr beeindruckend ist die Bildergalerie, die die Verbraucherschützer aus Hamburg 2015 gemeinsam mit dem Eichamt Fellbach zusammengestellt haben: Röntgenbilder von Luftverpackungen. Einmalig! Hier der Link: **www.vzhh.de/ernaehrung/119733/luftpackungen-viel-luft-um-nichts.aspx**

4.3 Schnäppchenlüge

„Clever sparen", „Alles ab 1 Euro", „50 Prozent auf alles" – überall locken uns Schnäppchenangebote. Nur ganz nervenstarke Menschen können diesen Angeboten widerstehen, denn es widerstrebt unserer Natur, nicht zuzuschlagen, wenn wir ein Schnäppchen wittern.[15] In unserem Sendegebiet Nordrhein-Westfalen legen achtzig Prozent der Verbraucher sehr viel Wert auf Schnäppchen und Sonderangebote.[16] Das sind im Vergleich zu anderen Bundesländern besonders viele. Und so haben auch die Schnäppchenmärkte hier Hochkonjunktur. Sie locken die Kunden mit vermeintlichen Tiefpreisen und Aktionswaren. Ihr Sortiment erstreckt sich von Kleidung über Schreibwaren, Kosmetik, Nippes, Haushalts- und Drogerieartikel bis hin zu Lebensmitteln.

Verführerische Mega-Super-Sonderangebote

Die Branche der sogenannten „Non-Food-Discounter" ist uneinheitlich. Denn Schnäppchenmärkte gibt es als relativ kleine Geschäfte in begehrten

---

15 GfK (2014): Consumer Index 02/2014, Nürnberg.
16 GfK (2014): Haushaltspanel, Nürnberg. Im Auftrag von Penny.

Innenstadtlagen mit etwa 300 Quadratmeter Verkaufsfläche ebenso wie
Riesenmärkte mit mehr als 3.000 Quadratmetern auf der grünen Wiese
im Industriegebiet. Jeder Anbieter verfolgt sein eigenes Konzept, ob
1-Euro-Shop, Restpostenmarkt oder Billigkaufhaus. Am bekanntesten sind
wohl die drei großen Ketten Tedi, Schum Euroshop und Mäc-Geiz, deren
Läden vor allem die Innenstädte besiedeln. Die Anzahl der Schnäppchen-
Anbieter in Deutschland ist unklar, denn die Billigläden werden in den Sta-
tistiken des Einzelhandels nicht als eigenständige Betriebsform ausgewiesen.
Allein Tedi, nach eigenen Angaben eines der am schnellsten wachsenden
Unternehmen in der EU, verfügt europaweit über 1.500 Filialen. Mäc-Geiz
betreibt nach eigenen Aussagen 275 Geschäfte im Bundesgebiet, Schum
Euroshop 250 Läden.[17]

---

17   Stand: März 2017.

Schnäppchenläden machen sich gegenseitig Konkurrenz

Schnäppchenmärkte sind ein etwa dreißig Jahre altes Phänomen. Aber: „Der Boom der Anfangsjahre ist abgeflaut. Das Segment stagniert", sagt Professor Thomas Roeb, Wirtschaftswissenschaftler an der Hochschule Bonn-Rhein-Sieg. Zwar expandieren einige Anbieter und arbeiten höchst erfolgreich – wie etwa „Thomas Philipps" oder „Action" aus den Niederlanden –, viele kleinere Geschäfte dagegen müssen aufgeben. Auch von den Schnäppchen-Pionieren konnten sich nur wenige über die Jahre halten. Der Wettbewerb in dem Billigsegment hat sich zunehmend verschärft, so der Handelsexperte. Während zu Beginn vor allem Restposten aus Überproduktionen oder falsch etikettierte Ware über die Ladentheken gingen, haben wir bei unseren Recherchen im Jahr 2015 vor allem Produkte aus Asien gefunden, die extra für die Billiggeschäfte produziert wurden. Zwar versuchen die Anbieter noch immer Restposten zu ergattern, aber da Anzahl der Läden so rasant gestiegen ist, bleibt für jeden Marktteilnehmer nur wenig Ware übrig. Das ursprüngliche Konzept, billig einzukaufen und billig zu verkaufen, geht also nicht mehr richtig auf. Dennoch haben sich die Günstig-Geschäfte einen festen und treuen Kundenstamm erworben, der sich von den „Super-Schnäppchen" und „Mega-Sonderangeboten" gerne zum Kaufen verführen lässt.

Dreharbeiten zur WDR Mogelpackung
mit dem Thema „Schnäppchenlüge", 2010.

Kundenverwirrung als Verkaufsstrategie

Die Verkaufsmasche der Billigläden ist simpel.

GROSSFLÄCHIGE PLAKATIERUNG – Sonderaktionen, Megaseller und Tiefstpreise werden (unübersehbar) deutlich angepriesen. So geraten Kunden unter Druck, vermeintlich gute Angebote zu verpassen, wenn sie nicht sofort zuschlagen. *Gerne auch: „letzte Chance"*

STÄNDIGER SORTIMENTSWECHSEL – durch den schnellen Austausch der Ware erhöht sich der (Ein-)Druck der Kunden, schnell noch zugreifen zu müssen, um nicht zu kurz zu kommen.

BEHELFSMÄSSIGE PRÄSENTATION – viele Anbieter präsentieren ihre Waren in Schüsseln. Alles wirkt irgendwie provisorisch, nach dem Motto: „Morgen kann alles ganz anders sein."

Der Jagd- und Sammeltrieb eben …

FEHLENDE ORDNUNG – in einigen Geschäften sind die Produkte nicht nach Warengruppen, sondern nach Preisen sortiert. Kunden können so schneller den Überblick verlieren und kaufen Dinge, die sie eigentlich gar nicht brauchen.

Ist ja günstig, nehme ich mit!

Aber nicht jedes Schnäppchen aus dem „Schnäppchenmarkt" ist auch tatsächlich eins. Oft sind einzelne Waren zwar günstig, andere aber völlig überteuert. 2010 war die „Schnäppchenlüge" das erste Thema überhaupt, dass wir für die Rubrik Mogelpackung in der WDR Servicezeit unter die Lupe genommen haben. Bei einem Testeinkauf in einem typischen Schnäppchenmarkt haben wir sieben Haushaltswaren eingekauft: Geschenkpapier, Spülschwämme und Spülmittel, Wattestäbchen, Pflaster, Alufolie, Brillenputztücher für insgesamt 7 Euro. Die gleichen Artikel besorgten wir noch einmal in einer Drogerie. Das Ergebnis hat sowohl uns als auch die Passanten, die wir für die Sendung interviewt haben, überrascht. Bis auf die Spülschwämme waren alle Produkte aus der Drogerie günstiger. *Lang, lang ist es her …*

Von wegen Schnäppchen im Schnäppchenmarkt!

Das Lebensmittelsortiment in Schnäppchenmärkten

2015 haben wir uns erneut mit den Schnäppchenmärkten beschäftigt. Diesmal besonders mit dem dortigen Lebensmittelangebot. Denn mittlerweile steht in fast jedem Markt mindestens ein großes Regal mit Lebensmitteln. Neben den üblichen Mitnahmeartikeln an der Kasse, wie Süßigkeiten und Getränken, gibt es beispielsweise Gewürze, Soßen und Tütensuppen zu kaufen. Anfang 2015 haben wir bei Schum Euroshop, Tedi und Mäc-Geiz sechs verschiedene Lebensmittel eingekauft. Zum Preisvergleich die gleichen Produkte in einem normalen Supermarkt erworben. Mit einem – aufs Neue – überraschenden Ergebnis.

Ritter Sport Schokolade

Für die Halbbitter-Schokolade von Ritter Sport haben wir im Schum Euroshop einen Euro bezahlt. Im Supermarkt hat die Tafel für 0,89 Euro gekostet. Der Schnäppchenmarkt: +12 Prozent!

Gewürzmischung Columbia

Sechzig Gramm Paprika-Gewürz „Columbia" im Beutel kostete im Schum Euroshop einen Euro. Das macht einen 100-Gramm-Preis von 1,67 Euro. Im Supermarkt gab es das gleiche Gewürz im Glas für einen 100-Gramm-Preis von 1,38 Euro. Der Schnäppchenmarkt: +21 Prozent!

Kitkat-Schokoriegel

Einen ordentlichen Preisaufschlag gab es auch bei den Kitkat-Schokoriegeln im Schnäppchenmarkt. Bei Tedi lautete das Angebot 1,75 Euro für eine Dreier-Packung. Das macht einen Einzelpreis von 0,58 Euro. Das Fünfer-Paket aus dem Supermarkt kostete 1,49 Euro, also 0,30 Euro pro Riegel. Der Schnäppchenmarkt: +93 Prozent!

Capri-Sonne

Bei Tedi gab es ein einzelnes Trinkpäckchen „Capri-Sonne Orange" für 0,50 Euro. Im Supermarkt im Zehner-Pack beträgt der Stückpreis 0,25 Euro. Also die Hälfte! Der Schnäppchenmarkt: +100 Prozent!

Heinz Ketchup

Für den Tomaten-Ketchup der Marke Heinz zahlten wir bei Tedi (800-Milliliter-Flasche für 2,50 Euro) auf 100 Milliliter gerechnet 0,31 Euro. Das war deutlich günstiger als der Ketchup aus dem Supermarkt (500-Milliliter-

+12 %

+21 %

+93 %

+100 %

−45 %

−5 %

Flasche 2,25 Euro) mit einem 100-Milliliter-Preis von 0,45 Euro. Hier war das Schnäppchen also wirklich eines! Der Schnäppchenmarkt: −45 Prozent!

Coca-Cola

Die von uns erworbene 0,5-Liter-Flasche Coca-Cola hat bei Mäc-Geiz einen 100-Milliliter-Preis von 0,19 Euro. Im Supermarkt kostet das Getränk pro 100 Milliliter 0,20 Euro. Der Billigladen war billiger. Der Schnäppchenmarkt: −5 Prozent!

Lebensmittel meist nicht günstiger

Prof. Thomas Roeb und ich beim Interview, 2015.

Natürlich ist das eine Stichprobe mit einigen wenigen Produkten. Doch auch Handelsexperte Roeb ist überzeugt, dass es besonders bei Lebensmitteln schwer für die Schnäppchenmärkte ist, mit den Tiefpreisen im Supermarkt zu konkurrieren. Denn die Ware kann nur dann preiswerter verkauft werden, wenn sie auch preiswerter eingekauft wurde. Weil Lebensmittelhersteller aber den Großteil ihrer Produkte über die Supermärkte vertreiben, bekommen diese in der Regel bessere Konditionen als die kleineren Non-Food-Discounter-Ketten, die viel geringere Mengen abnehmen.

Für die Marktbetreiber ist es also praktisch unmöglich, die Produkte unter den Supermarktpreisen – geschweige denn den Discounterpreisen – anzubieten.

Prof. Thomas Roeb, Hochschule Bonn-Rhein-Sieg: „Viele Lebensmittel in den Schnäppchenläden werden zu üblichen Einkaufspreisen gekauft. Diese liegen oft höher, teilweise sogar deutlich höher als die Preise, die ein klassischer Supermarkt zahlen müsste. Dementsprechend können diese Artikel auch nicht billiger verkauft werden."

Anfang 2015 haben wir die drei Schnäppchen-Ketten Tedi, Mäc-Geiz und Schum Euroshop um ein Interview zu unseren Rechercheergebnissen gebeten. Keiner war bereit, vor der Kamera mit uns zu sprechen. Alle Marktbetreiber bezogen aber schriftlich Stellung.

Laut Mäc-Geiz spielt der Lebensmittelbereich für das Unternehmen nur eine untergeordnete Rolle:

Mäc-Geiz: „Für unser Konzept stellt das Lebensmittelsegment keine Kern-Warengruppe dar, mit welcher wir, mit klassischen Lebensmittelhändlern, in Konkurrenz treten."

Auch der Mitbewerber Schum Euroshop bestätigte, dass man mit den Supermarktpreisen nicht konkurrieren könne:

Schum Euroshop: „Wir können in diesem Segment nicht den Anspruch des günstigsten Anbieters erfüllen. Das ist uns bewusst."

Bewusst war dies auch der Schnäppchenmarktkette Tedi:

Tedi: „Ein Preisvergleich von Lebensmitteln, die sowohl bei Tedi als auch in einem Supermarkt erhältlich sind, lässt zudem außer Acht, dass der Lebensmittelhandel größere Mengen bestellt und dadurch auch andere Preise erzielt."

Auf Markenware achten

Trotzdem lässt sich im Schnäppchenmarkt immer noch der ein oder andere Schnapper ergattern. *Juhu!* Viele Produkte gibt es hier tatsächlich besonders günstig. Bei Markenware beispielsweise können Kunden Glück haben. Denn oft landen Markenartikel bei Tedi & Co, weil ein neues Verpackungsdesign eingeführt wurde oder es sich um Auslaufware handelt. Kunden sollten aber nicht davon ausgehen, dass tendenziell alles spottbillig ist, was in den Plastikschüsseln liegt. Gerade bei den Mitnahmeartikeln an der Kasse wie Schokoriegeln oder Getränken gilt es aufzupassen. Sonderangebote sind diese Produkte *Achtung Impulskäufe!* meistens nicht! Im Lebensmittelbereich lohnt es sich, vorher im Supermarkt oder beim Discounter zu gucken und Preise zu vergleichen. Denn nur wer den Markt und die Preise kennt, kann in einem Schnäppchenmarkt auch tatsächlich ein Schnäppchen machen.

Yvonnes Notiz

Trotz besseren Wissens, auch ich tappe immer wieder in die Schnäppchenfalle. Es ist aber auch zu verführerisch in diesen Billigläden! Im Nachhinein bin ich dann immer schlauer. Ärgerlich, wenn ich dann feststelle, dass ich gar nichts gespart habe, sondern im Gegenteil. Deswegen mein Tipp: immer einen Einkaufszettel mitnehmen und ganz geplant nur die Sachen kaufen, die man auch wirklich braucht – wenn auch nur für den Vorratsschrank!

Dreharbeiten zur WDR Mogelpackung „Schnäppchenmarktlüge", 2015.

Mogelpackung
des Jahres

Mogelpackung des Jahres

Dreimal haben wir in der WDR Servicezeit unsere Zuschauer über die dreisteste Mogelpackung des Jahres abstimmen lassen. Unsere Gewinner waren:

2011 Kinder Riegel

2011 warb der „Kinder Riegel" von Ferrero auf seiner Packung mit der „Extra-Portion Milch". Die sollte Eltern offenbar den Eindruck vermitteln, sie könnten ihren Kleinen „Kinder Riegel" ohne schlechtes Gewissen zum Naschen geben, denn Milch enthält bekanntlich viel Calcium. Allerdings müsste ein Kind 13 Riegel essen, um seinen Tagesbedarf an Calcium zu decken. Und hätte damit dann auch 72 Stück Würfelzucker und ein halbes Paket Butter verspeist. Anstelle der angepriesenen Milch steckt übrigens Milchpulver in der Zuckerbombe. Das wird hergestellt, indem Milch das gesamte Wasser entzogen wird. Dabei geht ein Großteil der wertvollen Vitamine verloren, die später künstlich wieder zugesetzt werden. Dreist und preiswürdig fanden 44,1 Prozent unserer Zuschauer!

Hersteller Ferrero weigerte sich, mit uns vor der Kamera zu sprechen. Unsere Auszeichnung wollte der Süßwaren-Riese auch nicht entgegennehmen. Wir haben den Preis schließlich dem netten Pförtner in die Hand gedrückt.

Aktuell wirbt das Produkt noch mit einem Milchglas auf der Packung – die Aufschrift „Extra-Portion Milch" ist allerdings verschwunden.

2012 Nimm2 Bonbons

2012 wählten die WDR Servicezeit Zuschauer mit 24 Prozent die „Nimm2 Bonbons" von Hersteller Storck zur Mogelpackung des Jahres. Der Grund: Die Fruchtbonbons versprachen Gesundheit durch zugesetzte „wertvolle Vitamine". Prominent wurden die neun enthaltenen Vitamine auf der Verpackung angepriesen. Ernährungsexperten sind aber der Ansicht, dass künstlich zugesetzte Vitamine für gesunde Menschen gar keinen Nutzen haben. Im Gegenteil – im Übermaß können sie sogar schädlich sein. Hinweise zu diesen Risiken suchte man auf der Packung vergeblich.

Auch Stork lehnte ein Interview und die Annahme des Preises ab. Weil wir weder auf dem Werksgelände noch bei einem nahe gelegenen Supermarkt einen Storck-Mitarbeiter fanden, der den Preis entgegennehmen konnte, haben wir den Preis für die „Mogelpackung des Jahres 2012" per Post verschickt.

Storck hat die Angabe „mit wertvollen Vitaminen" inzwischen von den Verpackungen entfernt. Die Bonbons sind nun „Gefüllte Fruchtbonbons mit Vitaminen".

2013 Stabmixer

2013 hat ein vermeintlicher Küchenhelfer unsere Zuschauer am meisten geärgert. Eindeutiger Gewinner mit 54 Prozent aller Stimmen war ein Stabmixer der Firma Superior, der eine Betriebsdauer von 15 (!) Sekunden hatte. Laut Anleitung musste das Gerät (das unter 10 Euro gekostet hat) nach 15 Sekunden Einsatz vier Minuten lang pausieren – ansonsten drohte Überhitzung. Ein Hinweis dazu auf der Verpackung? Fehlanzeige. Erst im Kleingedruckten in der Betriebsanleitung wurde die sogenannte Kurzbetriebszeit erwähnt. Mit so einem (Billig-)Haushaltsgerät dauert das Pürieren einer Kartoffelsuppe schon mal länger als 34 Minuten – Pausen mit eingerechnet. Auf den ersten Blick ein Schnäppchen, für den Küchenalltag war der Stabmixer aber absolut nicht geeignet.

Die Zentrale Handelsgesellschaft, die das Gerät europaweit vertrieben hat, lud uns angesichts der Preisvergabe zu einem Interview nach Worms ein. Hier erfuhren wir, dass rund 250.000 Stück der untauglichen Geräte verkauft worden sind, mit einer Reklamationsquote von nur 2 Prozent. Unglaublich, aber wahr. Und tadaaa – 2013 war Premiere – ich durfte den Preis zum ersten Mal persönlich überreichen! Der Stabmixer ist übrigens nicht mehr im Handel erhältlich.

2014 Pampers

Seit 2014 kürt die Verbraucherzentrale Hamburg in einer Online-Abstimmung die Mogelpackung des Jahres. Erster Sieger wurden Pampers-Windeln. 29,3 Prozent von mehr als 4.000 Teilnehmern fanden es nicht in Ordnung, dass Hersteller Procter & Gamble in den vorangegangenen acht Jahren fünfmal die Anzahl der Windeln pro Packung reduziert hatte: von ursprünglich 47 Stück auf zunächst 44 – dann 40, 37, 34, 31.

2015 Bebe Zartcreme

2015 ging der Preis an die Bebe Zartcreme von Johnson & Johnson, ebenfalls wegen des schrumpfenden Inhalts. 32,6 Prozent der mehr als 26.000 Teilnehmer stimmten für das Pflegeprodukt. Die Füllmenge der Creme war bei drei verschiedenen Packungsgrößen reduziert worden: von 250 auf 150 Milliliter, von 75 auf 50 Milliliter sowie von 30 auf 25 Milliliter. In zwei Fällen blieb die Dosengröße gleich. Der kleinere Inhalt fiel optisch also kaum auf, wohl aber im Portemonnaie: Bis zu 84 Prozent mehr sollten Kunden für die Creme nun zahlen.

2016 Evian

Im vergangenen Jahr hieß der Sieger Evian. Fast 9.000 Stimmen gab es für das Mineralwasser in der 1,25-Liter-Flasche. Das waren 38,8 Prozent der mehr als 23.000 Teilnehmer. Auch bei Evian wurde weniger Inhalt für mehr Geld verkauft. Im April 2016 hatte der Hersteller Danone Waters die Füllmenge der Flasche von 1,5 auf 1,25 Liter reduziert. Der Preis im Handel wurde aber erhöht. Unterm Strich betrug die Preiserhöhung bis zu 50 Prozent.

Fazit

Fast jeden Fernsehbeitrag zum Thema Mogelpackungen moderiere ich mit den Worten ab:

„Es bleibt uns Verbrauchern nichts weiter übrig, als ganz genau auf die Verpackung zu schauen und das Kleingedruckte zu lesen. Schreiben Sie dem Hersteller, wenn Sie sich ärgern, und lassen Sie ihn wissen, dass Sie seine Produkte künftig nicht mehr kaufen."

Das ist auf der einen Seite ernüchternd, denn Verbraucherschutz sollte in Deutschland viel größer geschrieben werden. Auf der anderen Seite hat aber jeder von uns die Möglichkeit, sich zu informieren und mündige Entscheidungen zu treffen.

Trotzdem ärgere ich mich jedes Mal aufs Neue über die Verschleierungstaktiken und die weitverbreitete Intransparenz von Herstellern und Handel.

Klar steht alles drauf auf den Lebensmittelverpackungen, was gesetzlich vorgeschrieben ist. Besser wäre es aber, wenn das dort auch so steht, dass es jeder normale Verbraucher versteht (Stichwort: Lebensmittelampel!) und auch lesen kann (Stichwort: Schriftgröße!).

Aus meiner Sicht darf die Verantwortung für unseren Konsum eben nicht nur beim Verbraucher liegen; auch die Hersteller sind hier in der Pflicht. Sie sollten sich bewusst werden, dass sie mit ihren Produkten ein ganzes Stück die Gesellschaft mitgestalten, indem Haltung und auch Werte indirekt vermittelt werden. Keine Käfigeier zu verwenden, ohne Gentechnik zu produzieren, weniger Zuckerstoffe einzusetzen, das sind nur einige Beispiele, die sowohl eine klare Botschaft an uns Kunden senden als auch beispielsweise für mehr Gesundheit stehen.

Hersteller und Handel sollten doch ein orginäres Interesse daran haben, qualitativ hochwertige, nachhaltige, einfach tolle Produkte anzubieten – und damit Geld zu verdienen, statt mit Billigzutaten, viel Chemie und Marketing einen Reibach zu machen.

Klar ist: Niemand hat etwas zu verschenken. Im Supermarkt bekommen Sie höchst selten etwas umsonst. Aber bemogeln lassen – mit einer Penetranz, die gerade bei den versteckten Preiserhöhungen ihresgleichen sucht – müssen wir uns nicht!

Deswegen erneut mein Appell: Lassen Sie Produkte, über die Sie sich ärgern, im Regal stehen und teilen Sie das den Herstellern mit. Glauben Sie mir, wir Konsumenten können mehr bewegen, als wir meinen. Und wir haben schon eine Menge bewegt …

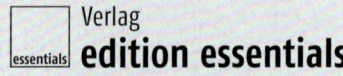

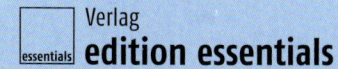